现代组织与岗位设计

刘凤霞　主编
房宏君　副主编

天津大学出版社
TIANJIN UNIVERSITY PRESS

图书在版编目(CIP)数据

现代组织与岗位设计 / 刘凤霞主编. —天津：天津大学出版社，2017.5（2020.8 重印）
ISBN 978-7-5618-5826-4

Ⅰ.①现… Ⅱ.①刘… Ⅲ.①组织管理学 Ⅳ.①C936

中国版本图书馆CIP数据核字(2017)第110488号

出版发行 天津大学出版社
地　　址 天津市卫津路92号天津大学内(邮编:300072)
电　　话 发行部:022-27403647
网　　址 publish.tju.edu.cn
印　　刷 天津市泰宇印务有限公司
经　　销 全国各地新华书店
开　　本 169mm×239mm
印　　张 17.25
字　　数 337千
版　　次 2017年5月第1版
印　　次 2020 年 8 月第 2 次
定　　价 36.00元

前　言

组织设计与岗位管理作为人力资源管理的基石，为人力资源管理的实践活动提供了依据与支持。随着信息技术、互联网的迅猛发展，组织要不断地进行变革以适应日益全球化的国际竞争环境。组织在适应内外环境变化的过程中，必然带来工作内容、工作方式的改变，岗位设计面临着巨大的挑战。

本教材是在多年高校教学与企业管理实践基础上，充分考虑我国转型时期组织及其岗位管理的特点，及时借鉴和吸收发达国家组织设计和岗位设计方面的前沿理论成果和先进管理经验，深入探讨了现代组织与岗位设计的重要内容。在教材编写过程中，力求体现科学性、逻辑性、实践性和新颖性的原则，全面、系统地介绍了组织概述、组织结构、组织设计及组织变革等基本理论，并在组织相关理论研究基础上，科学、深入地阐述了岗位调查、岗位分析、岗位设计、岗位评价及岗位分类等内容，为我国新时期的组织设计与发展以及工作岗位的科学管理提供有力支持。

本书共八章内容，前半部分是组织理论与组织设计，包括第一章至第三章的内容，主要介绍：组织、组织理论以及现代组织形式；组织结构与组织设计的概念，组织结构设计原则、内容和方法，组织结构的基本形式；组织变革的动因及阻力、类型和内容、过程与程序、组织变革与岗位设计的关系等内容。后半部分是工作分析与岗位设计，包括第四章至第八章内容，主要介绍：工作岗位调查的方法，包括岗位问卷调查、访谈、工作日写实、测时、工作岗位抽样、工作日志等方法；工作岗位分析的内容、程序、工作说明书的编写；工作岗位设计的内涵、内容、影响因素以及岗位设计的方法；工作岗位评价的内涵、原则与作用、评价指标与标准、评价方法以及岗位分类等内容。教材每章内容通过引导案例、课后案例、相关资料分析等模块的设计来激发读者的兴趣与思考。

本书是集体智慧的结晶，参与本书编写工作的老师有刘凤霞、房宏君、李晨、刘传青,其中第一章、第六章由李晨编写,第二章、第三章由刘传青编写,第四章、第八章由房宏君编写;第五章、第七章由刘凤霞编写。

在教材编写过程中,得到了安鸿章教授、王宝石副教授、陈雄鹰教授、汪昕宇教授、许明月副教授的大力支持,他们的无私付出使得本书得以按期成稿,在此表示衷心感谢!

本书是在北京联合大学高职2015年高等职业教育专业核心课程“组织与工作设计”建设项目资助下完成的。编者们致力于编写一本系统的、通俗易懂的、能够体现当今组织和岗位特点的现代组织与岗位设计教材,然而作者水平和经验有限,书中难免会有错误与疏漏之处,在此衷心希望广大读者批评指正,使本书渐臻完善。

刘凤霞
2016年9月

目　　录

第一章　组织与组织理论

【学习目标】

通过本章的学习，学生应该理解组织的含义，掌握组织的构成要素，了解组织理论的发展，理解组织的性质和组织的类型，掌握学习型组织理论的核心观点。

【引导案例】

阿里巴巴组织架构再调整

一直以“拥抱变化”著称的阿里巴巴于 2015 年 12 月 7 日公布了新一轮组织调整。已经拥有 3 万员工的阿里巴巴将此前的“树状”管理模式改为“网状”，成立整合数据、搜索等技术平台的“中台事业群”，对前台各业务模块进行整合支持。

阿里巴巴集团 CEO 张勇在 12 月 7 日的员工公开信中宣布，阿里巴巴集团的 2018 年中台战略，是要构建符合 DT 时代要求的，更具创新性、灵活性的“大中台、小前台”组织机制和业务机制。

中台将集合整个集团的运营数据能力、产品技术能力，对各前台业务形成强力支撑。张勇的公开信中解释称，中台的支撑将使阿里巴巴的前台一线业务更敏捷，能更适应瞬息万变的市场。

阿里巴巴集团的电商部门此前大概有 1 万人，却承担了集团大部分的业务。此前集团内多个部门会出现重复劳动的情况，例如共同开发一项技术功能。“中台”的打通会让内部工作更高效，协同效应更大。阿里巴巴内部人士表示，集团希望能够借此推动集团电商零售平台的全面改革升级。

阿里巴巴集团新设立的中台事业群，下辖搜索事业部、共享业务平台、数据技术及产品部。新的中台事业群有几千人，阿里巴巴内部人士表示，集团的这次中体事业部整合变动较大，阿里电商事业群将打破树状结构，转变为一批“业务小前台”。

原阿里巴巴中国零售事业群总裁，负责淘宝、天猫和聚划算业务的张建锋将担任“中台事业群”的总裁，直接向张勇汇报，负责共享、数据、搜索以及闲鱼、淘宝头条等创新孵化业务。

张勇在公开信中介绍，张建锋兼具技术和商业背景和经验，是担纲落实集团大中台的最佳人选。他将作为阿里集团和蚂蚁金融服务集团统一中台体系的总架构师，全面负责两大集团中台体系的规划和建设。

张勇还透露，天猫、淘宝和手机淘宝三大核心业务，将实施“班委会”集体负责制度，班委由阿里一批年轻业务骨干担当，其中 7 位是“80 后”管理者。

阿里妈妈、阿里云、菜鸟网络和 B2B 四大业务将继续面向市场更为独立地发展，实行总裁负责制。同时，阿里巴巴集团重组阿里巴巴集团商家事业部，提供以大数据为基础的工具和服务商家；首次组建平台治理部，由集团副 CFO 郑俊芳兼任，负责电商平台的规则、知识产权保护等事宜。

张勇说：“在大数据和云计算正成为新经济时代的‘石油’和‘引擎’的大背景下，阿里巴巴集团必须着眼于未来进行全面变革。这次组织结构调整，是我们面向未来必须经历的变革，也是年轻一代阿里人全面接过接力棒的开始。”

目前阿里生态拥有近 4 亿用户，平台接入超过 1 000 万各类企业，几乎涵盖了包括零售交易、用户营销管理和供应链管理在内的所有商业场景，形成高效率规模化的技术产品数据平台变得尤为重要。

资料来源：http://mt.sohu.com/20151207/n430132204.shtml

第一节　组织内涵

一、组织的渊源

在人类早期生活中，人们为了达到某种特殊目的早就形成了各种群体。这些具有特殊目的的群体被称为组织。

美国著名社会学家戴维·波普诺指出，组织最初在人类社会中发挥主要作用可能是在美索不达米亚和埃及的古文化时期。在这些早期社会中，组织发挥了宗教、政治和军事等功能，如中国的万里长城、都江堰水利工程，埃及的金字塔，等等，都是借助了组织之力才成功建造的。由此可见，组织产生于人类的生产和社会实践之中，同时又服务于这些实践。

在现代社会生活中，人们普遍认识到组织是按照一定的目的、任务和形式编织起来的社会集团，它不仅是社会的细胞、基本单元，而且被认为是社会的基础，同时也是社会、国家、地区、部门实行管理、维持秩序和发挥效能的重要手段。

二、组织的概念

1. 以静态观点分析

(1)代表性定义：艾桑尼认为组织是有意建立起来的，以追求特定目标达成的社会单位。

2. 以动态观点分析

代表性的定义：卡普罗认为一个组织是一种社会系统，有其明显的集体交往与认同、正确的成员名录、活动的计划以及组织成员更替的程序。

3. 从发展的观点分析

代表性的定义：美国社会学家帕森斯认为组织必须能解决下列四个基本问题，否则就不能称其为组织。

（1）如何适应环境。

（2）如何决定目标并动用所有可供利用的资源来全力完成它。

（3）如何协调和统一组织中成员之间的关系、发挥他们的干劲，使组织成为一个动作一致的整体，完成共同目标。

（4）如何维持组织成立时的目标而不放弃。

4. 从心理的观点来分析

代表性的定义：切斯特•巴纳德认为组织是两人以上有意识的协调力量和活动的合作系统，组织并非单纯的集团而是协力关系，是人和人之间相互作用的体系。他认为组织是具有等级体系的人际关系网络。组织成员具有团体意识和较接近的价值理念及规范。正因如此，大家才能协调地工作在一起，也才能协同一致，完成任务。

综合以上四种观点，所谓组织即一定人群为了共同目的，通过权责分配和层次结构所构成的一个完整的有机体。它随着时代及环境的改变而不断自行调整和适应。同时成员之间也会建立起一种团体意识和规范。

组织定义的系统学解释：组织是一个复杂的、开放的社会技术系统。这一解释包括以下三个含义。

（1）开放系统。组织不断与外部环境进行材料、能源和信息交流，从而不断改革和发展。

（2）复杂的社会技术系统。组织既包括结构和技术方面，也包括心理、社会和管理方面。

（3）整合系统。组织建立在其各子系统相互依存的基础上，它离不开与环境的相互作用，因此组织整合各子系统与其环境的关系。

从广义上说，组织是指由诸多要素按照一定方式相互联系起来的系统。系统论、信息论、控制论、耗散结构论和协同论等都是从不同的侧面研究有组织的系统的。

从狭义上说，组织就是指人们为实现一定的目标，互相协作结合而成的集体或团体，如党团组织、工会组织、企事业组织、军事组织等。本书所要研究的组织是狭义的组织。

三、组织的要素

组织是一个开放的、具有特定目标的协作系统。组织具有开放性、系统性、目的性和协作性的特性;作为一个系统,组织同时又具有整体性的特性。根据这些特性,组织要素分为组织的外部环境、组织的内部环境、组织目的、管理主体和管理客体。

1. 组织的外部环境

组织的外部环境是指组织的成员或群体向组织的外部观察时的视角。任何组织都处于一定的外部环境中,并与外部环境发生着物质、能量或信息等各种交换。组织的宏观外部环境有社会环境、政治环境、经济环境和文化环境等;组织的中观环境是组织所在行业的生产环境、市场环境、科学研究和技术环境等;组织的微观环境是指组织的利益相关者所构成的环境,如地方政府、供应商、顾客、竞争者等。

2. 组织的内部环境

组织的内部环境是指组织内部的成员或群体之间的关系模式所构成的环境,如结构环境、制度环境、文化环境等。组织的内部环境须和外部环境发展相一致。外部环境的发展具有很大的不确定性,组织只有根据外部环境的变化调整内部环境,才能使组织的内外要素相协调。

3. 组织目的

组织目的是得到组织所有成员认同的共同愿望。当两个或更多的人为一个共同的目的而协作时,组织就形成了。目的是使组织统一起来的因素。没有了组织目的,组织就不可能建立,也就失去了存在的必要。组织的目的通常有两种:物的目的和社会的目的。物的目的是指物体或物的存在;社会目的是指组织同社会发生信息交流而形成的特定的相互关系。理论界普遍认为,组织的终极目的重在后者。

4. 管理主体

管理主体作为系统的组织,它的构成要素应是相互作用、相互耦合的。实现组织目的的过程就是一个内、外部要素相互作用及内部要素之间相互作用的过程。内部要素的相互作用是通过管理实践的形式来体现的,即通过管理主体和管理客体的相互协作来完成的。管理主体可以是人或机构,具有一定的管理能力,拥有相应的权威和责任来从事协调和控制活动。

5. 管理客体

管理客体是指管理、协调和控制的对象。管理主体领导管理客体实现组织的目的,而管理客体完成组织目标的状况又对管理主体产生反作用,从而使之对自己的行为进行调整。主、客体之间积极的相互作用和相互影响能使组织更好地实现组织目的,而消极的作用会使组织走向灭亡。

四、组织的任务

组织有如下任务。

（1）根据分工协作的原则，正确配备劳动力，合理确定工作量，节约使用劳动力，从而不断提高劳动生产率。

（2）组织能形成人类的协作，协作能产生新的生产力。

（3）正确处理劳动力与劳动工具、劳动对象之间的关系，保证员工有良好的工作环境和劳动条件，做好工作地的组织工作，改进操作方法，保证员工在工作中的身心健康。

（4）人们在组织中相互沟通、认同，从而形成共同的价值观、信念和行为准则，形成群体文化。

（5）运用工效学、劳动心理学等科学原理，不断完善和改进劳动组织，达到用人少、效率高的目的，并注意改善劳动关系和促进劳动者的全面发展。

（6）满足组织成员的需要。

第二节　组织的特征与类型

一、组织的目标和特征

组织就是精心设计的以达到某种特定目标的社会群体。学校、医院、公司、政府机构、俱乐部等都是组织的例子。

现代城市工业化社会的显著特征就是，大量规模巨大的、极其复杂的组织渗透到了社会生活的方方面面。这主要归因于现时代人们对理性和效率的高度重视，而这些目标正是通过组织运作达到的。

在人类社会中，所有的群体都要努力实现自己的目标，在组织中，目标被明确地、清晰地表达出来，并且总能得到组织成员的充分理解。

除了清晰陈述的特定目标以外，一般说来组织还具有下列基本特征。

第一，为了更高效率地达成群体目标而进行劳动分工和权力分配。

第二，权力相对集中在领导者或执行主管手中，他们使用权力控制组织成员的活动并引导他们实现组织目标。

第三，组织成员不是固定的，这使得组织可以超越某一特定成员而生存；组织成员死亡、辞职、退休或者被解雇时，可以用常规性的方式来加以替补。

许多群体并不都会具有上述所有特征。家庭通常就不被看作是一个组织，因为它的成员不可能按照惯例替补，而且它也没有特定的目标。一个朋友群体，即使他们之间具有极强的模式化联系，也并不是一个组织，因为它缺少明确的目标。

二、组织结构

（一）正式结构

组织的正式结构（Formal Structure），是指导组织成员活动的一套明确陈述的规定、纪律和程序。正式结构包括规章、法规、内部细则、命令和达成目标的时间表。通常，规则和程序都以文字形式写在纸上，但也并非总是如此。

正式结构的显功能是富有成效地达成组织目标。

组织内每个成员都分担了特定的组织任务。同时，每个人都必须清楚与其他任务承担者的成员关系。所以，每一成员对别人的权力、成员之间交流和协作的期望模式都应有严格而清晰的说明。每一成员都知道何时、何地、由谁通过何种方法来进行决策，他或她处于组织等级中的哪一位置。

组织也必须提供正式的约束手段，即运用于群体成员的详细奖惩规则，以此确保组织成员对规则的服从。

1. 奖励性约束

商业组织中，奖励性约束一般包括晋升、提高工资、授予称号、提供舒适的办公室以及一些附加福利如提供花销账号、小汽车、邀请参加某些社会活动等，这些都会用于激励或犒劳那些完成了组织任务的成员。

2. 惩罚性约束

对那些没有遵守规则的组织成员则施以惩罚性约束，如降级、解雇或者不予提升等。在一个规模大而复杂的组织中，通常确立一些正式手段来衡量群体成员的绩效，例如工资审核，或者由上级所作的年终评估，如未达到组织要求，将进行惩罚性的降级或解雇。

以正式结构为主的组织是正式组织。大多数组织如公司、学校和政府等都属于这类组织。

（二）非正式结构

组织的正式结构总是以非正式结构为补充的。非正式结构（Informal Structure），是指由群体成员的互动所形成的人际关系。

非正式关系对组织的功能发挥必不可少。正式规则和程序并不能解决组织所遇到的所有问题，在某些情况下，它甚至还不如非正式规则有效率。非正式结构有助于组织适应千变万化的社会环境，否则组织的效率可能降低，目标难以达成。非正式结构有助于组织获得更高的效率。研究芝加哥机器公司的社会学家发现了一种非正式结构，他将此描述为“应付游戏”（Game of Making Out）。应付游戏是这个工厂第一线操作工的活动核心。它使车间工作不再枯燥，让操作工人对自己的工作感到满意。

它将管理者与工人之间的矛盾转换成了操作工人间群体内部的竞争。最后，它增加了公司的边际利润。总之，这类非正式结构使公司能更有效率地达成目标。

非正式结构也会有消极性的后果。例如，“打小报告”者所遇到的非正式社会控制，可能使许多工人不敢报告车间所发生的危险甚至非法的活动。这类非正式控制包括来自于同事和监督者的敌意和报复。

三、组织发展的过程和变迁

（一）制度化

当一个组织成功地吸纳到了成员，并且得到了他们的信赖，能富有效率地实现其目标，能被更大的社区所接受，它就通常能在相对稳定的结构中、在一整套目标和价值观的指导下，形成有序的运作模式。简言之，它就制度化（Institutionalized）了。

组织的寿命有长有短，那些寿命最长的组织一般都是那些能够有效接纳和培训新成员的组织。组织刚开始形成时，它能相对自由地进行尝试。它的目标变动性较大，实现这些目标的方式也可以有多种选择，成员之间的关系也可能是非正式性的，是可以相互调整适应的。但随着组织的成长，其结构就逐渐地为典型的制度化形式所主宰。

首先，进行群体活动的方式开始建立起来，有时候，这指的就是标准化操作程序（Standard Operating Procedure）。标准化操作程序最终会限制组织在多种行为之间进行选择的自由。

其次，程序越固定，员工之间的关系就会越正式，结果，组织行为就越稳定，越可以预见。但是当非正式关系变得越不重要时，要创造新的交流方式和新的结构就越难。

再次，组织目标开始越来越没有弹性。

当组织关系越有序、越可以预见时，成员之间就可以更好地协作，组织的连续性增强。随着组织知识和经验的增长，可能不必再经过无效尝试和错误，就能找到最好的功能发挥方法。

制度化的负面效应包括：可能会导致组织僵化死板；发生目标置换（Goal Displacement）。当组织员工更加关注组织本身的存续和他们在组织中的位置，而不去关心这些是否与组织的实际目标相符合时，这一现象就会发生。

目标置换的表现形式如下。

（1）组织成员热衷于保持他们自己在组织中的地位，因而就把这个目的当成了组织的目标。例如，大多数协会都以民主形式的结构为特征——它的领导都是由普通群众选举出来的。但是，协会领导一旦就职，他就会设法破坏民主程序来保护自己的领导职务。因为这时如果还让组织处于高度民主之中，很可能意味着领导地位和权威的丧失。

（2）当组织的规章制度本身成为目的时，目标置换也会发生。当初制定规章制度是为了帮助组织有效地实现目标，规章制度可能会具有神圣性，这就会影响组织应付新形势、处理非常规问题的能力。雇员可能会认为自己在扮演角色时仅仅是为了遵从规则，而不管这些规则是否在实际上有助于组织目标的实现，如人们经常埋怨的所谓"官僚主义"和"繁文缛节"的行为。

（3）雇员之间非正式结构的发展，导致他们的行为更多为了保全自己的利益而不是组织的需要。例如，工厂工人有时就他们一天中的劳动量非正式地达成一致，然后去抵制经营管理者提高劳动生产率的尝试。

目标置换已经成了人们对组织特征进行幽默讽刺的主要话题。根据帕金森定律，"为了工作的完成，所有可能的时间都被不断扩张的工作所填满"，而彼得原则描述了科层制中与提升有关的同一问题。在目前工作中表现突出的雇员一般说来都会在科层等级中得到提升，例如优秀教师提升为校长助理，优秀护士提升到管理职位上。提升继续下去，总有一天，雇员最终会处在他或她不能更好地胜任其工作的职位上。这时，组织将会考虑解雇或者给该雇员降级，以避免挫伤正沿着科层制阶梯往上爬的其他员工的士气。

（二）组织变迁

正如制度化过程所表明的那样，每个组织本身就孕育着变迁的种子。组织变迁的原因有两个方面。

（1）源于组织内部事件的变化。新成员要改变组织进程也是可能的，尤其是当这一新成员处于领导地位时。职业体育运动队的老板根据该队赛季的不良表现来解雇教练。通常来说，新教练要变换运动员的位置，设法提高士气，改变队员的作战策略。所有这些改变都是为了使运动队由失败走向胜利。还有一些内部因素，诸如组织构成之间权力关系的改变、领导的更换或者是员工的反对。

（2）组织外部因素的诱发。第一，竞争性组织之间有着极大的相互影响作用，当一个组织不如另一组织成功时（如某一商业组织获取了较少的利润），不太成功的组织为了改进，就有必要进行基本的变迁，美国汽车业就是一个实例。当日本汽车开始大量占领美国市场时，美国汽车业就必须进行痛苦的变迁。通用汽车公司发现，为了在激烈竞争的市场中站稳脚跟，它必须对大多数基本的经营假设进行修改。福特公司开始在它的一些美国工厂中运用日本同行马自达公司所开创的经营技巧。第二，新技术的出现导致组织变迁。第三，新市场或者新资源的获得、利益变动、态度和组织价值观的改变等都会导致组织变迁。假如组织所服务的对象的需求改变了，考虑到这些新需求，组织也须相应改变。

四、组织选择

阿米泰·伊兹欧尼（Amitai Etzioni）注意到，可以运用三种基本方法来使组织成员履行组织对他们的期待：强迫服从、给付工资、使其心悦诚服。从这一基本观察出发，伊兹欧尼发展了组织的三种理想类型：强制型（Coercive）、功利型（Utilitarian）和规范型（Normative）。

（1）强制型组织。这类组织主要依赖实际的或潜在的物质性力量来确保组织控制之下的成员的服从。因为这种类型的组织必须动用大量资源进行社会控制，除了加强组织成员的服从性外，相对来说在达成组织目标方面没有效率。

（2）功利型组织。这类组织主要依靠金钱刺激来获取服从。大多数商业组织都属于这种类型。功利型组织虽然使用较少资源来进行社会控制，但是在成员融入组织时总是精打细算，所以这也限制了成员对组织的忠诚。

（3）规范型组织。假如成员参加组织的主要原因是将组织目标当作自己的目标，这时，组织可以获得成员的最大承诺，组织资源可以得到最少的耗费。此时成员感到自己融入了某一组织之中，假如组织成功了，他们会真正感到是他们自己成功了。这样的群体被称为规范型组织，或者说得更通常一些是志愿者协会，经由这一组织，个体自由地寻求共同利益。规范型组织包括某些职业协会、政治利益集团和业余体育运动队等。

五、组织的类型

在社会生活中，组织的类型十分复杂，人们可以按照不同的标准对组织进行不同的分类。

1. 按社会功能分类

根据社会功能不同，可以将组织分为经济生产组织、政治目标组织、整合组织和模式维持组织。

（1）经济生产组织。这类组织是指从事物质生产的制造型组织和服务型组织，如工厂、饭店等。

（2）政治目标组织。这类组织是指为了保证整个社会达到自己的目标而进行权力分配的组织，如政府部门等。

（3）整合组织。这类组织是指协调各种冲突，引导人们向某个固定目标发展的组织，如法院、政党等。

（4）模式维持组织。这类组织是指维持固定的形式、确保社会发展的组织，如学校、社会团体等。

这类分类方法是美国著名的组织学者帕森斯提出的，被广泛采用和使用。

2. 根据受惠程度分类

根据组织成员的受惠程度不同，可以将组织分为互惠组织、经营性组织、服务组织和大众福利组织。

（1）互惠组织。这类组织是指对参加者都有好处的组织，如党派、工会、俱乐部、退伍军人团体等。

（2）经营性组织。这类组织是指从事工商活动的组织，如工厂、企业、银行等。

（3）服务组织。这类组织是指为某些社会人士直接服务的组织，如医院、大学、福利机构等。

（4）大众福利组织。这类组织是指为社会所有人服务的组织，如警察机关、行政机关、军事机关、科学研究机关等。

这类分法是由美国组织学者布劳和斯科特提出的。

3. 根据控制方式分类

根据控制成员的方式可以将组织分成强制组织、功利组织和规范组织。

（1）强制组织。这类组织是用高压、威胁甚至暴力等手段控制其成员行为的组织，如监狱等。

（2）功利组织。这类组织是以金钱或者物质为媒介控制下属行为的组织，如各种工商企业。

（3）规范组织。这类组织是用在伦理道德或者信仰等基础上的规范权力来控制成员行为的组织，如宗教团体等。

4. 按目标分类

按组织的目标不同，可以将组织分为互益组织、工商组织和公共组织。

（1）互益组织。这类组织是指以实现全体组织成员共同利益为目标而自愿结成的组织，包括政党组织、宗教组织、工会组织、俱乐部组织等。

（2）工商组织。这类组织是指以赚取更多的经济利益为目的而组建起来的组织，包括工商企业、银行、商会等。

（3）公共组织。这类组织是指以维护、实现和发展社会全体公众利益为目标的组织，包括国家权力机关、依赖国家公共财政运转的学校、医院、研究机构等。

第三节 组织理论

组织理论从20世纪初开始，大致经历了传统组织理论、行为科学组织理论和系统管理理论三个阶段。

一、传统组织理论

传统组织理论盛行于20世纪初至20世纪30年代。它着重分析组织的结构和组织管理的一般原则,研究内容主要涉及组织的目标、分工、协调、权力关系、责任、效率、授权、管理幅度和层次、集权和分权等。传统组织理论主要包括泰勒提出的科学管理理论、法约尔提出的一般管理理论和韦伯提出的官僚组织理论等。此外,美国学者厄威克及时综合和传播了传统组织理论者的观点和主张,扩大了传统组织理论的影响。

1. 科学管理理论

20世纪初,美国资本主义经济发展较快,但是企业劳动生产率的提高远远落后于当时科学技术的成就和国内外经济条件所提供的可能性。这种情况首先引起了一批工程技术人员和管理人员的注意,他们进行各种试验,努力把当时科学技术的最新成就应用于企业的生产和管理,以便大幅度地提高劳动生产率,从而形成了一套科学管理的理论和方法,泰勒的《科学管理原理》就是其中最突出的代表。

泰勒(Frederik Winslow Taylor, 1856—1915年),美国著名管理学家、经济学家,被称为"科学管理之父",《科学管理原理》(1911)正是其代表作,科学管理理论讲述了应用科学方法确定从事一项工作的"最佳方法",包括作业管理、组织管理、心理管理。泰勒认为,科学管理的根本目的是谋求最高的劳动生产率,最高的工作效率是雇主和雇员达到共同富裕的基础,要达到最高的工作效率的重要手段是用科学化、标准化的管理方法代替经验管理。泰勒认为科学管理的常规特征是协调而不是不和,在科学管理的众多要素中,最重要的是劳资双方的密切合作。

泰勒科学管理的主要观点包括:

(1)科学管理的目的是提高劳动生产率;

(2)提高劳动生产率的重要手段是用科学管理的方法代替传统管理的方法;

(3)科学管理的核心是劳资双方在心理上和精神上来一次彻底的思想革命。

泰勒强调科学管理应遵循以下原则:

(1)对人的劳动的每种要素规定一种科学的方法,用以代替陈旧的凭经验管理的方法;

(2)科学地挑选工人,然后进行训练、教育,开发他们的技能;

(3)与工人合作,保证所有工作都能按已发展起来的科学原则来进行;

(4)在管理者和工人之间,工作的分配和责任的分担几乎是均等的,管理者当局把自己比工人更胜任的各种工作都承揽下来。

泰勒的科学管理思想,奠定了现代管理理论的基础。现代管理科学学派可以说是科学管理思想的必然延伸,对现代管理理论产生了巨大的影响。

2. 一般管理理论

现代经营管理之父——亨利•法约尔(Henry Fayol，1841—1925 年)在他最重要的代表作《工业管理和一般管理》(1916)中阐述了一般管理理论。法约尔的研究是从“办公桌前的总经理”出发的，以企业整体作为研究对象。法约尔认为，管理理论是指有关管理的、得到普遍承认的理论，是经过普遍经验检验并得到论证的一套有关原则、标准、方法、程序等内容的完整体系。有关管理的理论和方法不仅适用于公私企业，也适用于军政机关和社会团体，这正是其一般管理理论的基石。

法约尔指出，管理就是计划、组织、指挥、协调和控制。他认为，计划就是探索未来、制订行动计划；组织就是建立企业的物质和社会的双重结构；指挥就是使其人员发挥作用；协调就是连接、联合、调和所有的活动及力量；控制就是注意是否一切都按已制定的规章和下达的命令进行。

法约尔区别了经营和管理，他认为这是两个不同的概念，管理包括在经营之中。通过对企业全部活动的分析，法约尔将管理活动从经营职能中提炼处理，成为经营的 6 项职能，即企业的全部活动可以分为以下 6 种：①技术活动(生产、制造、加工)；②商业活动(购买、销售、交换)；③财务活动(筹集和最适当地利用资本)；④安全活动(保护财产和人员)；⑤会计活动(财产清点、资产负债表、成本、统计等)；⑥管理活动(计划、组织、指挥、协调和控制)。

为了使管理者能很好地履行各种管理职能，法约尔提出了管理的 14 项一般原则，具体包括：①劳动分工原则；②权力与责任原则；③纪律原则；④统一指挥原则；⑤统一领导原则；⑥个人利益服从整体利益的原则；⑦人员的报酬原则；⑧集中原则；⑨等级制度原则；⑩秩序原则；⑪ 公平原则；⑫ 人员的稳定原则；⑬ 首创精神；⑭ 人员的团结原则。

法约尔的一般管理理论是西方古典管理思想的重要代表，其提出的一般管理原则与职能实际上奠定了 20 世纪 50 年代兴起的管理过程学派的理论基础，许多管理理论在某种程度上都可直接追溯到一般管理理论。

3. 官僚组织理论

马克斯 • 韦伯，被称为“组织理论之父”，与泰勒、法约尔一起被认为是西方古典管理理论的三位先驱。马克斯 • 韦伯(Max Weber，1864—1920 年)生于德国，主要著作有《新教伦理与资本主义精神》《一般经济史》《社会和经济组织的理论》等，其中官僚组织模式(Bureaucratic Model)的理论(即行政组织理论)，对后世产生了最为深远的影响。

韦伯认为，任何组织都必须以某种形式的权力作为基础，没有某种形式的权力，任何组织都不能达到自己的目标。人类社会存在三种为社会所接受的权力：①传统权力(Traditional Authority)，传统惯例或世袭得来；②超凡权力(Charismatic Authority)，来源于别人的崇拜与追随；③法定权力（Legal Authority），理性——法律规定的权力。韦伯认为，只有法定权力才能作为行政组织体系的基础，其最根本的特征在于它提供了慎重的公正，原因在于：①管理的连续性使管理活动必须有秩序地进行；②以“能”为本的择人方式提供了理性基础；③领导者的权力并非无限，应受到约束。

有了适合于行政组织体系的权力基础，韦伯勾画出理想的官僚组织模式（Bureaucratic Ideal Type），具有下列特征。

(1)组织中的人员应有固定和正式的职责并依法行使职权。组织是根据合法程序制定的，应有其明确目标，并靠着这一套完整的法规制度，组织与规范成员的行为，以期有效地追求与达到组织的目标。

(2)组织的结构是一层层控制的体系。在组织内，按照地位的高低规定成员间命令与服从的关系。

(3)人与工作的关系。成员间的关系只有对事的关系而无对人的关系。

(4)成员的选用与保障。每一职位的员工根据其资格限制（资历或学历），按自由契约原则，经公开考试合格予以使用，务求人尽其才。

(5)专业分工与技术训练。对成员进行合理分工并明确每人的工作范围及权责，然后通过技术培训来提高工作效率。

(6)成员的工资及升迁。按职位支付薪金，并建立奖惩与升迁制度，使成员安心工作，培养其事业心。

韦伯认为，凡具有上述六项特征的组织，可使组织表现出高度的理性化，其成员的工作行为也能达到预期的效果，组织目标也能顺利地达成。

韦伯对组织管理理论的贡献在于明确而系统地指出理想的组织应以合理合法的权力为基础，没有某种形式的权力，任何组织都不能达到自己的目标。韦伯对理想的官僚组织模式的描绘，为官僚组织指明了一条制度化的组织准则，这是他在管理思想上的最大贡献。

二、行为科学组织理论

20 世纪 30 年代后产生了以人际关系为研究重点的组织理论，后来逐步发展成为行为科学组织理论。该理论一反传统组织理论的静态研究方法，着重研究人和组织的活动过程，如群体和个体行为、人和组织的关系、沟通、参与、激励、领导艺术等。美国学者梅奥等主持的霍桑实验，巴纳德的均衡理论，西蒙的行政决策理论，马斯洛的需求层次理论，麦格雷戈的 X 理论、Y 理论，赫茨伯格的双因素理论等都是具有代表性的行为科学组织理论。

行为科学组织理论是一种研究组织行为和个人行为，并以人的行为为研究重点的管理理论。它是组织理论发展的一个重要阶段。该理论经历了从研究人际关系到应用行为科学的发展过程。在这一过程中，人际关系理论、均衡理论、行政行为理论、激励理论等对行政管理产生了重大影响。

1. 人际关系理论

1927—1932 年，美国学者梅奥等人主持的霍桑实验开创了对组织中人际关系的研究。该实验结果指出，组织不仅是一个经济和技术结构，也是一个社会和心理结构。人不仅是传统组织理论认为的只受物质刺激、追求完善理论的"经济人"，而且首先是合群、通过合作取得工作成果的"社会人"。决定组织工作效率的首要因素是群体士气，而不是相对重要的金钱或工作条件。霍桑实验的研究首次指出，在正式组织外还存在着非正式组织，即在正式组织中为满足人们不同的心理需求，人们自发形成的没有正式结构的群体组织。其研究旨在揭示不同于过去正式组织条件下的人际关系，揭示正式组织和非正式组织的关系，并注重研究非正式组织所起的作用。

2. 均衡理论

均衡理论是在人际关系理论出现后，由美国学者巴纳德在《执行者的职能》中提出的一种理论。该理论把组织特性与人的特性联系起来，指出为保证组织的生存，组织应在一定条件下诱导其成员参与组织活动，对组织做出贡献。组织通过"贡献"与"诱导"之间的"平衡"来进行活动。"贡献"是组织成员工作的结果，"诱导"是组织提供给成员的刺激与满足感。组织为了得到成员必要的贡献，就必须诱导成员，使其感到能从组织中得到满足。这样，组织管理者的重要职能就是对管理对象"进行刺激"。巴纳德认为，对组织成员来说社会与心理刺激是第一位的；经济刺激是重要的，但却是第二位的。组织若要发展，必须同时提供特殊的和一般的诱导，即精神的和物质的诱导。

3. 行政行为理论

西蒙在 20 世纪 40 年代的《行政行为——在行政组织中决策程序的研究》中开创了对组织行政决策行为的研究。他认为情报、设计和选择三项活动构成了整个决策过程，而决策行为则是整个组织管理的中心。西蒙把决策分成可按固定程序进行的程序性决策和无先例可循的非程序性决策，并设法使后者尽可能多地变为前者。他综合社会科学和自然科学的多种成果，为组织研究提供了理论基础。西蒙还提出"行政人"的概念，认为"行政人"具有个人目标和理性，理解组织目标和理性，懂得两者之间的关系，并以此取代传统理论提倡的对事物各种情况具有绝对知识的完全理性的"经济人"概念。

4. 激励理论

20 世纪 40 年代，马斯洛提出了需求层次理论。他认为人的需要可分为五个层次，依次为生理需要、安全需要、社会需要、自尊需要和自我实现需要。人在满足了一个较低层次的需要后，会追求一个较高层次的需要。赫茨伯格于 20 世纪 50 年代末在《工作的动机》中提出了双因素理论，认为在每种工作中都存在着激励因素（工作本身、工作赏识、工作进步、工作成长、工作责任、工作成就等）和保健因素（金钱、监督、地位、安全、工作环境、政策、人际关系等）。激励因素能使组织成员感到满足，具有激励作用，使之积极努力，增加工作效绩。保健因素能防止组织成员感到不满，阻止冲突发生，是维持工作的最低或及格标准。麦格雷戈 20 世纪 60 年代在《企业的人性方面》中提出了 X 理论和 Y 理论。X 理论假设人性好逸恶劳，主张采取命令、强制的管理方式；Y 理论假设人性乐于工作，主张采取参与和激励的管理方式。

行为科学组织理论开拓了组织研究的新领域，弥补了传统组织理论的不足，使组织理论实现了从静态研究到动态研究，从以研究结构为主到以研究人及其决策过程为主的发展。

三、系统管理理论

系统管理理论是综合早期传统组织理论和行为科学组织理论的成果，并以系统观点来分析组织的一种理论，其特点在于把组织看成一个系统，从系统的互相作用和系统同环境的互相作用中考察组织的生存和发展，其目的是通过研究寻求组织在这种互相作用中取得平衡的方法。美国行政学家巴纳德首先用封闭系统的观点来考虑组织；帕森斯、卡斯特、罗森茨韦克则把组织看成一个开放系统，即组织系统除了要维持本身的平衡外，还要维持与环境的平衡。20 世纪 60 年代后又出现了权变理论，这是一种反对一般管理原则，主张随环境的变化而采取不同的措施进行管理，其代表人物有英国的伍德沃德，美国的劳伦斯、洛奇和菲德勒等。

系统管理学派是运用系统科学的理论、范畴及一般原理，全面分析组织管理活动的理论。系统管理学派的主要理论要点如下。

（1）组织是一个由相互联系的若干要素组成的人造系统。

（2）组织是一个为环境所影响，并反过来影响环境的开放系统。组织不仅本身是一个系统，它同时又是一个社会系统的分系统，它在与环境的相互影响中取得动态平衡。组织同时要从外界接受能源、信息、物料等各种投入，经过转换，再向外界输出产品。

组织理论的发展表明了管理思想的变化和研究方法的变化，即从注重“事”的研究到注重“人”的研究，进而发展到人与事研究并重，在方法论上则从规范研究转向实证研究。组织理论的形成和发展，是人类认识组织及其活动的规律的成果，使人们可以自觉地应用这一理论有效地管理组织，以适应人类自身的组织活动。

第四节 学习型组织

一、学习型组织的内涵

学习型组织这一概念最早由20世纪70年代美国哈佛大学的阿吉瑞斯和舍恩提出。1977年阿吉瑞斯在《哈佛商业评论》上发表了《组织中的双环学习》一文，首次提出“组织学习”的概念。1978年，他与舍恩合著《学习：一种行动透视理论》，详细并正式界定了“组织学习”的概念。从20世纪80年代开始，在企业界和管理思想界，出现了推广和研究学习型组织的热潮，并逐渐风靡全球。美国的杜邦、英特尔、苹果电脑、联邦快递等世界一流企业，纷纷建立学习型组织。初步统计，美国排名前25名的企业，已有20家按照学习型组织的模式改造自己，已经成为时代标志的著名的微软公司，其成功的秘诀就是倾力建立学习型组织。1994年，随着美国麻省理工学院彼德·圣吉《第五项修炼——学习型组织的艺术与实践》的出版，学习型组织理论发展到了一个新高度，该书的出版引起了人们对学习型组织更为广泛的兴趣、研究与实践。圣吉的学习型组织理论完整地提出了组织发展的最高目标，即在个人价值得以体现的同时，也使组织绩效大幅度提高，他提出的五项修炼组织模型的开创性工作，为学习型组织的研究奠定了坚实基础。

学习型组织理论的核心观点是：企业持续发展的源泉是提高企业的整体竞争优势，提高整体竞争能力；提高整体竞争优势和能力的源泉则是使企业成为善于学习的学习型组织；而企业要成为学习型组织，它必须完成“培养成员的自我超越意识”“改善心智模式”“形成共同愿景”“搞好团体学习”及“运用系统思考”五项工作，其中，“运用系统思考”是学习型组织理论的核心。

（1）培养组织成员的自我超越意识。“自我超越”包括三个内容：一是建立愿景（愿望、理想、远景或目标）；二是看清现状；三是实现愿景。组织中的每一位成员都要看清现状与自己的愿景间的距离，从而产生出“创造性张力”，进而能动地改变现状而达到愿景。原先的愿景实现后，又培养起新的愿景。随着愿景的不断提升，又产生出新的“创造性张力”，显然，组织成员的自我超越能力是组织生命力的源泉。

（2）改善心智模式。“心智模式”是人们的思想方法、思维习惯、思维风格和心理素质的反映。一个人的心智模式与其个人成长经历、所受教育、生活环境等因素密切相关，因此并非每个人的心智模式都很完美。而人们通过不断的学习就能弥补自己心智模式的缺陷。

（3）建立共同愿景。“共同愿景”源自个人愿景，它是经过各成员相互沟通而形成的组织成员都真心追求的愿景，它为组织的学习提供了焦点和能量。企业只有有了共同愿景,才能形成强大的凝聚力,推进企业不断发展。

(4)搞好团体学习。组织由很多目标一致的团队构成。"团体学习"指每一团体中各成员通过"深度会谈"与"讨论",产生相互影响,以实现团体智商远大于成员智商之和的效果。它建立在发展"自我超越"及"共同愿景"的工作上。团体是企业的基础,每个团体的"团体学习"都搞好了,企业才更有竞争力。因此,"团体学习"比个人学习更重要。

(5)运用系统思考。"系统思考"指以系统思考观点来研究问题、解决问题。其核心就是:从整体出发来分析问题,分析关键问题,透过现象分析问题背后的原因,从根本上解决问题。系统思考是见识,也是综合能力。这种见识和能力只有通过不断学习才能逐渐形成。

"学习型组织"的五项工作是个有机体,相互作用,相辅相成,不可或缺。而"运用系统思考"则是其他四项的基石,因为其他四项都离不开系统思考的见识和能力。

二、学习型组织的特征

1. 组织成员拥有一个共同的愿景

组织的共同愿景(Shared Vision)来源于员工个人的愿景而又高于个人的愿景。它是组织中所有员工共同愿望的景象,是他们的共同理想。它能使不同个性的人凝聚在一起,朝着组织共同的目标前进。

2. 组织由多个创造性个体组成

在学习型组织中,团体是最基本的学习单位。团体本身应理解为彼此需要他人配合的一群人。组织的所有目标都是直接或间接地通过团体的努力来达到的。

3. 善于不断学习

善于不断学习是学习型组织的本质特征,主要有四点含义。

一是强调"终生学习",即组织中的成员均应养成终生学习的习惯,这样才能形成组织良好的学习气氛,促使其成员在工作中不断学习。

二是强调"全员学习",即企业组织的决策层、管理层、操作层都要全心投入学习,尤其是经营管理决策层,他们是决定企业发展方向和命运的重要阶层,因而更需要学习。

三是强调"全过程学习",即学习必须贯彻于组织系统运行的整个过程。约翰•瑞定(John Redding)提出了一种被称为"第四种模型"的学习型组织理论。他认为,任何企业的运行都包括准备、计划、推行三个阶段,而学习型企业不应该是先学习然后进行准备、计划、推行,不要把学习与工作分割开,应强调边学习边准备、边学习边计划、边学习边推行。

四是强调"团体学习",即不但重视个人学习和个人智力的开发,更强调组织成员的合作学习和群体智力(组织智力)的开发。

学习型组织通过保持学习的能力,及时铲除发展道路上的障碍,不断突破组织成长的极限,从而保持持续发展的态势。

4.“地方为主”的扁平式结构

传统的企业组织通常是金字塔式的,学习型组织的组织结构则是扁平的,即从最上面的决策层到最下面的操作层,中间相隔层次极少,它尽最大可能将决策权向组织结构的下层移动,让最下层单位拥有充分的自决权,并对产生的结果负责,从而形成以“地方为主”的扁平化组织结构。例如,美国通用电气公司目前的管理层次已由9层减少为4层,只有这样的体制,才能保证上下级的不断沟通,下层才能直接体会到上层的决策思想和智慧光辉,企业内部才能形成互相理解、互相学习、整体互动思考,协调合作的群体才能产生巨大的、持久的创造力。

5. 自主管理

学习型组织理论认为,“自主管理”是使组织成员能边工作边学习并使工作和学习紧密结合的方法。通过自主管理,可由组织成员自己发现工作中的问题,自己选择伙伴组成团队,自己选定改革、进取的目标,自己进行现状调查,自己分析原因,自己制定对策,自己组织实施,自己检查效果,自己评定总结。团队成员在“自主管理”的过程中,能形成共同愿景,能以开放求实的心态互相切磋,不断学习新知识,不断进行创新,从而增强组织快速应变、创造未来的能力。

6. 组织边界将被重新界定

学习型组织的边界的界定建立在组织要素与外部环境要素互动关系的基础上,超越了传统的根据职能或部门划分的“法定”边界。例如,把销售商的反馈信息作为市场营销决策的固定组成部分,而不是像以前那样只是作为参考。

7. 员工家庭与事业的平衡

学习型组织努力使员工丰富的家庭生活与充实的工作生活相得益彰。学习型组织对员工承诺支持每位员工充分的自我发展,而员工也以承诺对组织的发展尽心尽力作为回报。这样,个人与组织的界线将变得模糊,工作与家庭的界线也将逐渐消失,两者之间的冲突也必将大为减少,从而提高员工家庭生活的质量,达到家庭与事业之间的平衡。

8. 领导者的新角色

在学习型组织中,领导者是设计师、仆人和教师。领导者的设计工作是对组织要素进行整合,他不只是设计组织的结构和组织政策、策略,更重要的是设计组织发展的基本理念;领导者的仆人角色表现在他对实现愿景的使命感,他自觉地接受愿景的召唤;领导者作为教师的首要任务是界定真实情况,协助人们对真实情况进行正确、深刻的把握,提高他们对组织系统的了解能力,促进每个人的学习。学习型组织有着不同凡响的作用和意义：学习一方面是为了保证企业的生存，使企业组织具备不断改进的能力，提高企业组织竞争力；另一方面，学习更是为了实现个人与工作真正融合，使人们在工作中活出生命的意义。

三、从效率型组织到学习型组织的演进

那些设法创建学习型组织的管理者们已经发现，在这种新的组织模式下，组织设计的各维因素都要做出改变。图 1-1 对照了两种不同的组织设计：其一是以高效率作为绩效目标，其二是以持续的学习作为目标。从组织设计的五方面要素，即结构、任务、系统、文化和战略进行考察。

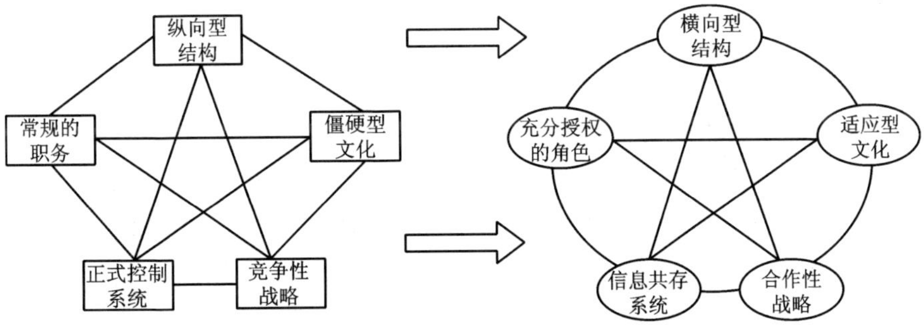

图 1-1　从高效率的绩效目标到持续的学习目标

1. 从纵向型结构向横向型结构的转变①

传统的最常见的组织结构一直是从下层到上层，都是按照工作的相似性而将组织所要进行的活动加以归并和分组的。这样的组织一般很少能形成跨职能部门的合作，整个组织的协调和控制是通过纵向的层级链，且决策制定权集中在高层管理者手中。从促进高效率的生产和技能的纵深发展角度看，这种结构可能是相当有效的。职权层级链为大型组织中的监督和控制提供了一种有力的手段。然而，在迅速变化的环境中，这种结构的层级链负荷过重，而且仅仅依靠高层经理人也很难对问题或机会做出足够快速的反应。

学习型组织摒弃了造成组织高层管理者与技术核心层工人间巨大隔离的纵向结构，它是围绕横向的流程或过程，而不是围绕职能部门来创设新的结构。纵向的层级链得到明显缩短，而且或许仅保留很少量的资深经理人员从事传统支持性的职能，如财务和人力资源管理。自我管理团队成为学习型组织的基本工作单位，团队包含了来自各职能领域的人员，因此，职能界线实际上消失了。例如，奥迪康控股公司是丹麦一家推出了世界第一架数码助听器的公司，它既没有组织图，也不设部门、职能和职务头衔，组织层级的所有痕迹都在这里消失了，公司员工不断地组成自我管理团

① 詹姆斯·马奇，赫伯特·西蒙．组织 [M]. 邵冲，译．北京：机械工业出版社，2013。

队，为特定的项目开展工作。

2. 从执行常规的职务向承担经充分授权的角色转变

另一个思想转变表现在结构的正规程度和对员工开展工作的控制上。历史上科学管理提倡精细确定每一个工作，并规定这项工作应该如何执行，所谓职务，就是分配给一个人的范围狭小的工作。在传统的组织中，任务被分解为各个独立的专门化的部分，有关任务的知识和控制集中在组织的高层，员工被要求照命令做事。与之形成对照，角色则是动态的社会系统的基本构成部分。角色具有自我处置问题的权力和责任，允许员工运用其自主权和能力取得某种结果或实现某一目标。在学习型组织中，员工就在团队或部门中扮演了一个角色，而角色的任务可能会不断地调整或重新设定。很少有规则程序存在，对任务的知识和控制的掌握，是在员工手中而不是在主管人员或高层经理人的手中，而且这样的组织鼓励员工在彼此之间及与顾客间的共同工作中解决问题。

3. 从正式控制的系统向信息高度共享的系统的转变

在创办时间不长或规模较小的组织中，沟通通常是非正式的、面对面的，很少会有正式的控制与信息系统。这是因为公司的高层领导常常在日常的业务经营活动中与员工们并肩工作。但是当组织规模扩大和变得复杂以后，高层领导者与技术核心层工人们的距离拉大了，从而常常需要设立正式的系统来处理日益增多的庞杂信息，并鉴别出实际成绩与既定标准和目标的偏差。在学习型组织中，信息则是服务于另外一种完全不同的目的，也即通过信息的广泛共享而使组织保持一种最佳的运行状态。学习型组织力求恢复到那种小型的创业型公司的状态，这样，所有的员工都掌握了关于公司的全部信息，他们能够快速地采取行动。管理者工作的重要部分不是利用信息来控制员工，而是设法开通沟通的渠道，使各种思想能向各方面传递。此外，为了增强学习的能力，学习型组织还维持着与顾客、供应商甚至竞争对手之间的开放式沟通。在美国捷蓝航空公司，创始人兼首席执行官大卫•尼尔曼通过定期搭乘飞机与员工和消费者交谈，来推动大范围的信息共享。尼尔曼坚信这是他促使捷蓝成长的最好方法。信息技术也在组织间人们的联系上起到了重要的作用。

4. 从竞争性战略向合作性战略的转变

在为高效率的绩效目标而设计的传统组织中，战略是由高层管理者制定，尔后在整个组织中推行；高层管理人员动脑思考面对竞争组织如何做出最好的反应，如何有效地使用资源和应对环境的变化。与之对应，学习型组织中是那些拥有充分信息并得到充分授权的员工以其日积月累的行动在公司战略的发展中做出贡献。由于所有的员工都与顾客、供应商保持着接触并了解新的技术，因而他们能帮助鉴别顾客的需要及其解决方案，这样也就能参与战略的制定。另外，战略还产生于与供应商、顾客甚至竞争者的合作伙伴关系中。最终，组织变成既是竞争者又是合作者，探索着寻找学习与适应的最佳方式。

5. 从僵硬型文化向适应型文化的转变

组织要保持健康的状态，就需要一种能鼓励员工适应外部环境变化的文化。然而，目前许多组织面临的一个危险是，它的文化成了一种僵硬式的模式，组织中的各种行为就像被混凝土凝固了一样。在稳定环境中取得非凡成功的组织，往往在环境开始急剧变化时成为其过去成功的牺牲品。曾经使公司获得成功的文化价值观、思想和行动，在迅速变化的环境中，逐渐成为这家公司取得好成绩的障碍。而学习型组织中的文化提倡开放、平等、持续的改进和变革。组织的成员对整个系统了如指掌，知道各方面应如何配合在一起，组织的各部分之间以及组织与环境之间应如何相互作用。整个组织的思想观念放在了弱化组织内的边界以及与其他组织的边界方面。另外，这些组织停止了制造地位差距的活动，抛弃了显示地位差别的标志物，如特设的经理人员餐厅和预留的车位等。每个成员都是对组织有益的贡献者，组织则成为提供关系网络的场所，使人们能够充分发展其潜能。

【本章小结】

本章主要讲述了组织与组织理论，介绍了组织的内涵、组织的特征与类型、组织理论、学习型组织。通过本章的学习，学生应该理解组织的含义，掌握组织的构成要素，了解组织理论的发展，理解组织的性质和组织的类型，掌握学习型组织理论的核心观点。

【本章习题】

1. 简述组织的内涵。
2. 简述组织的要素。
3. 组织的类型有哪些？
4. 从 20 世纪初开始，组织理论大致经历了哪些阶段？
5. 在学习型组织模式下，组织设计的各维因素要做出哪些改变？

【案例与讨论】

联想集团如何缔造学习型组织

在现实社会里并非重视学习的组织就是学习型组织。认为任何重视学习的组织都是学习型组织，这是不懂学习型组织实质的人的一种错误认识。

联想集团缔造的学习型组织有以下特征。

第一，联想从 1984 年起家至今的几十年，信息化、全球化使整个世界联系更加紧密化、快速化，各个方面的竞争更加激烈。柳传志的团队生存在前所未有的激烈竞争中可以保持时时刻刻走在前沿，是因为比竞争对手学习得更快更到位。其应对着彼得•圣吉的名言：未来唯一持久的竞争优势是有能力比你的竞争对手学习得更快。

第二，联想进行一种组织化的、互动式、研讨式的学习以及具有相应的组织结构，在学习上实行科学化的管理方式；联想不仅能从合作伙伴那里学到东西，还是一个非常有心的学习者，善于从竞争对手、本行业或其他行业的优秀企业以及顾客等各种途径进行学习。

第三，环境的剧烈变化要求提高团队智商。信息化、全球化和高科技的发展，任何一个组织要生存和发展，就要对这种迅速的变化和复杂的局面不断地做出恰当而迅速的反应。要做到这一点，仅仅靠组织中少数人研究和应对问题是不够的，必须发挥每一个人的智慧，进行全方位的应对。

联想具有较高的团队智商，能够激发每一个成员学习和创新的活力。柳传志有句名言："要想着打，不能蒙着打"。这句话的意思是说，要善于总结，善于思考，不能光干不总结。实际上，联想是一个非常善于从自己过去的经验中学习的公司。

为了充分发挥每一个人的力量，联想注重全员、全方位、全过程的教育培训，截至目前已初步建成较完善的教育培训体系，从新员工"入模子"培训，接受联想企业文化的熏陶，到高级干部研讨班及管理培训班，从专业技能培训到理论研讨，每年都坚持不懈地搞，并且不断将其健全、完善，务求实效。

通过教育与培训，提高了员工的岗位能力、个人素质，同时为员工个人成长提供了强有力的支持，而且统一了认识，有利于建立共同愿景。在联想集团，上至集团领导，下到班车司机、生产线工人，都对公司的目标、战略路线一清二楚，这在很大程度上得益于教育培训工作。

人才是公司生存与发展的根本保证。如何能提高团队的智商？只有不断提高全员的能力，充分调动每位联想人的积极性与创造性，使他们健康成长，才能保证长治久安；同时，联想集团有意识地从单向的培训引导员工走向自觉学习，提高了组织的应变能力。

第四，信息将成为21世纪知识经济时代最重要的战略资源，应用知识、提高知识的附加价值将成为经济活动的核心。信息对于企业经营具有举足轻重的作用。联想在让每一个成员升级的同时，想办法突破自身和外部限制，不断升级。联想的成功诀窍是广泛搜集信息、充分利用信息和促进信息在组织内的传播。在联想集团有以下几种搜集信息、促进信息在组织内传播与利用的机制。

广泛搜集外部信息。柳传志曾经说过：联想今天能与国外厂商竞争到这种程度，确实反复研究过人家的管理方法。联想善于向国外大公司学习，向国内的兄弟企业学习，善于总结别人的成败得失，从中汲取经验教训，并力图找出规律，用于指导自己的工作。为此，联想集团采取各种方式，广泛搜集外部信息。首先在公司内部设立专门的信息收集部门——市场部信息处、热线电话、公开信箱以及 Internet 主页；其次，由总公司信息管理部和业务发展部综合负责信息的规划与处理。

促进知识传播。为了传播知识、信息，联想采取了以下几种办法。首先是开会。联想以爱开会而闻名，但都不是开乱会和乱开会。其实，充分利用开会、研讨不仅能传播知识、交流经验，而且能统一思想，贯彻企业文化。其次是制度保证。目前，联想已形成一整套领导班子议事制度、决策保证制度和培训制度，从制度上保证了知识、经验在公司内的传播。最后，通过公司内部刊物传递信息。目前，公司内有五六种内部刊物，从不同的角度反馈公司各种内外信息。同时，联想集团舍得在内部现代化建设上下功夫，不仅更新了通信设备，而且增加了对电脑及网络基础建设的投入，努力向无纸化办公的方向迈进。目前，公司正在大力推进办公自动化和管理信息系统的建设，方便员工沟通，促进知识的传播与利用。

第五，联想集团学习型组织的实质是升级。联想集团能有今天的局面，最根本的原因在于他们时刻在学习和创新，并且改造传统学习方式，进行组织化学习。在科学技术日新月异的今天，企业要想生存和发展，就必须根据内外环境的变化，及时调整组织结构，绝不能因循守旧，故步自封。在短短十几年的时间里，联想的组织结构变了好几茬：从大船结构到舰队模式；从众多的事业部到整合为六大子公司；从北京联想、香港联想分而治之到统一平台……联想几乎每年都在变。变化就是在升级，联想不断打破阻碍自身发展的瓶颈，从而不断走向成熟。

第二章　组织结构与组织设计

【学习目标】

通过本章的学习，了解组织结构的基本形式，各种组织形式的特征、优缺点和应用范围；理解组织设计的概念、原则和影响因素；掌握组织结构设计的内容和方法。

【引导案例】

如何设计出最合适的组织结构

组织是为了实现某一共同目标，经分工与合作，具有一定层次的权力和责任制度而构成的人群集合系统，它具有三个特征：组织必须具有目标、组织必须分工协作、组织要有不同层次的权力和责任制度。

组织的基本功用，就是避免集合在一起的个体力量相互抵消，而寻求对个体力量进行汇聚和放大效应，实现个人与机构之间的交换作用。组织管理的功能在纵向关系上主要体现了权力与责任，横向关系上体现了沟通与合作。

企业组织不是一成不变的，会随着社会发展、企业外部环境的变化、企业战略的调整而不断演变。组织如同企业的骨架，制度和机制如同神经和血液，首先骨架健全了，才能保证这个企业的完整，再配以适合的制度和机制企业才得以健康发展。

拿万科来说，目前已经居于房地产行业领头羊的位置，其组织结构也是随着企业的发展经历了不同的演变阶段。1984 年创业之初，由于业务单一，规模较小，它采用了简单的直线组织结构形式，由总经理直接管理业务科、行政科、会计科，结构简单，权责清晰。随着业务的逐渐发展，到了 20 世纪 90 年代，万科由单一业务向房地产、连锁零售、电影制片及激光影碟等新的领域投资，初步形成了商贸、工业、房地产和文化传播的四大经营架构。此时，组织也随着企业发展的转变进行了调整，建立了事业部制结构。事业部是在集团宏观领导下，拥有完全的经营自主权，实行独立经营、独立核算的部门。总部主要在财务、人力资源方面进行监控和管理。各个不同产品线分属不同的事业部，这种组织结构适应企业，同时开拓完全不同的产品市场模式。这种组织结构模式能够使组织更灵活，更能调动人的积极性和创造性，快速适应不同专业领域的竞争环境。2001 年之后万科战略进行了调整，向专一房地产业务发展，剥离其他与房地产无关的业务，组织结构重新进行了设计，形成了集团公司模式，管控模式实现了总部高度集权，总部定位为专业化管理和决策中心，地区公司自主权较小，共用集团专业平台。2005年之后，随着下属公司逐渐成熟，组织又进行了一次调整，集团总部定位转变为“战略与技术支持”，赋予区域中心更多的运营权力。随着业务的进一步发展和区域公司的管理水平更趋成熟，2008年，万科总部重新定位为投资监管型，对投资、资金、人力资源、风险进行集权管理，对产品线侧重于支持及服务、创新及研发，组织架构再次进行了调整。

万科的业务范围1984年成立时还并未涉及房地产业，到1988年股份制改制开始涉足房地产并进行多元化经营，再到2001年开始由多元向专一房地产业发展，其组织结构从最初的直线职能式到事业部制，再到集团模式。集团管控模式也从最开始的操作型管控到战略管控，再到现在的投资监控中心。从这些演变我们可以清晰地看到，万科的每一次战略调整，都带来组织的变化，正是因为组织的随需而变，保证了万科在激烈的市场竞争中走得比其他竞争对手更快、更好！至今，万科已成为房地产行业的领导者和先行者，除了战略的关键性作用外，不得不说组织结构在其中也起到非常重要的作用。如何建立一个高效、精干、能快速适应市场的企业，尤其是在企业日渐庞大的情况下，还能够使企业持续处于竞争优势地位，组织结构的不断调整和设计在其中已变成重中之重。没有最好的组织结构，只有最合适的组织结构，市场千变万化，作为企业重要的支撑系统，组织结构随需而变也将成为常态，只有拥有灵活的、随时能够接受变革的组织结构的企业才有可能在这个变化日渐迅速的市场保持生命力。

请从万科企业组织演变过程谈谈对组织结构设计的认识。

第一节　组织结构与组织设计的概念

一、组织结构的概念

组织结构（Organizational Structure）是指对组织机构内涵的性质、特点及其存在形式的概括。组织结构是表明组织各部分排列顺序、空间位置、聚散状态、联系方式以及各要素之间相互关系的一种模式，是整个管理系统的“框架”。它是组织的全体成员为实现组织目标，在管理工作中进行分工协作，在职务范围、责任、权利方面所形成的结构体系。它是组织在职、责、权方面的动态结构体系，其本质是为实现组织战略目标而采取的一种分工协作体系，组织结构必须随着组织的重大战略调整而调整。

企业根据生产经营的需要，通常在内部设立多个专业性职能和业务部门。例如一个生产性企业，除了设立多个职能部门如计划、供应、销售、质量、安全、人事、财务等职能科室之外，还要根据产品生产工艺的性质和特点，设立若干生产车间或分厂，车间或分厂视其规模大小又可进一步划分为若干工段或班组。职能科室和生产班组又是由若干岗位组成。

二、组织设计的概念和内容

（一）组织设计的概念

组织设计（Organization Design）是一个动态的工作过程，包含对组织的结构和活动进行创造、变革和再构造。

组织设计是指管理者将组织内各要素进行合理组合，建立和实施一种特定组织结构的过程。科学的组织设计要根据组织设计的内在规律性有步骤地进行，才能取得良好效果。组织设计有三种基本情况：一是新建的企业需要进行组织结构设计；二是原有组织结构出现较大的问题或企业的目标发生变化，则原有组织结构需要进行重新评价和设计；三是组织结构需要进行局部的调整和完善。

组织结构设计就是这样一项工作：在组织中，对构成组织的各要素进行排列、组合，明确管理层次，分清各部门、各岗位之间的职责和相互协作关系，并使其在战略目标实施过程中，实现组织资源价值最大化和组织绩效最大化。通俗地说，也就是在人员有限的状况下通过组织结构设计提高组织的执行力和战斗力。

（二）组织设计的内容

1. 职能与职务设计

职能设计是指组织的经营职能和管理职能的设计。根据组织的战略任务设计经营职能和管理职能。如果组织的有些职能不合理，那就需要进行调整，对其弱化或取消。因此，组织首先需要将总的任务目标进行层层分解，分析并确定完成组织任务究竟需要哪些基本的职能与职务，然后设计和确定组织内从事具体管理工作所需的各类职能部门，以及各项管理职务的类别和数量，分析每位职务人员应具备的资格条件、应享有的权利范围和应负的职责。

2. 框架设计

框架设计是企业组织设计的主要部分，运用得比较多，其内容简单来说就是纵向分层次、横向分部门。

1）部门设计

根据每个职务所从事的工作性质及职务间的区别和联系，按照组织职能相似或关系紧密的原则，将各个职务聚集在一起，形成“部门”。由于组织活动的特点、环境和条件等都不相同，划分部门所依据的标准也是不一样的。对同一组织来说，在不同时期、不同阶段、不同的战略目标指引下，划分部门的标准可以根据需要进行调整。

2）层级设计

在职能与职务设计及部门划分的基础上，根据组织内外能够获取的现有人力资源情况，对初步设计的职能和职务进行调整和平衡。同时要根据每项工作的性质和内容确定管理层级并规定相应的职责、权限，通过规范化的制度安排使各个职能部门和各项职务形成一个严密、有序的活动网络。

3. 协调设计

协调设计是指协调方式的设计。框架设计主要研究分工，有分工就必须有协作。协调方式的设计就是研究分工的各个层次、各个部门之间如何进行合理的协调、联系和配合，以保证其高效率地配合，发挥管理系统的整体效应。

4. 规范设计

规范设计就是管理规范的设计。管理规范就是企业的规章制度，它是管理的规范和准则。结构本身设计最后要落实并体现为规章制度。管理规范保证了各个层次、部门和岗位按照统一的要求和标准进行配合和行动。

5. 人员设计

人员设计即管理人员的设计。企业结构本身设计和规范设计都要以管理者为依托，并由管理者来执行。因此，按照组织设计的要求，必须进行人员设计，配备相应数量和质量的人员。

6. 激励设计

激励设计即设计激励制度，对管理人员进行激励，包括正激励和负激励。正激励包括工资、福利等，负激励包括各种约束机制，也就是所谓的奖惩制度。激励制度既有利于调动管理人员的积极性，也有利于防止一些不正当和不规范行为的发生。

第二节　组织结构设计原则

企业组织结构的形式多种多样，每个企业都有各不相同的、适合本企业特殊情况和要求的企业组织结构形式及企业组织运行机制。而且，随着经济和社会的发展，不断产生许多新的企业组织设计理论和企业组织结构形式。然而，无论企业组织结构的形式如何多样，它们都是由企业组织工作者根据实际的需要经过一定的设计而产生的。因此，可以说组织设计是组织工作者的一项最重要的工作任务。当然，组织工作者要想使自己设计的组织能够有效运行，必须依据一定的组织设计理论，而且还必须遵循一些有关组织设计的最基本的原则。

一、任务目标原则

任何组织都是为实现特定目标而设置的，没有任务和目标的组织就没有存在的价值。每个组织及其每一个部分，都应当与其特定的任务目标相关联。组织的调整、增加、合并或取消都应以对实现目标有利为衡量标准。

根据这一原则，在组织设计之前，首先要对企业的目标和发展战略作深入的研究，明确企业发展方向和战略部署，这是组织设计的大前提。一旦企业战略目标有所改变，组织机构也必须作出相应调整。对于各个机构来说，不仅应该明确职能分工，还要明确每一时期该机构应达到的目标和应完成的任务，并使该机构编制与其承担的任务量相对应，广泛实行目标管理。反对不顾企业实际需要，搞“上下对口”。

二、分工协作原则

组织设计中要坚持分工与协作的原则，做到分工合理，协作明确。每个部门和每个员工的工作内容、工作范围、相互关系、协作方法等，都应有明确规定。

根据这一原则，要搞好分工，使分工粗细适当。分工越细，专业化水平越高，责任越明确，效率也越高，但也容易出现机构增多、过分强调局部利益、协调工作量增加等问题。分工太粗又可能影响专业化水平，容易产生推诿现象。具体确定时，要根据企业自身情况，如人员素质、工作性质、管理水平来确定。同时要强化协作，在企业中树立整体意识，突破小团体主义的圈子，在必要时应当主动打破分工界限，实行必要的“补位”管理。除了明确规定各部门间的协作方法外，还应赋予主管人员调度权，随时解决协作中出现的问题。

三、统一领导、权力制衡原则

统一领导是指无论对哪一件工作来说，一个下属人员只应接受一个上级主管的命令。权力制衡是指权力的运用必须受到监督。贯彻统一领导原则，要做到在确定管理层次时，使最高层到最基层形成一条连续的等级链；任何一级组织只能由一个人负责；正职领导副职；下级组织只接受一个上级组织的命令和指挥；下级只能向直接上级请示工作，不能越级请示工作；上级也不能越级指挥下级，应维护下级组织的领导权威；职能管理部门一般只能作为同级直线指挥系统的参谋，但无权对下属直线领导者下达命令。

权力制衡原则要求必须在企业高层组织中形成权力制衡机制，设立专门的监督机构，如公司中的股东大会、监事会，国有企业中的员工代表大会、纪检监察部门等，对行政领导进行监督。另外，企业中的监督机构，如质量监督、财务监督和安全监督等部门，应同生产执行部门分开设置，并在监督的同时，搞好对被监督部门的服务工作。

四、权责对应原则

为了实现组织目标，各项工作必须明确责任。要承担责任，就必须有相应的权力。无论权大责小还是责大权小都会影响组织目标的顺利完成。有责无权或责大权小，会导致负不了责任；而责小权大，甚至有权无责，则会造成权力的滥用。权责不明确容易产生官僚主义无政府状态，组织系统中易出现摩擦和不必要的争吵等。权责不对应对组织效能也是十分有害的，有权无责或权大责小很容易产生不负责任的瞎指挥和滥用权力；有责无权或责大权小就会束缚管理人员的主动性和创造性，使管理组织缺乏应有的活力。

五、精简及有效跨度原则

精简是指组织机构、人员和管理层次在保证功能有效的前提下，尽量减少办事程序及规章制度，力求简单明了，努力使每个成员都能满负荷、高质量地工作，最大限度地提高企业的整体效率。

机构精简涉及管理跨度和管理层次问题。管理跨度也叫管理幅度，是指一个管理者直接指挥的下属人员数。管理层次是指从企业最高行政领导到最基层员工之间分级管理的层次，它与管理跨度成反比，即管理跨度越大，层次越少。管理跨度过小会使层次太多，造成机构臃肿，沟通困难，反应迟钝，管理成本加大，还会出现过度控制而影响下属积极性。而管理跨度过大又会由于主管直接指挥的人员过多，精力有限而疏于管理，指导不力。管理跨度与领导者能力和被领导者素质成正比，而与部门业务的复杂性和所需协调的工作量成反比。因此，要想提高有效管理跨度就需要调整好上述几个要素的关系。通常认为适中的管理跨度应控制在 10 人左右。

六、稳定性与适应性相结合原则

一个企业的管理机构，是保证企业正常运行的基础，应保持相对稳定性，避免情况稍有变化就使系统出现混乱而影响正常的工作秩序。同时，管理机构又是企业实现经营目标的工具，随着客观条件的不断变化，企业的目标和战略必然会经常作必要调整，这就要求组织必须随之进行相应的调整，以保持对外部环境和组织目标的适应性。企业领导的责任就是把稳定性和适应性恰当结合起来。企业领导必须懂得，一个一成不变的组织，是个僵化的组织；一个经常变化缺乏相对稳定性的组织，则是一个难以创造或者保持最佳业绩的组织。

七、执行和监督分设的原则

监督要公正、客观，必须不直接参与执行，对执行的结果不承担责任。执行与监督合二为一，等同于自我监督，监督的功能消失。执行和监督分设的原则，要求组织中的执行性机构和监督性机构应当分开设置，不应合并为一个机构。例如，企业中的质量监督、财务监督、安全监督等部门应当同生产执行部门分开设置，只有分开设置，才能使监督机构起到应有的监督作用。当然，监督机构分开设置后，又必须强调在监督的同时，加强对被监督部门的服务，做到既监督又服务。因为单纯实行监督和制约，不利于监督性职能的履行，不利于处理好双方的关系。例如，质量检查人员，既要严格把住质量关，当好质量检验员，又要热心为生产服务，当好质量宣传员和技术指导员，帮助生产部门改进和提高产品质量。

八、正确对待非正式组织的原则

非正式组织是指未经官方规定而自然形成的一种无形组织，是一种非正式的联合体。在设计、研究正式组织的时候，对于非正式组织也应当给予一定的关注。在实际生活中，一个企业里的师兄弟、同乡、同学、兴趣一致者、老上下级等人之间，存在着交往多、联络密切、感情较深的各种关系。这些关系在企业运行的各方面起着潜移默化的作用，既可以产生离心力的作用，也可以产生向心力的作用，并且会对正式组织产生影响。对于这些情况，视而不见、熟视无睹、任其发展，都可能影响企业任务目标的实现；但是如果热衷于此，“搞团伙”“拉帮派”，又会使领导者陷入其中，增加管理的复杂性。因此，应当正视非正式组织的客观存在，采取适当的办法，给予正确的引导，把一些可能产生离心力的因素转变为产生向心力的因素，把他们从关注琐碎事情引导到关注组织目标上来。企业领导正确对待企业中的非正式组织，应包括以下几个方面的内容：①合理利用非正式组织为实现企业目标服务；②区别对待不同类型的非正式组织；③关注非正式组织中的核心人物；④合理组织正式组织是削弱非正式组织的重要途径。

在设计企业管理组织时，除了必须遵循上面所讲的各项基本原则以外，还需要充分注意影响企业管理组织效率的各种因素。这些因素，从企业内部看，有企业所有制性质、企业的独立自主程度、企业的规模大小、企业的领导体制和企业的人员构成情况、企业的多种经营情况、企业的专业化和联合化程度、企业产品的标准化程度、企业的民主管理和目标管理开展的情况以及企业管理手段的机械化和自动化程度等。从企业外部看，国家经济管理体制的有关规定或办法、国民经济的方针和政策等将对企业产生影响；企业所在地区的特点，企业产、供、销等环节的组织等情况也会对企业起制约作用。对于这些因素，都应当从企业实际情况出发，根据实际需要灵活处理。

第三节　组织结构设计的内容与方法

一、职能设计

(一)职能设计的含义

职能设计是指对企业的经营职能和管理职能的设计。企业作为一个经营单位，要根据其战略任务设计经营、管理职能。如果企业的有些职能不合理，那就需要进行调整，将其弱化或取消。

从上述含义中我们可以看出，组织职能是由组织自身的生存和发展及其外部环境的需要决定的，是与组织的战略和目标紧密联系在一起的，具有客观性的特点，不以人的主观意志为转移。因此，人们不能随意地对其进行增减和变动。

当然，如果组织所处的内外环境发生了变化，那么组织的战略和目标就需要进行相应的调整，组织的各项职能也应随之改变。

（二）职能设计的目标

职能设计要达到以下四个目标。

1. 列出职能清单

具体来说，就是先将企业中的全部作业归并为由若干不同的管理岗位承担的工作项目，再将若干工作项目归并为若干职能。凡是实现企业战略所必需的职能，都要列出。同时职能的分列应注重逻辑上的严谨，不能交错重复。

2. 明确各种职能之间的关系

联系紧密的职能应置于同一个子系统内，分散则不宜于协调；相互制约的职能不能由同一个部门承担，否则不利于监督控制。

3. 分清主要职能与辅助职能

按职能在实现企业战略目标过程中的重要性划分，可分为主要职能与辅助职能。主要职能的工作对组织的生存至关重要，承担主要职能的部门是关键部门，应将其置于组织结构的中心地位。如果颠倒了主要职能与辅助职能的位置，则会导致组织结构设置的不合理。

4. 落实各种职能的职责

尽管在开列职能清单的过程中对各种职能的具体职责会有一个大致的考虑，但是作为规范的职能设计，还必须在最后进一步对不同职能的应负职责作出详细规定，进行全面落实，以便指导组织结构设计中的诸如部门设计、职权设计等操作。

（三）职能设计的内容

职能设计一般包括职能分析、职能整理和职能分解三项基本内容。

1. 职能分析

职能分析是职能设计工作的核心、前提、基础和保证。

1）职能分析的含义

职能分析是根据特定的组织环境和条件，从内容、性质、相互关系和分工等多方面具体分析企业的整个管理系统或者个别子系统的全部职能，就建立和健全企业职能结构提出具体方案的工作。

通过职能分析，将从总体上对组织职能结构的性质和特点提出明确的要求；具体确定组织应该具备的基本职能；在全部职能中，确定关键职能；确定本组织独具特色的、与经营战略和核心业务流程相联系的特殊职能；确定组织内部纵向各层次、横向各部门如何合理地分工承担各自的职能。

2）职能分析的内容

一般来说，职能分析主要包括基本职能分析、关键职能分析、职能结构基本特点分析、纵向职能结构与横向职能结构分析四个方面。通过职能分析，将从总体上对企业职能结构的性质和特点提出明确的要求，从而能够做到：①具体地确定企业应该具备哪些基本职能；②在全部职能中，确定哪一项或哪几项职能是关键职能；③确定哪一项或哪几项职能是与本企业独具特色的战略相联系的特殊职能；④确定企业内部纵向各层次、横向各部门如何合理地进行分工，以使它们有效地承担各项职能。显然，职能分析的这些成果同职能设计所要达到的目的有着直接、紧密的联系。

2. 职能整理

1）职能整理的含义

职能整理是在调查了解企业现有的全部管理业务活动和分工的基础上，通过分析归纳，识别职能结构的现状，发现问题，明确改进方向，提出具体改进方案。

2）职能整理的目的

职能整理是为了发现企业现有职能结构存在的问题，必须将其同职能分析所提出的客观需要的职能结构相对比。一般说来，通过对比分析，可能发现的问题大体有以下三种类型。

（1）职能需要增减。企业现有职能不健全，某些应该开展的业务活动还没有开展起来，或者企业承担了某些不应该承担的职能。

（2）职能的具体内容需要充实。有的职能虽然已经建立，但相对于客观需要还存在缺陷。只有充实其内容，使之强化，才能切实发挥应有的作用。

（3）职能的地位需要改变。即使企业的各种职能是健全的，内容是完善的，在分析中还可能发现职能的地位需要调整的问题。

以上三类问题，其实也就是组织设计人员在对企业进行职能整理时，应该认真思考并给予回答的问题，即企业职能是否需要增减，应如何增减；职能的具体内容是否需要充实；应如何充实；职能的地位是否需要调整，应如何调整。回答了这三个问题，企业现有的职能结构的改进方向和具体方案也就产生了。

3. 职能分解

1）职能分解的含义

职能分解是在基本职能设计的基础上，将企业应该具备的各项基本职能细化为独立的、可操作的具体业务活动。通过职能分解，企业的全部职能才能转换为管理人员的具体工作内容，也只有在职能分解的基础上，才能进一步将那些相关的业务活动归类，有依据地设计各种职位和部门，明确它们各自的职责。组织设计人员按照上述要求进行职能分解，应该熟悉特定企业生产经营管理的实际情况与经验。在此基础上，运用组织理论的基本知识，采取逐级分解的方法，即可完成职能分解的任务。

所谓“逐级分解”，一般可分为三级：职能分析工作所列出的具体职能为一级职能；为完成一级职能而必须开展的几个方面的管理工作为二级职能；将二级职能分解，就可具体化为业务活动，这是三级职能。某企业生产管理职能的分解如表 2-1 所示。

表 2-1 生产管理职能的分解 [1]

一级职能	二级职能	三级职能
生产管理	生产计划	编制年度生产计划
		编制月度生产计划
		编制产品生产计划
	生产指挥	生产调度
		生产作业统计
	生产控制	仓储盘点
		质量控制

2）职能分解的基本要求

职能分解必须符合以下基本要求。

（1）业务活动的独立性。由某一项职能分解来的各项业务活动，都应该是性质单一的活动，也就是不能把性质不同的业务活动混合为一项活动。

（2）业务活动的可操作性。由某一职能分解出来的各项业务活动，都应该是可操作的具体活动。不然，职能无法落实，达不到职能分解的目的。

（3）避免重复和脱节。在职能分解过程中，既要注意避免同一管理业务在各项职能中重复列入，又要注意防止有的管理业务无人负责执行。

4. 职能设计中的职能分类

1）按管理层次分类

职能按管理层次可分为高层、中层和基层职能。高层职能关系到企业全局；中层职能兼有执行上级指令和指导下级工作两个方面；基层职能主要涉及作业层。

2）按专业性质分类

职能按专业性质可分为生产管理、技术管理、供销管理、劳动人事管理、财务管理等。每一类还可进一步细分，如技术管理可分为设备管理、工具管理、工艺管理等。

① 朱勇国 . 组织设计与岗位管理 [M]. 北京：首都经济贸易大学出版社，2015.

3）按业务工作特点分类

职能按业务工作特点可分为专业性、综合性和服务性职能。专业性职能负担企业生产经营某一方面的管理业务，如供应、设备、动力、安全等职能。综合性职能则贯穿于企业生产经营活动全过程，涉及多方面，如计划、劳资、财务等职能；服务性职能是指医疗卫生、宿舍膳食等方面的管理职能。

4）按制定和贯彻落实企业经营决策的不同作用分类

职能按制定和贯彻落实企业经营决策的不同作用，可分为决策性、执行性和监督保证性职能。决策性职能是制定经营决策与经营计划的职能、执行性职能是落实计划的职能。监督保证性职能是指人事、资金、后勤等作用于决策及决策执行过程的职能。

5）按对生产活动有无直接指挥关系分类

职能按照对生产活动有无直接指挥关系，可分为直线职能和参谋职能。直线职能承担着直接组织指挥日常生产活动的职责，从企业上层到基层，形成垂直的、逐级指挥的直线系统。参谋职能承担着专业管理工作，协助领导指导和监督下级，但无权直接下达命令。

二、部门设计

（一）部门设计的含义

组织结构设计的实质是按照劳动分工的原则将组织中的活动专业化，而劳动分工又要求组织活动保持高度的协调一致性。协调的有效方法就是组织的部门设计。对组织内部各种职能加以分类后所组成的专业化的亚单位称为部门。部门设计是将组织中的工作和人员编制成可管理的单位，目的在于有效地分工。组织的部门划分主要是解决组织的横向结构问题。

（二）部门化的内容和方法

1. 职能部门化

1）职能部门化的内容和方法

职能部门化是以组织的职能为基础进行部门划分，即把具有相同职能的工作岗位放在同一个部门。它是一种传统而基本的组织形式。职能是互相联系的活动，之所以说关联，是因为在进行特定的一种工作时，要求有许多相似的技能。也就是说，在完成一个共同目标时把一级作业任务组按关系编在一起，如图 2-1 所示。

图 2-1 职能部门化示意图

按职能划分部门的方法，是基于这样的假设：很少有人能够对各个方面的知识样样精通。规模小的公司，业务量小，只需要很少的管理人员，因此，往往是一个人管理许多事情。从某种程序上说，这种管理效率是很高的，因为不要其他的协调方式。在规模较大的公司，管理业务及管理人员都增加了，由于分工的极大优越性，组织管理划分为若十个职能部门来进行便是一个必然的趋势。在制造业，通常是按照生产、销售、技术、财务以及人事等划分成若干职能部门。

2）职能部门化的优缺点

几乎所有的公司组织都按职能划分部门。按职能划分部门是首要的、最基本的方法。按职能划分部门的优点如下：

（1）在部门中实现规模经济；

（2）它是一个合乎逻辑的和经过时间考验的方法；

（3）它遵循了职业专业化的原则，因而简化了职业训练工作；

（4）在人力的利用上能够显示出更高的效率；

（5）职能专业化减轻了主管部门经理承担最终结果的责任，因而提供了在上层加强控制的手段。

按职能划分部门的缺点如下。

（1）职能人员往往养成了忠于职守的态度和行为方式，各职能部门往往会强调自己部门的重要性，它们之间的“墙”是普遍存在的，职能人员观点的狭隘会破坏公司的整体性。正因为这样，职能部门之间的协调就是比较重要而又困难的事情，按职能划分部门，只有总经理才能对公司的全面事务负责，在大的企业里，这样的责任放在一个人肩上是不合适的。

（2）由于缺乏更多的位置，使得经理人才的训练受到限制。

2. 产品部门化

1）产品部门化的内容和方法

产品部门化是指根据产品来设立管理部门、划分管理单位，把同一产品的生产或销售工作集中在相同的部门组织进行，如图 2-2 所示。

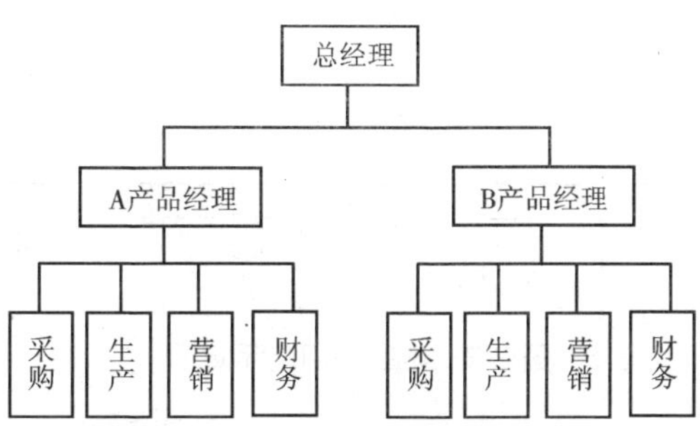

图 2-2　产品部门化组织示意图

拥有不同产品系列的公司常常根据产品建立管理单位，按产品划分部门的做法正在被广泛地应用，而且也越来越受到重视。在大型、复杂、多品种经营的公司里，按产品划分部门往往成为一种通常的准则。

从职能部门化到产品部门化要经历一个发展过程。当组织规模不大、各种产品产量和社会需求还不足够多的时候，企业中可能采取职能部门化，随着产品需求量和生产量的发展再采取产品部门化的形式。

2）产品部门化的优缺点

按产品划分部门的优点如下：

（1）它使得每个产品分部的注意力及努力放在产品上，这对于激烈竞争的、多变的市场环境是非常重要的；

（2）按产品划分部门，分部可以形成以利润为目标的责任中心，它承担了总公司的一部分责任，其本身也具有高度的完整性；

（3）按产品划分部门，容易适应产品与劳务的迅速发展与变化，任何一种产品发展到一定程度，就可以分化出去，成为一个新的独立分部，这使得每一个分部都能保持一个适当的规模，避免部门的无限制膨胀带来管理的复杂化；

（4）为总经理提供可测量的训练场所。

按产品划分部门的缺点如下：

（1）必须有更多的人员具有总经理那样的能力，以保证各产品分部的有效经营；

（2）产品分部存在由于总部和分部业务的重复而增加成本的可能，也给经济的集中服务造成困难；

（3）分部拥有较大的权力，增加了公司总部的控制问题，由于分权及控制的不当，很可能使得公司的整体性受到破坏，严重时导致瓦解。

3. 地区部门化

1）地区部门化的内容和方法

地区部门化又称地域部门化、区域部门化，就是根据地理因素来设立管理部门，经营业务和职责划分给不同部门的经理。这种方法较多用于一些地理位置比较分散的组织，特别适用于规模大的公司，尤其是跨国公司，如图 2-3 所示。

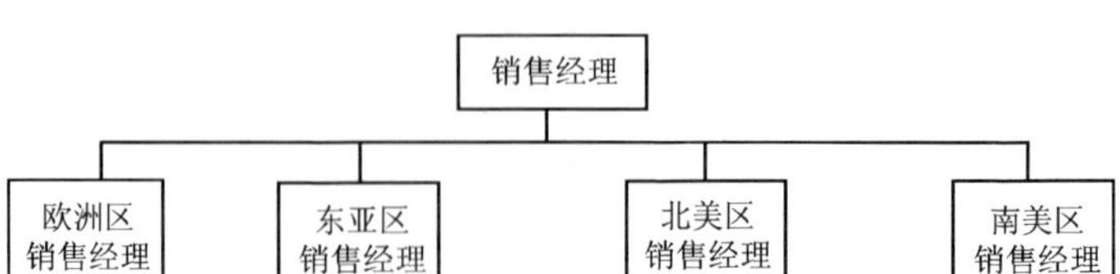

图 2-3 地区部门化示意图

地区部门化的特点是，把同一地区或区域内发生的各种业务活动划归同一部门，然后再按这一部门所管辖的范围进一步建立有关的职能部门。这样，一个地区或区域的业务活动便被集中起来，交给一个管理者负责。其目的是充分利用本地的人力、物力和财力，以便获取区域经营的效益。

2）地区部门化的优缺点

地区部门化的优点如下：

（1）责任到区域，每一个区域都是一个利润中心，每一区域部门的主管都要负责地区的经营盈亏；

（2）放权到区域，每一个区域有其特殊的市场需求与问题，总部放手让区域人员处理，会比较符合实际；

（3）有利于地区内部协调；

（4）对区域内顾客比较了解，有利于服务与沟通；

（5）每一个区域主管都要担负一切管理职能的活动，这对培养通才管理人员大有好处。

地区部门化的缺点如下：

（1）随着地区的增加，需要更多具有全面管理能力的人员，而这类人员往往不易得到；

（2）每一个区域都是一个相对独立的单位，加上时间、空间上的限制，往往是“天高皇帝远”，总部难以控制；

（3）由于总部与各区域是天各一方，难以维持集中的经济服务工作。

4. 顾客部门化

1）顾客部门化的内容和方法

顾客部门化又称用户部门化，就是根据目标顾客的不同利益需求来划分组织的业务活动。在激烈的市场竞争中，顾客的需求导向越来越明显，企业应当在满足市场需求的同时，努力创造顾客的未来需求，顾客部门化顺应了需求发展的这一趋势。

顾客部门化按组织服务的对象类型来划分部门。例如，银行为不同的顾客提供服务，设立了 VIP 客户部、商业信贷部、农业信贷部和普通消费者信贷部等，如图 2-4 所示；零售商店可通过建立特殊部门来迎合具体顾客阶层，如青年、大学生等的需求；一个制造阀门的工业企业则可以这样分配它的推销人员，一部分负责向原设备制造企业进行销售，而另一部分负责配件市场的销售。

图 2-4　顾客部门化组织示意图

2）顾客部门化的优缺点

顾客部门化的优点如下：

（1）能满足目标顾客各种特殊而广泛的需求，获得用户真诚的意见反馈；

（2）可实现按需生产、按需促销，发挥自己的核心专长，创新顾客需求，建立持久性竞争优势。

顾客部门化的缺点如下：

（1）只有当顾客达到一定规模时，才比较经济；

（2）增加与顾客需求不匹配而引发的矛盾和冲突；

（3）需要更多更好能妥善处理和协调顾客关系问题的管理人员；

（4）造成产品或服务结构的不合理，影响对顾客需求的满足。

5. 过程部门化

1）过程部门化的内容和方法

过程部门化又称流程部门化，是指组织（如加工单位）按生产过程、工艺流程或设备来划分部门。过程部门化就是按工作或业务流程来组织业务活动，人员、材料、设备比较集中或业务流程连续比较紧密是过程部门化实现的基础。例如，机械式企业划分出铸工车间、锻工车间、机加工车间、装配检验车间等部门，如图 2-5 所示。

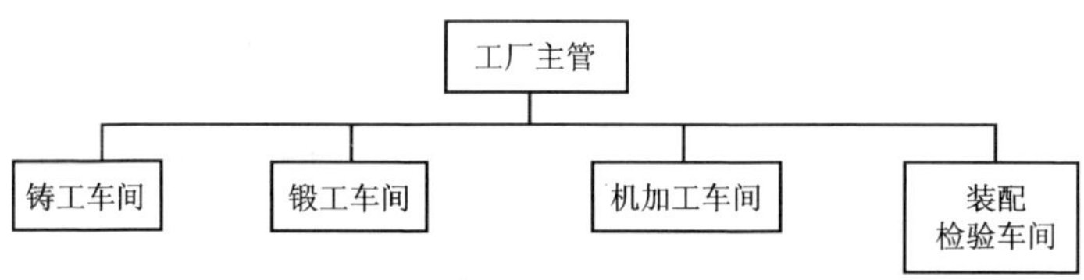

图 2-5　过程部门化组织示意图

生产一种产品的过程或设备可以作为决定工厂一级部门化的基础，这对于现代公司的组织也具有很大意义。例如，将所有铣床组成一个部门，而将所有车床安置在另一个部门，就是按设备进行部门化。在其他工业中，生产过程可作为决定有效部门化的基础，因此，在一个化学工业工厂中，一个过程，如蒸馏就可成为一个作业单位。

2）过程部门化的优缺点

过程部门化的优点如下：

（1）能取得经济优势；

（2）充分利用专业技术和技能；

（3）简化了培训，容易形成学习氛围。

过程部门化的缺点如下：

（1）部门间的协作较困难；

（2）只有最高层对企业获利负责；

（3）不利于培养综合的高级管理人员。

三、层级设计

组织的层级化是指组织在纵向结构设计中需要确定层级数目和有效的管理幅度，需要根据集权化的程度，规定纵向各层级之间的权责关系，最终形成一个能够对内外环境要求作出动态反应的有效组织的结构形式。组织的层级设计往往是指对管理层次的设计，所谓管理层次，就是在职权等级链上所设置的管理职位的级数。

当组织规模相当有限时，一个管理者可以直接管理每一位作业人员的活动，这时组织就只存在一个管理层次。而当规模的扩大导致管理工作量超出了一个人所能承担的范围时，为了保证组织的正常运转，管理者就必须委托他人来分担自己的一部分管理工作，这使管理层次增到两个层次。随着组织规模的进一步扩大，受托者又不得不进而委托其他的人来分担自己的工作，依此类推，而形成了组织的等级制或层次性管理结构。

（一）管理幅度与组织的层级化

1. 管理幅度与组织层级的互动性

组织层级化设计的核心内容是确定完成任务需要设定的层级数目，有效的管理幅度是决定组织中层级数目的最基本要素。所谓管理幅度，也称组织幅度，是指组织中上级主管能够直接有效地指挥和领导下属的数量。这些下属的任务是分担上级主管的管理工作，并将组织任务进行层层分解，然后付诸实施。因此，管理幅度是指在一个组织结构中，管理人员所能直接管理或控制的部属数目。这个数目是有限的，当超过这个限度时，管理的效率就会随之下降。因此，主管人员要想有效地领导下属，就必须认真考虑究竟能直接管辖多少下属的问题，即管理幅度问题。

法国管理学家 V.A. 格拉丘纳斯（V.A.Graicunas）曾发表一篇论文，分析了上下级之间可能存在的关系，指出：当增加一个下属时，直接单独联系的数量按算术级数增加，而相应的联系总数，由于加上直接团体联系和交叉联系，是按指数比例增加的。格拉丘纳斯认为，控制幅度应限制在“至多五人，可能最好是四人”。但这一规则有一个例外，即在组织的基层从事例行工作时，员工相对其他部门的人而言接触人员较少，监督工作不太复杂，则可以有一个较宽的控制幅度。而基层以上的较上层却与此大不一样。

格拉丘纳斯提出了一个用来计算在任何管理幅度下可能存在的人际关系数的数学模型。他的理论把上下级关系分为三种类型。

（1）直接的单一关系，指上级直接地、个别地与其直属下级发生联系。

（2）直接的组合关系，即存在于上级与其下属人员的各种可能组合的联系。

（3）交叉关系，即下属彼此打交道的联系。

通过这三种上下级关系的分析，格拉丘纳斯认为，在管理幅度的算术级数增加时，主管人员和下属间可能存在的互相交往的人际关系数几乎以几何级数增加。据此，他提出了一个可以用在任何管理幅度下计算上下级关系数目的经验公式：

$$C=n[2^{n-1}+(n-1)]$$

式中：C——人员之间的关系数；

n——管理幅度。

当 $n=1$ 时，$C=1$；$n=2$ 时，$C=6$；$n=3$ 时，$C=18$；$n=10$ 时，$C=5\ 210$。

由此可见，随着管理幅度的增加，上下级之间的相互关系数量也在急剧增大，这说明管理较多下属的复杂性。因此主管人员在增加下属人数前一定要三思而行。

需要指出的是，格拉丘纳斯的这个公式没有涉及上下级关系发生的频次和密度，因而它的实用性受到了一定的限制。对一个主管人员来说，相互关系和所发生的频次和密度（可用所需时间来计算）也应是在确定管理幅度时需考虑的重要因素。

总之，管理幅度受多方面因素的影响，这也决定了管理幅度具有很大的弹性。

2. 组织结构的形态

显然，当组织规模一定时，管理层次和管理幅度之间存在着一种反比例的关系。管理幅度越大，管理层次就越少；反之，管理幅度越小，则管理层次就越多。这两种情况对应着两种类型的组织结构形态，前者称为扁平型结构，后者则称为锥（或高耸）型结构。一般来说，传统的企业结构倾向于锥型，偏重于控制和效率，比较僵硬；扁平型结构则被认为比较灵活，容易适应环境，组织成员的参与程度也相对更高。近年来，企业组织结构出现了一种锥型向扁平型演化的趋势。

（二）管理幅度的设计

1. 管理幅度设计应考虑的因素

对企业来说，确定管理幅度需要考虑以下因素。

1）计划制订的完善程度

事先有良好、完整的计划，工作人员都明确各自的目标和任务，清楚自己应从事的业务活动，则主管人员就不必花费过多的精力和时间从事指导和纠正偏差，那么主管人员的管理幅度就可以大一些，管理幅度大，管理层次就相对少一些；反之，计划不明确、不具体，就会限制一个管理人员的管辖范围，管理幅度就相对小一些。

2）工作任务的复杂程度

若主管人员经常面临的任务较复杂，解决起来困难，并对企业活动具有较大影响，则他直接管辖的人数不宜过多；反之，可增大管理幅度。

3）企业员工的经验和知识水平

当管理人员的自身素质较强，管理经验丰富，在不降低效率的前提下，可适当增加其工作量，加大管理幅度；同样，下属人员训练有素，工作自觉性高，也可采用较大的管理幅度，让他们在更大程度上实行自主管理，发挥创造性。

4）完成工作任务需要的协调程度

如工作任务要求各部门或一个部门内部需要协调的程度高，则应减少管理幅度，以较为高耸的结构为宜。

5）企业信息沟通渠道的状况

当企业沟通渠道畅通，通信手段先进，信息传递及时，可加大管理幅度。

2. 管理幅度设计应把握的关系

综合和发扬两种基本组织形态的优点，要求确定合理的管理层次和管理幅度。由于管理层次的多少取决于管理幅度的大小，因此后者便成了矛盾的主要方面。在具体确立组织的管理幅度和层次时，有以下几个关系需要把握。

（1）在被管理人员确定的情况下，管理幅度与管理层次成反比，即管理幅度越大，则管理层次越少；反过来，管理幅度越小，则管理层次越多。

（2）管理幅度与管理的事务难易程度和规范程度有关。管理的事务越难，越不规范，则要求管理幅度小些；如管理的事务较容易且规范、稳定、变化小、不需要创造性，则管理幅度可大些。

（3）管理幅度与管理者的水平和管理手段的先进程度有关。管理者水平高，管理手段先进，则管理幅度可大些；否则，就可小些。

（4）管理幅度与被管理对象有关。被管理人员素质高、责任心强，能独立胜任工作且忠于组织，则管理幅度可大些；否则，可小些。

（5）不同的管理层次和工作性质，管理幅度也应有差别。

（6）管理幅度与组织法规健全与否有关。对于一个法规、程序健全的组织，管理幅度就可大些。

管理幅度与层次适度还要求尽量减少幅度和层次，这样既可以避免政出多门，又可以简化办事程序，从而提高行政效能。管理幅度和层次有较大的弹性，对于公共行政组织来说，还是应尽量保持相对稳定，并用法规形式固定下来，这样才能防止机构和人员不断膨胀、部门之间扯皮和职责不清等现象发生。

第四节　组织结构的影响因素

任何一个组织的生存都离不开某种具体的环境，组织赖以生存的环境越复杂，影响组织结构的因素就越多，无论何时也无法穷尽可以对组织结构产生影响的因素。此外，各种因素对组织结构产生的影响程度也随时间、空间等的不同而不同。对组织结构能够产生影响的因素有很多，诸如战略、技术、文化、环境等。

一、组织战略

组织战略是组织为了实现其使命和组织目标而制订的综合性的长期行动计划，它决定了一个组织区别于其他组织的组织目标，战略和目标共同决定组织的行动。

为了更清楚地阐述战略与组织结构的关系，美国学者钱德勒描绘了美国工业企业不同的历史发展阶段所产生的战略以及伴随这些战略而形成的组织结构。

1. 数量扩大战略阶段

在工业发展的初期，企业的外部环境比较稳定。此时，企业只要扩大生产数量，提高生产效率，便可获得高额利润。在这种情况下，企业采用的是数量扩大战略，即在一个地区内扩大企业产品或服务的数量。与此相适应，企业的组织结构比较简单，往往只需要设立一个执行单纯生产或销售职能的办公室。

2. 地区扩散战略阶段

随着工业化进一步发展，当一个地区的生产或销售已经不能满足企业发展的速度与需求时，企业则要求将产品或服务扩散到其他总部与部门，它们共同管理的职能都是相同的。

3. 纵向一体化战略阶段

在工业增长阶段的后期，企业所承受的竞争压力增大。为了减少竞争的压力，企业希望自己拥有一部分原材料的生产能力，或者拥有自己的分销渠道，这就产生了纵向一体化战略。与此相适应，在企业中出现了中心办公室机构和多部门的组织结构。而各部门之间有很强的加工或销售上的依赖性，在生产经营过程中存在着内在联系。

4. 多种经营战略

在工业发展进入成熟期，企业为了避免投资或经营的风险，持续保持高额利润，往往开发出与企业原有产品毫无关系的新产品系列，甚至兼并生产这类新产品系列的企业，其采取的是多种经营战略。与此相适应，企业形成了总公司本部与事业部相结合的组织结构格局。各事业部之间基本上不存在工艺性等方面的联系。

研究表明：经营单位的战略与公司总部给予这些单位的自治权的匹配，对经营单位的业绩有影响。这些都说明，组织结构应当服从于战略。

二、技术

所谓技术是指人们从现实到达理想目标所必须遵循的综合操作方法，包括相关的真理性认知、科学理论、经验、工具、设施、环境等，简单地说是指用以将组织的投入（原材料、信息、思想等）转换成产出（产品和服务）的各种业务流程、技术、机器和方法。技术是组织的生产过程，是组织实现组织目标的重要手段。

技术分为核心技术和非核心技术。

（1）核心技术，即能够直接影响到组织是否能够实现组织目标的关键工作方法和流程等。

（2）非核心技术，即对组织而言比较重要的工作方法和过程等级，但并不能对组织能否完成其使命产生决定影响。

不同的技术使企业对于组织结构的设计不同，程序化的、常规的技术一般要求高度机械化的组织，而非程序化的、非常规技术则要求组织采用有机式的结构。

三、企业规模

对于企业而言，其规模可以从三个方面来衡量。

1. 组织的成员数量

由于组织是一个社会系统，其规模通常以成员数量来衡量。组织的成员数量代表了组织的人力资源。组织拥有的成员数量越多，组织的人力规模就越大。

2. 组织的资源涵盖力

组织的资源涵盖力既包括组织能够消化多少资源，也包括组织能够获得多少资源。组织的资源涵盖力越大，组织所占有的资源越多，其规模越大。

3. 组织的投入产出能力

组织的投入产出能力可以通过组织的业务量和运行状态进行衡量。此外，投入产出比也可以用来衡量组织的效率。

组织的规模对于组织结构也具有重要影响。一般而言，大型组织往往比小型组织工作专门化程度更高、部门更多、集权程度更高、规则条例更多。然而，这一影响随着企业规模的增大而有递减的趋势。

四、组织环境

组织环境包括组织边界之外的所有因子。组织所赖以生存的环境可分为任务环境、一般环境和国际环境三类。

（1）任务环境是指与组织直接相互作用、并对组织实现其目标具有直接影响的环境要素，主要包括行业、原材料、市场、人力资源等。

（2）一般环境是指与组织之间不发生直接作用，但会对组织产生间接影响的各种环境要素，主要包括政府、社会文化、经济形势、社会技术发展水平、金融资源等。

（3）国际环境。随着全球一体化进程的推进，越来越多的组织开始受到国际环境的影响，这也意味着组织所生存的环境越来越复杂并具有挑战性。

一般来说，机械式组织在稳定的环境中运作最为有效，而有机式组织更适用于动态的、不确定的环境。随着环境的不断变化，企业的组织结构也需要作出相应的调整。

第五节 组织结构的基本形式

一、传统的企业组织结构模式

企业的组织结构承担着企业的决策支持、决策实施及业务控制等项任务。在企业发展的历史上，企业的组织结构出现过直线制、职能制、直线职能制、事业部制、矩阵制等多种传统模式。

（一）直线制

直线制又称军队式结构，它是一种最简单的集权式组织结构形式，其领导关系按垂直系统建立，不设立专门的职能机构，自上而下形成垂直领导与被领导关系，如图2-6所示。

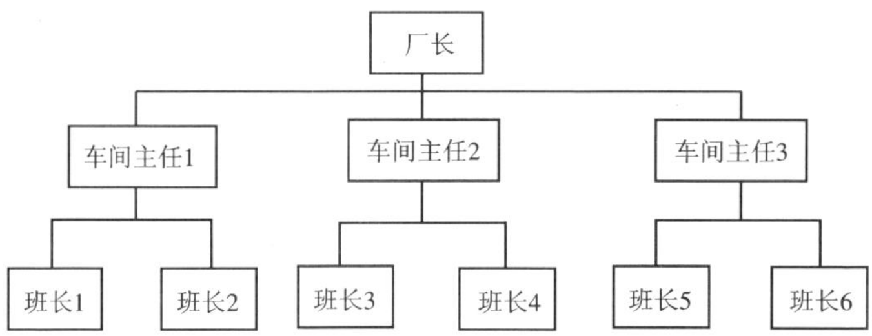

图 2-6 直线制组织结构图

直线制结构的优点是：结构简单，指挥系统清晰、统一；责权关系明确；横向联系少，内部协调容易；信息沟通迅速，解决问题及时，管理效率高。直线制结构的缺点是：组织结构缺乏弹性；组织内部缺乏横向交流；缺乏专业化分工，不利于管理水平的提高；经营管理事务仅依赖于少数几个人，要求企业领导人必须是经营管理全才，但这是很难做到的，尤其是在企业规模扩大时，管理工作会超过个人能力所能承受的限度，不利于集中精力研究企业管理的重大问题。因此，直线制组织结构的适用范围是有限的，它只适用于那些规模较小或业务活动简单、稳定的企业。

（二）职能制

职能制又称多线制，它是指按照专业分工设置相应的职能管理部门，实行专业分工管理的组织结构形式，即在总经理下面设置职能部门，各部门在其业务分工范围内都有权向下级下达命令和指示，直接指挥下属单位，下属既服从直线领导的指挥，又服从上级各职能部门的指挥，如图2-7所示。

职能制结构的优点：提高了企业管理的专业化程度和专业化水平；由于每个职能部门只负责某一方面工作，所以可充分发挥专家的作用，对下级的工作提供详细的业务指导；由于吸收了专家参与管理，减轻了直线领导的工作负担，使其有更多的时间和精力考虑组织的重大战略问题；有利于提高各职能专家自身的业务水平；有利于各职能管理者的选拔、培训和考核的实施。

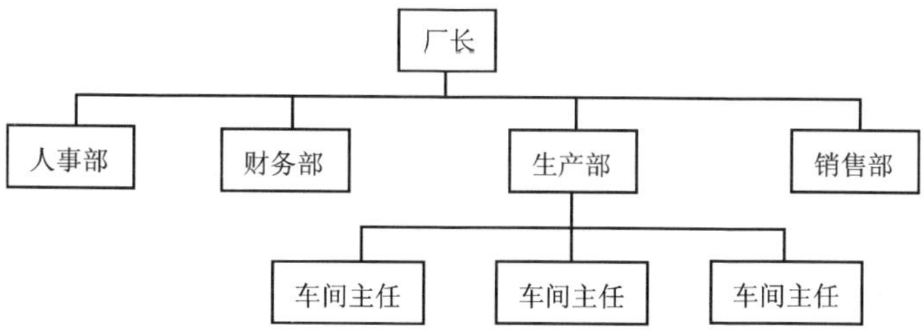

图 2-7　职能制组织结构图

职能制结构的不足：多头领导，政出多门，不利于集中领导和统一指挥，造成管理混乱，令下属无所适从；直线人员和职能部门责权不清，彼此之间易产生意见分歧，互相争名夺利，争功诿过，难以协调，最终必然导致功过不明，赏罚不公，责、权、利不能很好地统一起来；机构复杂，增加管理费用，加重企业负担；由于过分强调按职能进行专业分工，使各职能人员的知识面和经验较狭窄，不利于培养全面型的管理人才；这种组织形式决策慢，不够灵活，难以适应环境的变化。因此职能制结构只适用于计划经济体制下的企业，必须经过改造才能应用于市场经济下的企业。

（三）直线职能制

直线职能制是一种以直线制结构为基础，在厂长（总经理）领导下设置相应的职能部门，实行厂长（经理）统一指挥与职能部门参谋、指导相结合的组织结构形式，如图 2-8 所示。

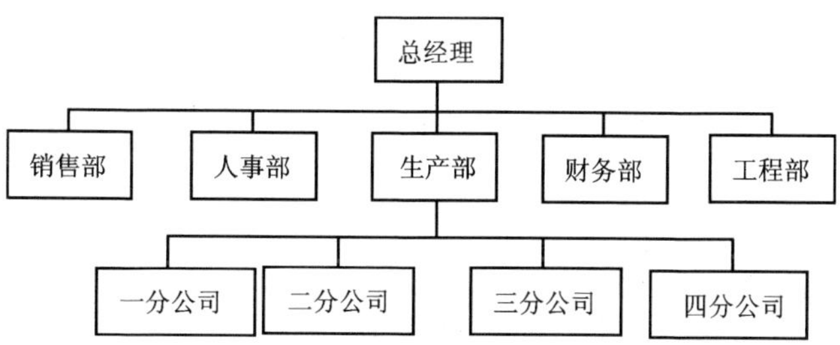

图 2-8　直线职能制组织结构图

直线职能制的主要特点是：厂长（总经理）对业务和职能部门均实行垂直式领导，各级直线管理人员在职权范围内对直接下属有指挥和命令的权力，并对此承担全部责任；职能管理部门是厂长（总经理）的参谋和助手，没有直接指挥权，其职能是向上级提供信息和建议，并对业务部门提供指挥和监督，它与业务部门的关系只是一种指导关系，而非领导关系。

直线职能制是一种集权和分权相结合的组织结构形式，它在保留直线制统一指挥优点的基础上，引入管理工作专业化的做法，既保证统一指挥，又发挥职能管理部门的参谋指导作用，弥补领导人员在专业管理知识和能力方面的不足，协助领导人员决策。

直线职能制是一种有助于提高管理效率的组织结构形式，在现代企业中适用范围比较广泛。但是随着企业规模的进一步扩大，职能部门过多，各部门之间的横向联系和协作变得更加复杂和困难；各业务和职能部门都须向厂长（总经理）请示、汇报，使其无法将精力集中于企业管理的重大问题上。当设立管理委员会，制定完善的协调制度等改良措施都无法解决这些问题时，企业组织结构就将面临改革问题。

（四）事业部制

事业部制也称分权制结构，是一种在直线职能制基础上演变而来的现代企业组织结构形式。它遵循“集中决策，分散经营”的总原则，实行集中决策指导下的分散经营，按产品、地区和顾客等标志将企业划分为若干相对独立的经营单位，分别组成事业部。各事业部在经营管理方面拥有较大的自主权，实行独立核算、自负盈亏，并可根据经营需要设置相应的职能部门。总公司主要负责研究和制定重大方针、政策，掌握投资、重要人员任免、价格幅度和经营监督等方面的大权，并通过利润指标对事业部实施控制，如图 2-9 所示。

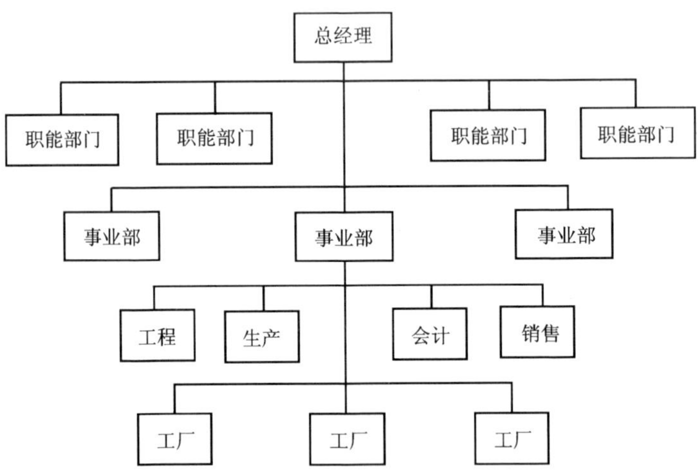

图 2-9 事业部组织结构图

事业部制结构主要具有以下几个方面的优势：

（1）权力下放，有利于最高管理层摆脱日常行政事务，集中精力于外部环境的研究，制定长远的、全局性的发展战略规划，使其成为强有力的决策中心；

（2）各事业部主管摆脱了事事请示汇报的规定，能自主处理各种日常工作，有助于增强事业部管理者的责任感，发挥他们搞好经营管理活动的主动性和创造性，提高企业适应能力；

（3）各事业部可集中力量从事某一方面的经营活动，实现高度专业化，整个企业可以容纳若干经营特点迥异的事业部，形成大型联合企业；

（4）各事业部经营责任和权限明确，物质利益与经营状况紧密挂钩。

事业部制结构的主要不足是：容易造成组织机构重叠，管理人员膨胀现象；各事业部独立性强，考虑问题时容易忽视企业整体利益。因此，事业部制结构适合那些经营规模大、生产经营业务多元化、市场环境差异大、要求有较强适应性的企业。

（五）矩阵制

矩阵制的组织结构亦称规划－目标结构、非长期固定性或项目性组织结构。矩阵制组织形式是在直线职能制垂直形态组织系统的基础上，再增加一种横向的管理系统。这是一种横纵两套系统交叉形成的复合结构组织。纵向是职能系统，横向是为完成某项专门任务而组成的项目系统。项目系统没有固定的工作人员，而是随着任务的进度，根据工作的需要，从各职能部门抽人参加，这些人员完成了与自己有关的工作后，仍回到原来的职能部门。实际上，各个小组成员处在双重领导下，一方面是受成员本身所在机构行政主管的领导，另一方面是受专门项目小组管理者的领导。因此，对同一名员工来说，他既同原职能部门保持组织与业务上的联系，又参加产品或项目小组的工作。

总之，矩阵制组织结构是由职能部门系列和为完成某一临时任务而组建的项目小组系列组成的，具有双道命令系统，如图 2-10 所示。

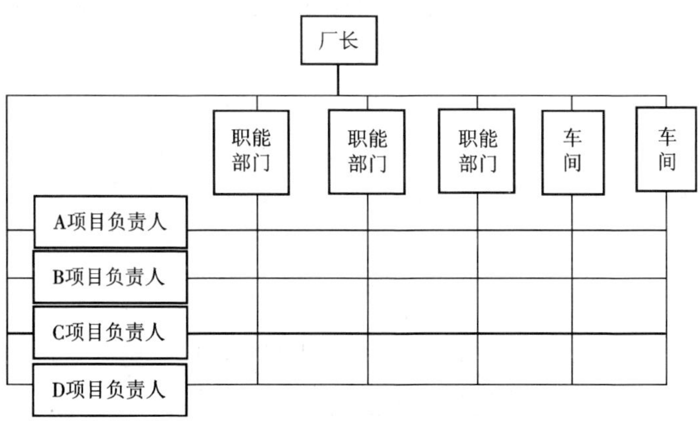

图 2-10　矩阵制组织结构图

矩阵制组织结构的优点是：将企业横向联系和纵向联系较好地结合起来，有利于加强各职能部门之间的沟通、协作和配合，及时解决问题；提高了组织的灵活性，可以随时组建、重建和解散团队，能在不增加机构设置和人员编制的前提下，充分利用组织的人力资源；将不同部门的专业人员集中在一起，使员工有机会学到更多的技能；能较好地解决组织结构相对稳定和管理任务多变之间的矛盾，使一些临时性的、跨部门工作的执行变得不再困难；为企业综合管理与专业管理的结合提供了一种新的组织结构形式，对于高层管理者而言，矩阵制是一种有效的分权工具；由于项目团队成员享有较高的决策权，其激励水平和对组织的承诺水平较高。

矩阵制组织结构的缺点是：组织关系比较复杂，由于人员受双重领导，对来自两个上级的指令有时无所适从，不易分清责任；由于项目组成员来自各个职能部门，当任务完成后仍要回原单位，因而容易产生临时观念，导致责任心不强；有可能项目小组负责人的责任大于权力，也可能个人权力过大，一个人说了算，或者陷入过度的妥协，出现指挥混乱，影响决策的效率。

二、新型的企业组织结构模式

从企业组织发展历史来看，在20世纪30年代以前，主要经历了由直线制、职能制、直线职能制，乃至事业部制、矩阵制的发展演变过程，而20世纪60年代以后，则出现了以下几种新型的组织结构模式。

（一）超事业部制

超事业部制又称执行部制，是在20世纪70年代中期美国、日本的一些大公司中出现的一种新的在事业部制基础上演变而来的现代企业组织结构模式。它首先按产品、地区和顾客等标志将企业划分为若干相对独立的经营单位，分别组成事业部，然后将提供的产品（服务）的种类相近、地理位置相对集中或顾客对象相同的事业部组合在一起形成超事业部，即在公司总经理与各个事业部之间增加一级管理机构。各事业部在经营管理方面拥有较大的自主权，实行独立核算、自负盈亏，并可根据经营需要设置相应的职能部门；各超事业部负责管理和协调下属各个事业部的活动；总公司主要负责研究和制定重大方针、政策，掌握投资、重要人员任免、价格浮动和经营监督等方面的大权，并通过利润指标对超事业部和事业部实施控制，如图2-11所示。

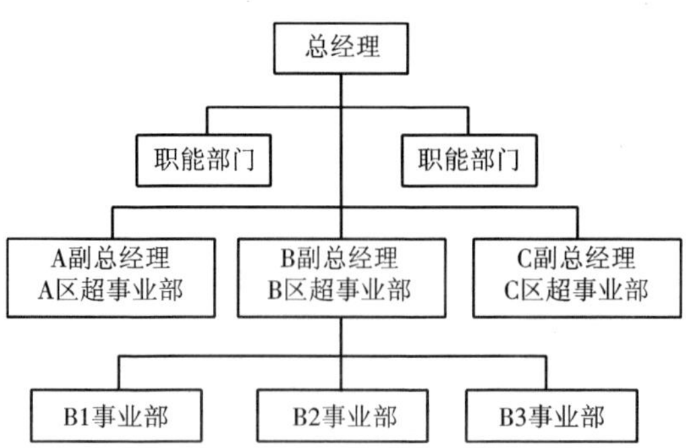

图2-11 超事业部制组织结构示意图

超事业部制的主要优点是：

（1）可利用几个事业部的力量联合开发新产品，加快新产品的研制开发进度，以更快地形成新产品的拳头优势；

（2）超事业部的主要功能是协调各事业部的生产经营活动方向，从而大大增强了企业的灵活性和适应性；

（3）能够使公司总经理从繁重的日常事务中解脱出来，将主要时间和精力集中在企业重大战略性决策上；

（4）有利于为最高领导层培养出色的接班人。

超事业部制的缺点是：由于超事业部制增加了管理层次，一方面会加大企业内部的横向、纵向的协调与沟通的工作量，降低决策与执行的效率；另一方面，也会带来管理人员和管理成本的增加等一些新的问题。

因此，采用超事业部制这种极为复杂的管理体制时，一般应同时满足下列条件：企业规模特别巨大；产品品种较多，且都能形成大批量生产；所涉及的业务领域及市场分布很广；所设立的事业部很多；最高领导者深感有适当集权的需要，否则无法有效地协调、控制这众多的事业部。总之，超事业部制主要适用于规模巨大、产品（服务）种类较多的企业。

（二）多维立体组织

多维立体组织又称多维组织、立体组织、多维立体矩阵制等，它是矩阵制组织的进一步发展，它把矩阵制组织结构形式与事业部制组织结构形式有机地结合在一起，形成了一种全新的管理组织结构模式，如图 2-12 所示。

多维立体组织是由美国道•科宁化学工业公司在 1967 年率先建立。该公司运用该组织结构模式取得了显著的经济效益，在 1967—1976 年的 10 年间，该公司的营业额平均每年递增率一直保持在 15%左右。

多维立体组织结构综合考虑了产品、地区与职能参谋机构，形成了三类主要的管理组织机构系统，一是按产品划分的事业部，即产品利润中心；二是按职能（如市场研究、生产、调查、财务、人事、质量控制等）划分的专业参谋机构，即专业成本中心；三是按地区划分的管理机构，即地区利润中心。这种组织结构模式把产品事业部经理、地区经理和总公司专业职能参谋部门很好地统一和协调起来，由三方代表共同组成产品事业委员会，对各类产品的生产与销售进行领导。他们三方中的任何一方都不能单独作出决定，而必须通过共同的协调才能采取统一行动。

多维立体组织结构的优点是：

（1）能够使产品事业部、地区事业部与专业参谋部门三方面都能从整个组织的全局考虑问题，从而减少部门间的摩擦，互通信息，集思广益，共同决策；

（2）能够最大限度满足客户的要求；

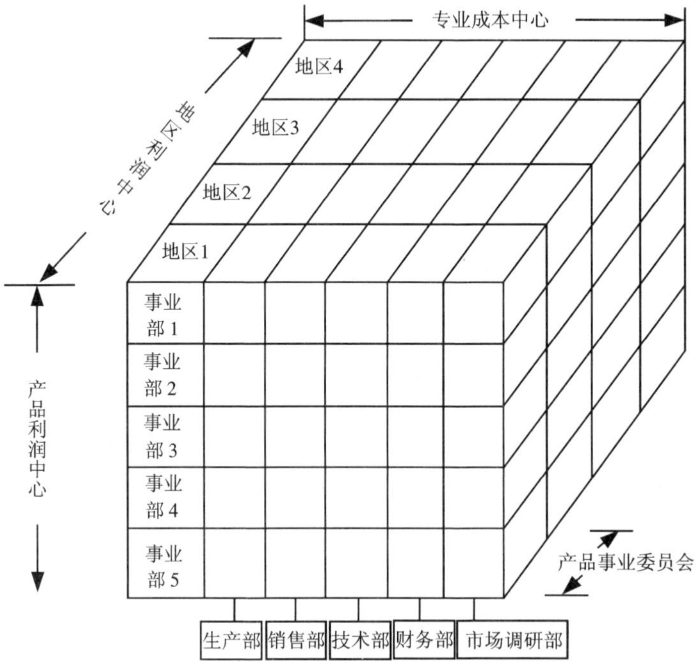

图 2-12 多维立体组织结构示意图

(3)在分权的基础上,能够确保职能目标的实现;

(4)使人力资源在多种产品线之间灵活共享;

(5)能适应不确定性环境的变化,进行复杂决策的需要;

(6)它主要应用于跨国公司和规模巨大的跨地区公司。

多维立体组织结构的缺点是:

(1)员工面临三重职权关系,容易产生无所适从的情况;

(2)员工需要接受高强度的训练,具有良好的人际关系及多种专业技能;

(3)部门之间的横向协调困难,必须付出很大努力实现权力的平衡;

(4)需要频繁召开会议协调关系,讨论解决冲突的方案,从而增加管理成本,影响决策效率。

(三)模拟分权组织

模拟分权组织亦称模拟分权制或模拟分散管理组织,是 20 世纪 80 年代以来我国一些化学工业企业、大型钢铁联合企业、铝业企业及某些原材料工业企业,在汲取国外企业组织结构设计有益经验的基础上,所采取的一种新型组织结构模式。这类企业由于生产过程具有高度的连续性,整个企业生产经营活动的整体性很强,因此,不可能把企业的各个组成部分划分为若干个完全独立的自治单位,即不宜采用高度分权的事业部制。但这些企业的生产经营规模又过于庞大,如果再继续采用高度集权型的直线职能制组织形式，显然难以管好管活，厂长或总经理经常会显得力不从心。于是，在事业部制与直线职能制之间就产生了一种新的组织形式，即模拟分权管理组织结构模式，如图 2-13 所示。

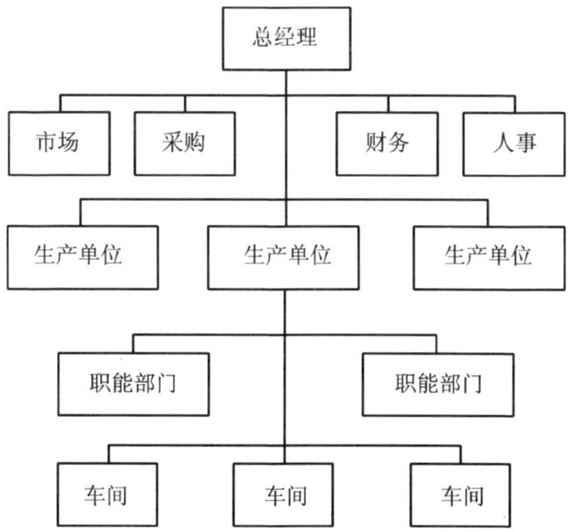

图 2-13　模拟分权制组织结构示意图

模拟分权制的主要优点是：

（1）实践证明该组织结构模式具有较广的适用范围，它不但适用于生产经营活动中生产连续性很强的大型联合企业，如大型钢铁、化工、铝业等原材料加工等企业，而且也适用于不宜完全实行事业部制的中型企业，不管这种企业的生产连续性是强还是不强，都可以采用；

（2）有利于深化国有企业的内部改革，加速老企业经营机制的转换；

（3）有利于增强企业活力，调动分厂或车间的生产经营积极性，大幅度提高劳动生产率；

（4）有利于使责、权、利相结合，强化责任感，激发员工的参与意识，努力降低成本，提高质量，提高效益。

模拟分权制的主要缺点是：内部的价格体系不容易完全理顺；各专业分公司的生产经营计划的目标和生产任务难以确定；对各单位任务完成情况的考核显得比较困难和复杂；企业内部的信息交流较差；组织内横向协调的难度大。

（四）流程型组织结构

流程型组织结构模式是 20 世纪 90 年代，随着信息科学技术的发展，为了适应竞争激烈、变化急速的市场需要而出现的一种全新的以业务流程为中心的组织模式。其主要特点是如下。

（1）以提高对顾客需求的反应速度与效率，降低对顾客的产品或服务供应成本为目标。

（2）管理者的职权很大，业务流程较长，实行全程式管理。在组织内部，所有提供一种产品或服务所需要的职能人员安排在同一个部门，这个部门由一个通常的“流程负责人”来管理。

（3）纵向管理链较短，而横向管理链较长。

与传统的职能型组织结构相比，流程型组织结构更加强调组织各要素之间的横向关系。简而言之，流程型组织结构是以系统、整合理论为指导，按照业务流程为主、职能服务为辅的原则进行设计的一种组织结构模式，如图 2-14 所示。

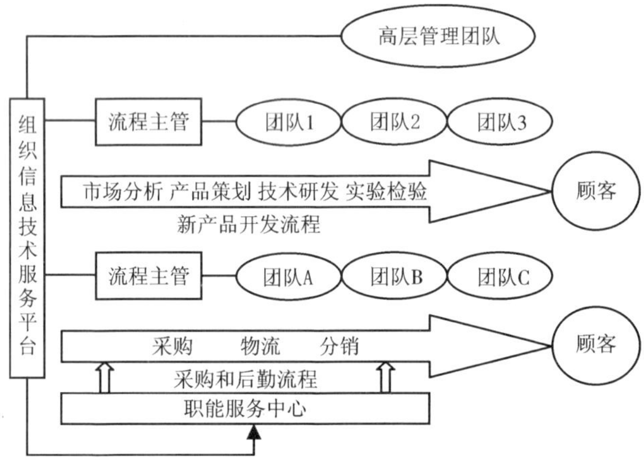

图 2-14 流程型组织结构

从图 2-14 可以看出，流程型组织结构和传统型组织结构相比较，具有以下优点。

（1）以顾客或市场为导向。流程型组织把顾客的需求作为企业制定战略的出发点和归宿，改变了传统职能组织对任务、上司、局部负责的局面，而对整个流程、最终目标、顾客负责。

（2）业务流程是以产出（或服务）和顾客为中心，从而提高了组织的运行效率。基于流程的组织是以业务流程为主干，以职能服务中心为辅助的一种扁平化的组织，在以流程为中心的组织中，流程团队代替了传统的职能部门，从而大大消除了原有各部门间的摩擦，降低了管理费用和管理成本，减少了无效劳动并提高了对顾客的反应速度。

（3）组织结构的扁平化。信息技术促进了组织结构扁平化的实现。扁平化组织有利于为包括基层员工在内的各方面人才提供充分发挥作用和能力的空间，使员工的潜能得到释放，使个人价值得以高度实现。

（4）流程团队是流程型组织的基本构件单位。它打破原有的职能边界，将员工以流程为中心组合起来直接面对顾客，并对公司总体目标负责，工作团队具有充分的自主权，规模小，工作效率高。团队成员通过电子计算机平台实现信息共享，每一个员工都能及时了解企业的整体规划和任务目标，对各自的工作进行独立分析、判断和决策。

（5）为了适应不断变化的市场环境，从集权层级制到分权层级制再到扁平化的流程组织，使企业组织结构的灵活性和适应性不断增强。

该组织结构的缺点是：确定核心流程较为困难；需要对组织文化、管理体制、人事财务、信息管理等系统进行配套性变革；需要加强员工培训开发，提高其综合素质，逐步适应流程型团队工作的环境等。

（五）网络型组织结构

网络型组织结构亦称虚拟组织结构，它是以信息、通信技术为基础，依靠高度发达的网络，将供应、生产、销售企业和客户，乃至竞争对手等独立的企业或个体连接而成的经济联合体。例如，美国伊斯特曼化学公司是一个由 800 多个相互关联的团队组成的巨大组织系统，在该组织中包括供应、生产、销售商和客户，跨越了公司的边界。1994 年，该公司的市值达到 50 亿美元，成为拥有 17 500 名员工，生产包括塑料、饮料、容器、轮胎、地毯和牛仔裤在内的 400 种产品的全球性企业。它为了适应遍布全球的客户的需要，建立了网络型运营体制。公司期望员工采用水平沟通的形式而不是垂直沟通。该组织由四个向量组成：①业务，如涂布、染料和树脂等；②区域，如北美、欧洲和东亚等；③技术，如聚合物技术；④职能，如制造、销售等。公司总部的主要任务是在制订健康、安全、环境规划的同时，制订特殊的支援计划。总之，网络型组织结构是 20 世纪 90 年代以来，在信息系统、网络和通信技术高速发展的大环境之下，伴随着网络型企业[①]的产生而出现的一种新型的组织结构模式，如图 2-15 所示。

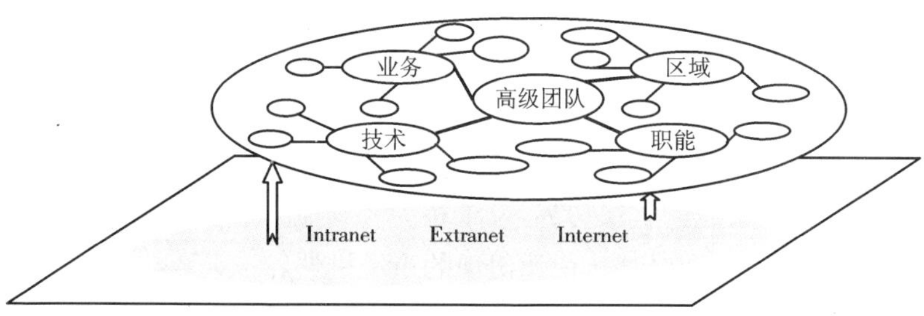

图 2-15　美国伊斯特曼化学公司网络型组织结构

① 网络型企业是一种企业间动态联盟的暂时组织形式，是指企业在组织上突破有形的界限，虽有生产、营销、设计、财务、人事等功能，但企业体内却没有完整地执行这些功能的组织，仅仅保留最关键的功能，而其他功能虚化，通过各种方式借助外力进行整合弥补，在竞争中最大限度地发挥企业有限的资源。其目的在于共享技术，共担费用，联合开发。

根据组织成员的特征及其相互关系，网络型组织可分为以下四种基本类型[①]。

1. 内部网络

内部网络是在组织内部通过减少管理层级，打破部门间的界限，使企业成为一个扁平的、由多个部门界限不明显的员工组成的网状联合体。该组织内部信息流动快，部门摩擦少，有助于及时准确地识别顾客的需求，围绕特定顾客或顾客群，有效地配置人力、物力资源，组建由设计、生产、营销、财务、服务等多方面专业人员组成的团队，为顾客提供全方位、定制化的服务。

2. 垂直网络

垂直网络是在特定行业中由处于价值链不同环节的企业共同组成的企业之间的网络型组织。在该组织中，原材料供应商、零部件供应商、生产商、经销商等上下游企业之间不仅进行产品和资金的交换，还进行技术、信息等其他要素的交换和转移。联系垂直网络中各个企业的纽带是实现最终顾客价值这一共同使命。垂直型网络的组织职能往往是由价值链中创造核心价值的企业来履行的，网络内企业通过紧密合作实现服务或产品的供应和生产，大大提高了工作效率、降低了生产销售成本。

3. 市场网络

市场网络是指代表不同市场的企业之间的联系，这些企业之间发生着业务往来，在一定程度上相互依存。

4. 机会网络

机会网络是现代网络型组织中最先进的一种。它是由不同的组织为了实现一个共同目标暂时组成一个联合体，一旦目标实现，这种网络结构也就随之解体。

组织的网络化有两个层次，一个是一般企业内部组织的网络化，另一个是多个企业之间关系的网络化。一般企业组织内部的网络化是以特定的项目或任务为导向而结成的任务团队，也就是流程组织中的动态流程团队。团队的成员来自同一企业的不同部门或同一企业集团的下属分公司。当项目结束或任务完成时，团队自动解体。这样的虚拟组织应用于多个企业之间则构成企业之间关系的网络化。由此可见，网络化组织突破了企业组织的有形边界，寻求相关者利益作为企业边界，强调通过对企业外部资源的有效整合，迎合某一快速出现的市场机遇。

网络型组织与一般流程型组织相比，它具有以下特点：①具有更大的灵活性，是一种“市场驱动型”组织；②组织结构的扁平化；③流程的动态化特征更为明显，能够实现对市场的敏捷响应；④具有突出企业自身的核心能力；⑤工作地点离散化，能够充分利用外部人力、物力、财力资源，实现成本共担，降低生产成本；⑥企业之间是为了完成一定的目标而结成的一种短暂的动态联盟；⑦各企业的核心能力得到最大限度的发挥，从而拥有得天独厚的竞争优势；⑧企业规模小型化趋势更为明显；⑨要求

① 任浩．现代企业组织设计 [M]. 北京，清华大学出版社，2008.

有更为完善的网络技术。

网络型组织结构的优点是：能够促进组织对顾客的变化作出灵活而快速的反应；能够实现企业间的优势互补，实现组织资源的优化配置；促进组织成员伙伴关系的建立，使企业将资源转向顾客和市场需求；能够降低企业管理成本，使中小型企业迅速成长；能够促进组织中每个成员提高其核心竞争力；有利于促进员工注重团队工作和合作。

网络型组织结构的缺点是：由于企业边界的不确定性容易使企业丧失控制权；不同企业的组织文化及其发展目标的差异性，将使企业之间的相互关系难以协调；容易使企业潜在对手急速增加；容易暴露组织成员的专有技术，其知识产权被侵占；企业成员的专业领域狭窄，相互依存性增强，信用问题成为企业合作的主要问题。

【本章小结】

本章系统地介绍了组织结构和组织设计的基本原理和基本方法。第一节主要介绍了组织结构和组织设计的概念和组织设计的基本内容。第二节介绍了组织结构设计的基本原则，包括：任务目标原则，分工协作原则，统一领导，权力制衡原则等。第三节主要介绍了组织结构设计的内容与方法，包括职能设计、部门设计、层级设计的内容和方法。第四节介绍组织结构的影响因素，包括组织战略、技术、企业规模、组织环境等因素。第五节介绍组织结构的基本形式，包括传统的企业组织结构模式和新型的企业组织结构模式。

【本章习题】

1. 组织设计的内容有哪些？
2. 组织设计的原则有哪些？
3. 简述职能设计的目标、内容和方法。
4. 部门设计的基本原则是什么？简述部门化的内容和方法。
5. 简述管理幅度设计应考虑的因素。
6. 简述组织结构的影响因素。
7. 简述矩阵制组织结构的优缺点。
8. 简述多维立体组织结构的优缺点。
9. 简述流程型组织结构的主要特点。
10. 简述网络型组织结构的特点及优缺点。

二、论述题

1．试比较扁平型组织结构与锥型组织结构的优缺点。
2．论述组织结构设计要遵循的原则。

3．论述有效的管理幅度的影响因素。

【案例与讨论】

案例一

一整天的公司高层例会结束后，D 公司 S 总经理不禁陷入沉思。

例会由 S 总经理主持，几位副总经理参加。原本 S 总经理就想商谈一下公司今后的发展方向问题，不过会上的意见争执却出乎自己的预料。很明显，几位高层领导在对公司所面临的主要问题和下一步如何发展的认识上，存在着明显的分歧。

6 年来，D 公司由初创时的几个人、1 500 万元资产、单一开发房地产的公司，发展到今天的 1 300 余人、5.8 亿元资产、以房地产业为主，集娱乐、餐饮、咨询、汽车维护、百货零售等业务于一体的多元化实业公司，已经成为本市乃至周边地区较有竞争实力和有知名度的企业。

作为公司创业以来一直担任主帅的 S 总经理在成功的喜悦与憧憬中，更多了一层隐忧。在今天的高层例会上，他在发言时也是这么讲的："公司成立已经 6 年了，在过去的几年里，经过全体员工努力奋斗与拼搏，公司取得了很大的发展。现在回过头来看，过去的路子基本上是正确的。当然也应该承认，公司现在面临着许多新问题：一是企业规模较大，组织管理中管理信息沟通不及时，各部门协调不力；二是市场变化快，我们过去先入为主的优势已经逐渐消失，且主业、副业市场竞争都渐趋激烈；三是我们原本的战略发展定位是多元化，在坚持主业的同时，积极向外扩张，寻找新的发展空间，应该如何坚持这一定位？"面对新的形势，就公司未来的走向和目前的主要问题，会上各位高层领导都谈了自己的想法。

管理科班出身、主管公司经营与发展的 L 副总经理在会上说："公司的成绩只能说明过去，面对新的局面必须有新的思路。公司成长到今天，人员在膨胀，组织层级过多，部门数量增加，这就在组织管理上出现了阻隔。例如，总公司下设 5 个分公司，即综合娱乐中心（下有戏水、餐饮、健身、保龄球、滑冰等项目）、房地产开发公司、装修公司、汽车维修公司和物业管理公司。各部门都自成体系，公司管理层次过多，如总公司有 3 级，各分公司又各有 3 级以上管理层，最为突出的是娱乐中心的高、中、低管理层次竟达 7 级，且专业管理机构存在重复设置现象。总公司有人力资源开发部，而下属公司也相应设置人力资源开发部，职能重叠，管理混乱。管理效率和人员效率低下，这从根本上导致了管理成本升高，组织效率下降，这是任何一个公司的发展大忌。从组织管理理论的角度看，一个企业发展到 1 000 人左右，就应以制度管理代替'人治'，我公司可以说正是处于这一管理制度变革的关口。我们公司业务种类多，市场面广、跨行业的管理具有复杂性和业务多元化的特点，现有的直线职能制组织结构已不能适应公司的发展，所以进行组织变革是必然的，问题在于我们应该构建一种什么样的组织机构以适应企业发展需要。”

坐在S总经理旁边的另一位是公司创立三元老之一的始终主管财务的大管家C副总经理，他考虑良久，非常有把握地说：“公司之所以有今天，靠的就是最早创业的几个人，他们不怕苦，不怕累，不怕丢了饭碗，有的是闯劲、拼劲。一句话，公司的这种敬业、拼搏精神是公司的立足之本。目前，我们公司的发展出现了一点问题，遇到了一些困难，这应该说是正常的，也是难免的。如何走出困境，关键是要强化内部管理，特别是财务管理。现在公司的财务管理比较混乱，各个分部独立核算后，都有了自己的账户，总公司可控制的资金越来越少。如果要进一步发展，首先必须做到财务管理上的集权，该收的权力总公司一定要收上来，这样才有利于公司通盘考虑，共图发展。”

高层会议各领导的观点在公司的管理人员中间亦引起了争论，各部门和下属公司也产生了各自的打算：房地产开发部要求开展铝业装修，娱乐部想要租车间搞服装设计，物业管理部提出经营园林花卉的设想。甚至有人提出公司应介入制造业，成立自己的机电制造中心。

1. 请讨论公司目前进行改革是否成熟。

2. 请根据以上信息，为该公司设计一套合适的组织机构，并画出相应的组织机构图。

案例二

转型呼唤云组织

一、为什么转型

（一）消费的变革

现在这个时代，经济学越来越展示出一个规律，就是需求决定供给，原因如下：

（1）现在是丰饶经济时代，产品无限多样，用户可以随意挑选；

（2）消费者购买力已经提升；

（3）信息是对称的；

（4）每个人的注意力都是自由的，面临可以无限选择的产品。

这就造就了一群没耐心、爱贪小便宜、刁钻且自以为是的消费者。按照经济学需求和供给的规律，这时候供给端会发生一次改革。

有一个长尾理论的模型，有一块产品是巨头产品（爆款），还有一块是长尾，长尾真正的面积加起来一定会比巨头大。但是产品的生产线是不可以无限拉伸的，因为无限拉伸会冲散供应链。所以做生产制造的，可以把生产线保证在巨头和长尾之间，这个位置是他们的舒适区（三角区）。

但是在互联网时代，舒适区消失了，直接倒逼商家做两个选择。第一，做巨头这块，爆款雷神游戏本、小米做的都是爆款。他们通过一个产品建立一个社群，通过社群去迭代产品，让产品不断改进，在动态中变成爆款。第二，补长尾，吸引用户多元化的需求。阿里、京东等电商，他们基于对用户数据的观测，了解用户心中的诉求，推出各种各样的产品。

(二)商业模式上强调互联网思维

为什么有互联网思维？因为互联网改写了商业的底层逻辑。所谓互联网思维，就是用互联网技术提高教育效率和生产效率。换言之，要利用互联网技术最大程度上消除用户与资源之间的距离。

首先是用户用互联网技术将内心的欲望翻译成需求和订单，所以互联网带来的第一个好处是会形成需求放量。但是互联网的需求是零散下单，对供应链形成极大的冲击，库存极度敏感的行业是非常怕这一点的。这个时候，就需要用互联网技术，将需求和订单翻译成本地生产排料系统(SAAS)上的命令和社会化协作(互联制造、分布式制造、工业 4.0)的安排。

互联网思维做两件事，第一件是由消费变革到交易变革，这是互联网思维 1.0，考虑的是如何放大成交的可能性。第二件是消费变革导致生产变革。未来是产业互联的时代，订单放量以后，如何打造一条超级供应链，这是互联网思维 2.0。

什么商业模式的迭代淘汰了一些巨头？

(1)交易变革。企业需要分解为无数“传感器”，快速阅读市场需求，并且根据这些需求来调整自己，需要学得更快，变得更快。

(2)生产变革。企业需要分解为无数“小模块”，以便更加灵活地整合其他合作者的资源，以协同生产的模式匹配长尾、动态的需求。

这就导致“无法识别用户需求”和“无法整合资源”的传统巨头们被淘汰。

二、云组织

共享经济和云端经济是一个意思，云表面上看是一种数据，其实是数据背后的资源。一个资源可以用在多个地方，共享员工，就是把员工放在云端共享。

当今时代需要转型。传统组织结构就像金字塔，高层权威感知不到市场的温度，即使感知到了，也无法整合外部的资源；市场营销方式要深度分销或者大量销售，不断用低价冲击市场，而这个时代规模经济不行了，大一统的产品没有用户会买单，便会形成极多的库存；强势的 CEO 不能决定市场需求，随着用户越来越多样化，CEO 反会成为企业最大的短板。

未来需要平台化、扁平化、无边界、去中心化、去权威化、自组织等模式。这些概念很早就有，但是它们频繁出现在这个时代，就是因为组织结构变化越来越云化。

（一）组织转型三大趋势

1. 趋势一：用户中心主义

现在很多组织越来越多地把消费者称为用户，甚至想要把他们变成粉丝。这些组织有两种玩法。

第一种玩法是通过深度交互发起生产，打造爆款。用户参与产品迭代和营销。如海尔的雷神游戏本，没生产之前先请用户提意见，说出需求，在用户的吐槽中迭代出一款他们认为完美的产品。

第二种玩法通过“深度交互”累积大数据，实现精准推送。亚马逊就有很厉害的大数据收集系统，给用户和供给侧的商品打上标签，两个标签一致，供需就可以对冲。现在亚马逊推送产品的成功率达到了64%。

互联网时代，企业生产产品的思路是：①用户有什么诉求；②基于用户诉求，企业需要提供什么样的服务；③企业需要哪些资源，有就拿出来，没有就整合！

2. 趋势二：企业平台化

企业要转型平台化，要做两件事：①一定要去行政权威，让位于业务单元和个人的主观能动性，杜绝把员工管成孩子，原来是孩子，也要赶孩子出门，父爱主义情结的逻辑是“一定要听我的，不听就会跌跟头”，这是行不通的；②企业的管理层更多地把自己定位于初始资源的分配者、规则的制定者、秩序的维护者，不再以行政命令的方式来调配资源。

3. 趋势三：员工创客化

员工创客化，就是去行政服从。企业只负责搭建平台，让员工自己决定生产，发挥个体的积极性，当然这里有一个风控。

创客都具有“个体自驱动”的特点：一类创客是“爱好者（maker）”，也称情怀型创客；另一类创客是“经营者（entrepreneur）”，即经营型创客。

创客型员工应该是在线不在册，即“不为我所有，但为我所用”，形成开放的人力资源体系。

真正的创客是培养不出来的，不是有了企业平台就有创客。这群人只有“折腾”才能发挥自己的能力和创造性。

（二）云组织进化

云组织要经历一个进化，从私有云到公有云。

一般情况下是用户输入需求，企业将需求传达给内部创客，然后生产，满足供需。

当用户的需求开始变化，势必要求内部变得更加灵活，这就要招募优质的外部创客进来，有更灵活的资源组合方式。企业这时候要从外部打开创业节目，使外部劳动力进入自己的平台创业，这时候私有云和公有云已经合一了。

（三）未来需要什么样的云组织

（1）没有正式的机构、流程、岗位，一群创客集中在云端（云台），只要市场有任何需求，立即就会有最合适的创客对接。他们会出现在最合适的位置上，以最合适的方式进行协作。

（2）只要与企业平台拥有资源相匹配的创客，都会进入这个开放生态，成为云端的人力资源。

（3）在这样的组织中，人力资源永远取之不尽，用之不竭，企业却不用为此支付昂贵的人工成本。

（4）在这样的平台上，创客们优胜劣汰，企业获得成功者带来的价值正反馈，却不用为失败者买单，平台永远生生不息。

资料来源：http://news.mbalib.com/story/102365 。

请结合以上资料思考：在网络数据时代与中国经济新常态背景下，未来组织结构有何新变化？

第三章　组织变革与岗位设计

【学习目标】

通过本章的学习，了解组织变革的动因，组织变革的阻力及其产生原因，组织变革的类型、目标、内容；理解组织变革的时机选择，组织变革与组织结构设计及岗位设计的关系；掌握降低组织变革阻力的方法、组织变革的过程和程序。

【引导案例】

组织正在“消失”？

进入“互联网+”时代，越来越多的企业竞争状态被改变，那些原来成功的管理模式，如今成为企业进步的障碍和负担。美国已故著名管理思想家迈克尔·哈默十多年前就曾经指出：组织在以信息为中心重新整合自身时，大多数管理层次都成为多余的设置。人们发现，大多数管理层只是信息的中转站。现在，每个管理层次都在信息上承担更多的责任。大多数大公司的管理层次的数量减少了50%，丰田公司的管理层次从20多个下降到11个，通用公司从28个精简到19个。

稳固发展了一百多年的组织生态正在发生更大面积的动摇，人们发现，有越来越多的组织在进行着这样的调试——相较原来，组织变得更加扁平、去中心甚至开始变得无边界。换言之，组织似乎在慢慢地“消失”。组织被信息科技的力量不断解构的同时，我们看到了个体力量的崛起。

组织的“消失”正在让企业的创新力重新迸发。我们看到，在组织的末梢，生出越来越多的创新力量，无论是创客团队，还是事业合伙人。他们最接近真实的用户和使用场景，由他们主导的创意和创新让企业更具生命力。

个体的力量正在成为推动企业发展的核心，也倒逼那些进化缓慢的企业重新审视原有的组织架构——复杂的层级、分割的条块、遏制个体创造力的落后制度。

看起来，建立一种适应新时代特征的管理范式已经迫在眉睫。华南理工大学工商管理学院教授，新希望六和股份有限公司联席董事长、首席执行官陈春花认为，今天的管理的确需要提供一种基于共享价值的新范式。“这种新的管理范式具有系统思考的思维，依赖于激发个体内在价值，而不是沿用至今的组织价值。如何设立并创造共享价值的平台，让组织拥有开放的属性，则成为基本命题。”

所以，组织也许并不是真的消失了，但组织的职能的确在剧烈演变。十多年前的通用和丰田公司，已经将管理层级大为缩减，今天那些来自不同行业的具有前沿意识的领袖公司，则让我们看到了更加多样的组织变革。

我们看到了组织的平台化。个体在平台上创造价值、实现价值，从而实现个人与集体目标的协同前进。我们也看到了组织在变得更加扁平。在扁平的层级框架里，权利和职责不再具有分明的边界，那些有意义的声音能够最快速地到达决策的中心。以合伙人机制替代雇佣关系，激活人力资本产权价值。人力资本权益性价值的放量是创新经济最为显著的特征之一。

海尔一直在"折腾"。海尔在多年前就提出了"人人都是创客"的概念。两年前，海尔谈砸去中层，建立内部小微。随之而来的变化是，海尔的在册员工减少了，在线的资源却越聚越多。如今，在"企业平台化、用户个性化、员工创客化"的战略之下，海尔的公司文化愈发具有活力，不断涌现出由员工创业、创新的品牌和产品，甚至其互联网转型模式已经开始引领整个传统制造业的转型。

2014 年，联想提出了"超级产品经理"制度。杨元庆认为，在以管理擅长的联想，存在产品延期、成本超预算等问题，正是因为没有一个项目负责人（超级产品经理）能够从全局把控产品的整个链条。2015 年的联想，开始在移动事业部推行"超级产品经理"制度以及与之配套的全新员工激励方案，在造就联想体系内部的创业者和成功人士的同时，推动企业管理效能的提升。

这样的变革也发生在房地产领军企业的身上，万科的"事业合伙人制度"便颇为外界瞩目。万科的进化，核心在于管理制度。合伙人制此前多出现在会计事务所、律师事务所、咨询公司等独立性较强的非上市公司。近年来，更多的互联网公司出现了合伙人制度，比如阿里巴巴、小米等。万科总裁郁亮认为，通过事业合伙人制度，在原有职业经理人的基础上，实现身份角色的进化，这对于万科的未来事关重大。

家电企业也在这轮组织变革潮流中争当先锋。美的在业内首推合伙人计划，通过持股计划，促进长效激励。美的集团董事长方洪波称，"新常态"下企业的经营管理和战略发展，核心是组织再造与企业创新。持股计划作为创新的长期激励机制，将有效推动与促进公司"经理人"向"合伙人"的身份转变，绑定公司长期价值，实现全体股东利益一致，实现责任共担、价值共享。

你也许不能想象，在今天的服装制造企业，三个人就能组成一个"微型公司"，每一位组员都拥有决策权。从款式定制、到颜色、到尺码、到库存都是组员自己所决定，这样的"三人小组制"让小微组织发挥了巨大作用，发迹于互联网的服装品牌韩都衣舍正在这样做。

当然，这样的组织变革不仅仅发生在中国，也发生在国外的巨头公司里。组织是个网状结构，既有灵活的组织架构，又有决策模型工具来帮助，戈尔公司是一个典型。

戈尔公司整体架构为扁平网格状组织结构：所有人没有等级之分，没有指挥链，也没有预先规定的信息传递渠道；职责无边界，员工之间直接交流，畅所欲言，不用为冗杂的流程而伤脑筋；没有老板（boss），只有领导者（leader），而领导者只是负责协调、联络及指导，员工对团队而不是对某个人负责。在戈尔的合作机制中，多个不同职能的小团队并行工作。“小团队工作制”让信息流动的速度加快，极大地缩短了烦琐的审批确认流程，为更加快速、准确的决策提供了基础。

当然，不仅仅是戈尔，在更大规模的企业组织当中，乃至生命长达数百年的家族企业，围绕提升个体活力和企业创新力的组织变革，都在不同程度地发生着。

结合以上资料，请思考新形势下组织形态究竟将走向何方。

第一节　组织变革的动因及阻力

企业的发展离不开组织变革。内外部环境的变化、企业资源的不断整合与变动，都给企业带来了机遇与挑战。这就要求企业关注组织变革。

组织变革是指运用行为科学和相关管理方法，对组织的权力结构、组织规模、沟通渠道、角色设定、组织与其他组织之间的关系以及对组织成员的观念、态度和行为，成员之间的合作精神等进行有目的、系统的调整和革新，以适应组织所处的内外环境、技术特征和组织任务等方面的变化，从而提高组织效能。

一、组织变革的发生与意义

1. 用系统环境互塑共生原理分析组织变革的发生

企业组织变革是在适应外部环境变化的基础上而进行的，以改善和提高组织效能为根本目的的管理活动。外部环境的变化是企业组织变革的最大诱因。运用系统环境互塑共生原理可分析企业组织变革的发生。按照这一原理，环境对系统有两种输入，即资源和压力；系统对环境有两种输出，即功能和污染。

环境的输入直接塑造企业组织，这种输入的变化直接引发企业组织变革。对企业组织而言，环境对其资源输入主要包括人力资源、资本和自然资源的输入；环境对其压力输入主要来自要素市场和商品（服务）市场上的竞争。如果企业所处的环境中资源丰富，或者是资本充裕，或者是劳动力资源丰富，那么企业就应当选择资源密集型的，或是资本密集型的，或是劳动力密集型的组织模式。当环境发生变化时，企业就需要相应地变革组织模式。同时，环境的压力也影响着企业组织模式的选择。如果在要素市场上存在着激烈的竞争，那么企业的组织结构必须比竞争者具有更高的要素利用效率。如果在产品（服务）市场上竞争激烈，那么企业必须具备能够生产出更加符合市场需求的产品的组织结构。

从系统科学的角度来讲，企业的输出同样对环境有塑造作用。当企业的输出对环境产生影响时，环境的变化进而会对企业产生新的输入，从而引发企业组织变革。

企业的主要功能是向市场提供产品和服务，增加所有者权益以及向国家缴税。如果企业为市场提供了优质的产品和服务，企业市场占有率提高，那么就能够增强竞争优势，减轻竞争压力。如果企业是政府的税收大户，那么就能够从政府那里得到更多的支持和优惠。如果企业能够持续给企业所有者带来较高的投资回报率，那么就更容易吸引更多的资本。企业的功能输出有利于改善经营环境，进而减轻组织外部压力，促进企业组织的健康发展。相反，企业的污染输出则会恶化自身的经营环境。对自然环境的污染，我们已有足够的认识。此外，还有其他类型的污染。企业不尊重员工，甚至侵害员工的安全和利益，那么将没有人到该企业工作，可以说企业污染了自身的人力资源环境。企业投资决策不合理，经营管理不善，不能实现资产的保值增值，就会失信于广大的投资者，企业将很难再获得更多的资金，可以说企业恶化了自身的融资环境。恶化了的环境会对企业产生新的压力，从而要求变革企业组织。

概括起来，环境对企业的资源输入决定企业组织形式；环境对企业的压力输入制约着企业组织的选择；企业的功能输出有利于改善经营环境；企业的污染输出会恶化企业的经营环境。

2. 组织变革的意义

组织变革的含义表明，变革是组织实现动态平衡的发展阶段。组织原有的稳定和平衡不能适应形势变化的要求了，就要通过变革来打破它们，但打破原有的稳定和平衡本身不是目的，目的是建立适应新形势的新的稳定和平衡，应当把组织的变动性和稳定性有机地结合起来。

卡斯特（Custer）和罗森茨韦克（Rosenzweig）指出，一个组织的动态平衡包括下列几个方面：①足够的稳定性，以利于达到目前的目标；②足够的持续性，以保证在目标或方法上进行有秩序的变革；③足够的适应性，以对外部的机会和要求以及内部的变化作出反应；④足够的革新性，以使组织在条件适宜时富于主动性（实行变革）。现代组织，尤其是企业组织都是开放的社会技术系统，组织的运行即是与多重环境发生动态的相互影响的过程。每个组织都有一个多层次、多因素、复杂多变的背景，组织想要维持和发展，必须不断调整与完善自身的结构和功能，提高在变化的背景下生存、维持和发展的灵活性和适应能力，即不断对组织进行变革。企业和组织不是孤立存在的封闭性组织，它是与周围环境有着密切联系的开放性系统。客观环境在不断变化，企业和组织需要不断变革才能适应新的情况和要求。组织变革的目标，主要在于实现组织结构的完善、组织功能的优化和组织成员满意度的提高。

二、组织变革的动因

现代市场环境变化迅速，以往企业所面临的环境正发生着巨大的变化，传统的组织结构已经渐渐不能满足现代企业制度的需要，必须进行组织结构变革。企业组织变革的动因大致可分为外部动因和内部动因两部分。

（一）外部动因

1. 全球经济一体化

当今世界，贸易壁垒的减少，运输成本和通信成本的进一步降低，跨国投资金额的增多，国际分工进一步深化使整个世界经济逐渐整合成不可分割的一个整体。全球化带来了空前的机遇，同时也蕴含着巨大的风险，因此，企业在设计组织时应具有全球化的战略眼光。

2. 顾客

随着社会的发展，顾客变得逐渐成熟，进而对产品和服务的要求也不断提高。要在激烈的竞争环境中生存，企业就要研究这些顾客的变化，不断提高顾客的满意度，这样就会建立起以顾客为导向的组织结构和工作流程。

3. 资源供应者

任何企业都不是孤立存在的。企业的经营离不开资金资源、原材料资源、人力资源、信息资讯等基本资源要素，企业的生产经营活动必须能得到资源供应者的有效协助才能顺利开展。所以，资源供应者如风险投资商、银行、供应商等组织或政策等的变动都会导致企业的组织的调整，特别是对资源供应者依赖性很强的企业。例如，一家依靠电信运营商生存的SP企业，就很可能因为电信运营商的重组和业务调整而改变自己的组织。

4. 竞争者

企业从创建的那一天就意味着必须面对竞争，竞争环境的变化、主要竞争者的战略调整、竞争举动的改变等都要引起企业的重视。为了在竞争中求得胜利，企业很可能通过组织变革来应对挑战。

5. 技术

科学进步促使产品升级换代，技术革新和信息技术的应用都会导致产业结构的变化。这就要求企业必须进行相应的组织调整。

6. 政府及其他社会利益代表

由政府、行业协会等组织出台的一些新法规、新政策等，都会直接导致企业进行组织调整。

（二）内部动因

1. 员工和组织文化的改变

企业员工结构的改变，员工素质及理念的改变，如学历、经验、技能、工作态度、作风、期望值、价值观等发生变化，人员数量、规模的增减等都会是组织变革的动因。

2. 决策层的变化

推行现代企业制度的法人治理结构，决策层的人事变动及企业股权结构的变更会导致管理方式改变，新的决策者为了实现自己的利益，势必会对组织进行调整。

3. 信息技术在管理中的应用和升级

为了适应信息技术在企业管理中的应用与升级，企业就必须调整组织结构，优化业务处理流程。

4. 战略需求

企业战略调整和新战略目标的实现，都需要有与之相适应的组织结构，正所谓战略决定结构。

5. 企业自身成长的需要

根据企业生命周期理论，企业在创建后由于外部及本身的原因，企业必然要争取成长壮大。企业成长的过程就是企业生命周期的变迁过程，企业处在不同的生命周期需要有不同的组织结构与之相配套。

三、组织变革的阻力

现代市场经济中越来越多的诸如持续改进、企业再造、战略联盟，一直到虚拟制造、外包策略、缩小规模，甚至裁员并购、兼并重组等，无不牵涉各种各样程度不一的组织变革。组织变革的复杂程度、覆盖范围及变革力度愈来愈大，对企业经营的影响也愈加强烈。但是不幸的是绝大部分组织变革均以失败告终。阿克（Acher）在 1998 年调查发现，高达 80% 的组织变革最终没有达到预期目标。而 Anonymous 在 2000 年也通过调研发现只有 1/5 的组织变革项目是成功的。在影响组织变革的诸多因素中，组织变革遭到抵制是其失败的首要原因。因此，系统分析组织变革所面临的各种阻力，有针对性地采取消除措施，已成为企业能否演绎好变革的关键。

有变革就会有阻力。事实上，对组织变革力量的抵制现象是不可避免的，变革会使人们产生忧虑，因为人们害怕与之相联系的经济利益的损失、不方便性、不确定性和对通常模式的破除。总结组织变革失败的原因，常见的组织变革阻力主要有如下三种。

（一）个体因素

任何一场变革都不可避免地要涉及人。由于不同个体对组织变革的结果接纳性及风险意识不同，因而对变革的态度就会不同，所以人的因素是组织变革的核心问题，甚至直接关系到企业变革的成败。变革中个体的阻力主要来自于基本的人类特征，如知觉、个性和需要，具体有以下几个方面。

1. 变革导致个人对未来产生不安全感和恐惧感

组织变革是改变企业现状以达到预期未来状态的过程，这就意味着组织变革本身充满不确定性。人们一旦从熟悉、稳定和具有安全感的工作状态，进入不确定性较高的变革之中，从而处在不确定的环境之中，其“职业认同感”将受到影响，就会对未来产生不安全感和恐惧感，自然产生抵制变革的情绪与行为。

2. 变革与个人以往的习惯、价值观发生冲突

变革与个人以往的习惯、价值观发生冲突，也会引起员工对组织变革的抵制。个人的习惯和价值观是长期形成、相对稳定的心理结构，改变起来相对困难。一旦组织变革冲击到个人以往的习惯和价值观，抵制变革的阻力便会随之产生。

3. 能力或资源不足产生的阻力

变革往往伴随着新业务流程、新工作方法的导入，当员工的能力不足以完成工作任务时阻力便随之产生。另外，在变革过程中，企业如果忽略给员工提供足够的资源支持，其后果也是不言而喻的。

4. 对变革倡导者的不满或变革倡导者个人能力不足

企业推行的变革如果不能令人心悦诚服，企业的变革将招致其他管理者和员工的反对。如果企业强制推行变革，更加容易引发人们的逆反心理，人们产生的抵抗行为也就更大、更明显。企业推行的变革如果不能消除人们的恐惧心理，企业的变革将停滞不前从而影响变革的进程。

5. 性格因素

性格是个人对现实的稳定态度和习惯化的行为方式。在外界现实的作用下，个体通过认知和实践活动，对现实产生了各种态度，构成态度系统，该系统决定着个体的行为表现，逐渐形成个体特有的行为方式。在组织变革中那些倾向于安稳、不愿意冒险的员工更容易抱怨组织变革，进而产生一定阻力。

（二）群体因素

组织变革的阻力还会来自群体方面，对组织变革形成阻力的群体因素主要有群体规范、对专业知识的威胁及对原有资源分配的威胁等。

1. 群体规范

群体往往有自己的行为规范，即使个体想改变他们的行为，群体规范也会成为约束力。例如，工会成员可能乐于接受资方提出的对其工作的变革，但如果工会条例要求抵制资方任何单方面变革，工会成员就可能会抵制。

2. 对专业知识的威胁

组织中的变革可能会威胁到专业群体的专业技术知识。20 世纪 80 年代初，分

散化个人计算机的引进就是一个例子。这种计算机可以使管理者直接从公司的主要部门中获得信息,但它却遭到许多信息系统部门的反对。原因就在于分散化计算机终端的使用,对集中化的信息系统部门所掌握的专门技术构成了威胁。

3. 对原有资源分配的威胁

任何决策权力的重新分配都会威胁到组织长期以来已有的权力关系。组织中控制一定数量资源的群体,尤其是那些最能从现有资源分配中获利的群体常常视变革为威胁,他们倾向于对事情的原本状态感到满足。在变革中,部分曾经有特权和地位的人员处境将有变化,收入和个人利益也会相应减少,这部分人员可能将不惜代价抵制变革。

(三)组织因素

在组织变革中,组织内部体制、决策程序、组织文化和奖励制度等组织因素,以及变革的时机也会影响组织变革的进程。

1. 领导班子没有达成共识、班子缺乏强势作风,未紧盯不懈

领导者没有达成共识,就会对组织中的其他人造成灾难性的影响。员工会很快地结成小团队、小派别,尾随在某一领导之后并与其他人相斗,而领导者缺乏强势作风或未紧盯不懈则很快使变革恢复原状。

2. 管理层不积极参与

管理层对组织变革的积极参与是组织变革成功的关键。一方面,管理层本身观念陈旧,缺乏活力,不愿意轻易改革,或者对组织变革的前景没有信心时,会有意无意地阻碍变革;另一方面,在企业改革中,对管理层的利益不明确,是挫伤他们积极参与变革的一个重要原因。

3. 没有与变革相适应的组织结构或管理制度

在变革中,一定要注意一切配套措施、制度一定要迎合变革。例如,为了鼓励利于变革的员工行为,人力资源管理体制,如薪酬、考核、员工发展,就要进行相应的调整。

4. 忽视了文化的重塑,没有将变革根植于企业文化

企业文化是企业在长期发展过程中逐渐形成的所有员工共同的价值观,它能指导员工的行为,对员工观念和行为都会产生深远影响。但相当一部分企业在变革过程中还是未能充分发挥企业文化的作用。在变革过程中,注重企业文化的重塑,变革的阻力会少很多。通过共同愿景的规划,建立一种支持变革的组织文化,并注重将新的变革深入组织文化的根源中,变革的果实才会巩固。

四、组织变革阻力产生的根源

1. 员工在个人利益和整体利益上难以取舍

一般而言，企业变革的目标就是要追求企业整体利益的最大化，这与组织内各个利益主体的根本利益是一致的。但是，组织利益最大化的实现需要各利益主体的有效组合，这样就必然会对组织内的各个主体的权力和利益进行重新分配。由此，一些群体和个人的既得利益就会有所损失。这就要求企业的员工要有一种舍小家顾大家的全局意识，从组织的整体利益和全局利益去看待变革的意义。然而，在现实社会中，一些领导和员工只顾自己的个人利益和短期利益，盲目抵制变革使企业变革难以有效地实施。

2. 员工不明变革意义，对发动者缺乏信心

在组织变革过程中，一些员工对企业变革的紧迫性认识不足，认为变革没有必要，企业推动变革是多此一举，并且会对自己的利益造成损害。更有甚者，为了维护个人利益，常常捏造事实，散布谣言。还有一些员工认为变革很有必要，但对变革发起者的变革动机和实施变革的能力产生怀疑，他们有的认为变革是发起者为了私利的获得而进行的伎俩，有的认为发起者的知识和能力不足以实现既定的目标。

3. 员工对变革的后果不确定

在实施变革的过程中，一些员工虽然认识到了变革的迫切要求，但却不能准确地把握变革实施的后果，他们常常会对变革产生各种猜疑，认为变革有可能达不到预期效果，很可能会对组织、个人的利益产生损害。这类人常常认为变革是在冒风险。因此，在变革的过程中，他们常常依附于群体的态度倾向，有的甚至公开抵制既定的目标。

4. 员工对自己的能力产生怀疑，认为变革是对自己的一种威胁

企业变革常常伴随着技术变革、人员变革。每一次变革的实施都对企业内的员工提出了更高的要求。先进生产线的引进、办公自动化的建立、新技术的应用都要求员工不断提高自己的知识和能力，以适应企业变革的需要。而一些员工担心自己的技术已经过时，一旦企业发生变革，自己就会被淘汰或地位遭到挑战，因此，他们宁愿维持现状。这类人，常常是那些墨守成规、进取心较低的员工或是企业中的高龄员工。

五、排除或降低组织变革阻力的方法

1. 采用正确的变革战略

戴维（R. David）认为，采用什么样的变革战略，对变革的阻力和变革的成果至关重要。一般来说，组织实施变革时有三种主要战略可以采用，即强制变革战略、教育

变革战略和自利变革战略。强制变革战略指靠发出和强制执行命令而实施变革，这种战略的优越性是执行迅速，但其缺陷是低责任心和高阻力。教育变革战略的做法是通报信息而使人们确信变革的必要性，这种变革的缺点是实施缓慢而困难，但比起强制变革战略，它可以激发更强的责任感并减少阻力。理性或自利变革战略是使人们确信变革会对他们个人有利。如果这一战略成功，战略的实施将会相对容易，因而理性或自利变革战略往往被视为最理想的变革战略。

2. 建立推动变革的组织团队

1）领导能力就是影响力

首先，要形成一个强有力的领导联盟。美国通用电气前总裁韦尔奇说：当我任总裁的时候，75% 的时间都花在挑选、评估、鼓励我的团队上。其次，每一个领导者必须知道其目的地，而且每一个追随者最好相信自己正跟随一个知道他正在干什么的人。在整个变革过程中，领导者必须确定某种长期持有并被公认的观念，作为快速变化过程中的稳定剂，否则，组织结构和程序就会混乱无序。再次，有能力的领导者并非简单地命令变革，而是能够采取有效措施来推动、实施变革。

2）组织领导应全身心地投入变革

组织变革过程中需要一批人尤其是高层管理者坚定地拥护组织变革，支持组织变革的管理者权力越大，组织变革成功的可能性也就越大。只有组织的高层领导才可最清楚地告诉员工组织变革的重要性和必要性。最高领导层不仅要确定组织变革将要达到的目标，为了实现组织变革的目标，他们还应该规划并管理变革的过程。只有这样，才能在表明变革重要性的同时实现变革目标和变革过程的协调统一。

3）组织公正

依据社会交换理论，组织的公正性会激发员工的信任感，在信任的前提下，员工较易从事对组织有益的工作行为——组织公民行为。在领导者有能力且组织在分配、程序、互动等方面公正性强的组织变革过程中，遭到的阻力就会小。

3. 有步骤地实施变革

通过精心设计变革过程，管理者可以降低变革的阻力，提高变革成功的可能性。理想的变革过程应该包括以下几个方面的内容。

1）邀请员工参加变革和具体的转变过程

事实证明人们对事件的参与程度越大，就越会承担工作责任以支持工作的进程。因此当有关人员能够参与有关变革的设计讨论时，导致承诺的机会就多，抵制变革的情况就显著减少。变革中如果能让变革有关的人，尤其是将持反对意见的人吸收到决策过程中来，他们就不容易形成阻力，甚至主动加入到变革中，利用自己的专长为决策作出有力贡献。参与和投入方法在管理人员所得信息不充分或者岗位权力较弱时使用更为有效。

2）建立激励机制

提高员工士气，肯定并奖励参与改进的雇员，建立有效的业绩管理体系是促进企业变革成功最重要的活动。在组织变革中，必须让员工感到自己是有价值的，帮助他们找回自己的归属感。

3）有效的传播和沟通

为使人们了解变革的目的，需要进行传播和沟通。决策层、管理层、员工层及各层之间都要加强沟通。加强沟通，是克服组织变革阻力的有效途径。通过沟通，分享情报资料，不仅带来相同的认识，而且群体成员可以形成一种责任感，一起克服变革中遇到的种种困难。同时，在组织变革中加强信息交流，也使得决策者能够及时发现变革中产生的新问题、新情况，并获得有效的反馈。

4）争取群体促进和支持

许多管理心理学家提出，运用“变革的群体动力学”可以推动组织变革。这里包括创造强烈的群体归属感，设置群体共同目标，培养群体规范，建立关键成员威信，改变成员态度、价值观和行为等。这种方法在人们由于心理调整不良而产生抵制时使用比较有效。

5）把握组织变革的时间和进程

任何变革都需要时间来完成，员工需要时间去适应新的制度，排除障碍。因此领导必须有耐心，适时、适度推行变革，否则就容易导致员工的抵制。首先，处理好成果和速度的关系。过分追求阶段性成果而忽视改变的速度，会使变革失去意义；片面追求速度而忽视阶段性成果即“摘取最低的果实”，又容易导致整体变革的失败。因此，企业必须辩证处理好速度和成果的关系。其次，变革的路径选择也需要领导人精心考量，因为这往往关系到变革的成败。最后，在现实中常常不会给一个领导人很长的时间来证明自己变革能成功，因此，在变革的早期，迅速取得一些局部的成效，对把变革继续推行下去至关重要。

4. 塑造变革文化

让变革因子扎根企业，建立鼓励创新、勇于变革的企业文化是保障管理变革的根本要素，我们必须让变革融入企业文化。正如管理大师汤姆·彼得斯所说：适应日趋白热化的竞争，我们必须学会深刻地喜欢变革，就像我们以前曾深刻地憎恨过它一样。热衷变革，甚至热衷变革中的混沌，是企业生存乃至成功的前提条件。

5. 多管齐下，果断消除变革阻力

1）操纵、收买与合作

操纵、收买与合作可采取的措施有“歪曲事实”使事件显得更有吸引力，封锁不受欢迎的信息，制造“谣言”使员工接受变革等。收买是一种包括了操纵与合作的形式，它通过让某个变革阻力群体的领导者在变革决策中承担重要角色来收买他们。

之所以征求这些领导者的意见，并不是为寻求更完善的决策，而是为了取得他们的允诺。相对而言，操纵和收买的成本都较低，并且易于获得反对派的支持。但如果对象意识到自己被欺骗和被利用时，这种策略会产生适得其反的效果，一旦被识破，变革推动者会因此而信誉扫地。

2）谈判与协商

当变革的阻力非常强大时，谈判与协商可能是一种必要的策略，通过与受变革影响的人进行协商，以某种有价值的东西来换取阻力的降低或换取他们对变革的认同与参与。这种策略的优点是能够避免产生激烈的对抗，缺点是容易引起其他受变革影响的人的效仿，使变革成本加大。

3）强制

当改革势在必行，而上述方法又不奏效时，管理当局就不得不直接使用威胁力和控制力来强迫实施变革，如改换工种、开除、降低薪酬、不给予提升机会等。强制的优点是快速，能够克服各种抵制，缺点是放任人员对倡导者的愤怒，影响公司运营。

第二节　组织变革的类型和内容

一、组织变革的类型

依据不同划分标准，组织变革可以有不同的类型。

（一）按组织变革的侧重方向划分

1. 战略性变革

战略性变革是指组织针对其长期发展战略或使命所做的变革。

2. 结构性变革

结构性变革是指组织需要根据环境的变化适时地对组织的结构进行变革，并重新在组织中进行权力和责任的分配，使组织变得更为柔性灵活、易于合作。

3. 流程主导性变革

流程主导性变革是指组织紧密围绕其关键目标和核心能力，充分应用现代信息技术对业务流程进行重新构造。这种变革会使组织结构、组织文化、用户服务、质量、成本等各个方面产生重大的改变。

4. 以人为中心的变革

以人为中心的变革是指组织必须通过对员工的培训、教育等引导，使他们能够在观念、态度和行为方面与组织保持一致。

（二）按组织变革的程度与速度的不同划分

对于企业组织变革的必要性，有这样一种流行的认识：企业要么实施变革，要么灭亡。然而事实并非总是如此,有些企业进行了变革,反而加快了灭亡。这就涉及组织变革模式的选择问题。这里将比较两种典型的组织变革模式:激进式变革和渐进式变革。激进式变革力求在短时间内,对企业组织进行大幅度的全面调整,以求彻底打破初态组织模式并迅速建立目的状态组织模式。渐进式变革则是通过对组织进行小幅度的局部调整,力求通过一个渐进的过程,实现初态组织模式向目的状态组织模式的转变。

1. 激进式变革

激进式变革能够以较快的速度达到目的状态,因为这种变革对组织进行的调整是大幅度的、全面的,所以变革过程就会较快。但与此同时,这种大幅度变革可能会导致组织的平衡性差,严重的时候会导致组织崩溃。这就是为什么许多企业的组织变革反而加速了企业灭亡的原因。与之相反,渐进式变革依靠持续的、小幅度的变革来达到变革的目的,即变革幅度小,但波动次数多,变革持续的时间长,这样有利于维持组织的稳定性。两种模式各有利弊,也都有着各自丰富的实践,企业应当根据组织的承受能力来选择企业组织变革模式。激进式变革的一个典型实践是"全员下岗、竞争上岗"。改革开放以来,适应市场经济的要求,许多国内企业进行了大量的管理创新和组织创新,"全员下岗、竞争上岗"的实践即是其中之一。为了克服组织保守而产生的墨守成规现象,一些企业在组织实践中采取全员下岗,继而再竞争上岗的变革方式。这种方式有些极端,但其中体现了深刻的系统思维。

稳定性对于企业组织至关重要,但是当企业由于领导超前意识差、员工安于现状而陷于超稳定结构时,企业组织将趋于僵化、保守,会影响企业组织的发展。此时,小扰动不足以打破初态的稳定性,也就很难达到变革的目的。"不过正不足以矫枉",只有通过全员下岗,粉碎长期形成的关系网和利益格局,摆脱原有的吸引力,才能彻底打破初态的稳定性。进一步再通过竞争上岗,激发企业员工的工作热情和对企业的关心,只要竞争是公平、公正、公开的,就有助于形成新的吸引力,把企业组织引向新的稳定状态。此类变革如能成功,其成果具有彻底性。

在这个过程中关键是建立新的吸引力,如新的经营目标、新的市场定位、新的激励约束机制等。如果打破原有组织的稳定性之后,不能尽快建立新的吸引力,那么组织将陷于混乱甚至毁灭。

2. 渐进式变革

渐进式变革则是通过局部的修补和调整来实现。美国一家飞机制造公司原有产品仅包括四种类型的直升机,每一种直升机有专门的用途。从技术上来看,没有任何两架飞机是完全相同的,即产品间的差异化程度大,标准化程度低。在激烈的市场竞争条件下,这种生产方式不利于实现规模经济。为了赢得竞争优势,该公司决定变革组织模式。其具体措施是对各部门进行调整组合。首先,由原来各种机型的设计人员共同设计一种基本机型，使之能够与各种附件（如枪、炸弹发射器、电子控制装置等）灵活组合，以满足不同客户的需求。然后将各分厂拥有批量生产经验的员工集中起来从事基本机型的生产。原来从事各种机型特殊部件生产的员工，根据新的设计仍旧进行各种附件的专业化生产。这样，通过内部调整，既有利于实现大批量生产，也能够满足市场的多样化需求。这种方式的变革对组织生产的震动较小，而且可能经常性地、局部地进行调整，直至达到目的。这种变革方式的不利之处在于容易产生路径依赖，导致企业组织长期不能摆脱旧机制的束缚。

因此，从长远来说，企业要发展，就可能会改变其战略。但是，约翰逊（Johnson）和什莱斯（Shlaes）在1989年指出，这种变化是渐进的。从企业的角度来说，渐进的变化易于管理，对企业体制运作的滋扰程度比激进式的变革要小。渐进式变革的发展分为四个阶段，如图3-2所示。

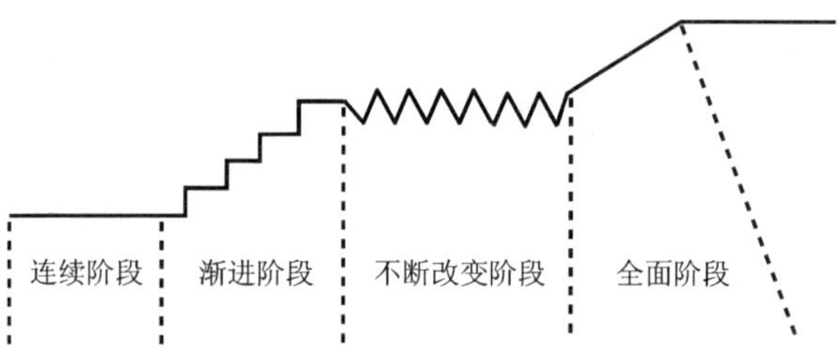

图3-2　渐进式变革的过程

（1）连续阶段。在这个阶段中，制定的战略基本上没有发生大的变化，仅有一些小的修正。

（2）渐进阶段。在这个阶段中，战略发生缓慢的变化，这种变化可能是零敲碎打性的，也可能是系统性的。

（3）不断改变阶段。在这个问题阶段中，战略变化呈无方向或无重心的特点。

（4）全面阶段。在这个阶段中，企业战略是在一个较短的时间内、发生革命性或转化性的变化。

如果一家企业的战略经常发生质变，那么这家企业是无法正常运转的。事实上，企业所处的环境不可能变化得这么快。然而，约翰逊和什莱斯告诫人们，环境中的变化不一定缓慢，企业的渐进式变化可能赶不上前者。因此，如果渐进阶段落在了环境变化的后面，那么，企业可能适应不了环境，结果不得不进行激进式的战略变革。

比较企业组织变革的两种典型模式，企业在实践中应当加以综合利用。在企业内外部环境发生重大变化时，企业有必要采取激进式组织变革以适应环境的变化，但是激进式变革不宜过于频繁，否则会影响企业组织的稳定性，甚至导致组织的毁灭。因而，在两次激进式变革之间，在更长的时间里，组织应当进行渐进式变革。渐进式变革与激进式变革的区别见表3-1。

表 3-1　渐进式变革与激进式变革的区别

渐进式变革	激进式变革
在企业生命周期中常常发生	在企业生命周期中较少发生
稳定地推进变化	全面转化
影响企业体系的某些部分	影响整个企业体系

二、组织变革的目标

组织变革应该有其基本的目标，总的来看，应包括以下三个方面。

1. 使组织更具环境适应性

环境因素具有不可控性，组织要想阻止或控制环境的变化可能只是自己的一厢情愿。组织要想在动荡的环境中生存并得以发展，就必须顺势变革自己的任务目标、组织结构、决策程序、人员配备、管理制度等。只有如此，组织才能有效地把握各种机会，识别并应对各种威胁，使组织更具环境适应性。

2. 使管理者更具环境适应性

一个组织中，管理者是决策的制定者和组织资源的分配人。在组织变革中，管理者必须清醒地认识到自己是否具有足够的决策、组织和领导能力来应对未来的挑战。因此，管理者一方面需要调整过去的领导风格和决策程序，使组织更具灵活性和柔性；另一方面，管理者要能根据环境的变化要求重构层级之间、工作团队之间的各种关系，使组织变革的实施更具有针对性和可操作性。

3. 使员工更具环境适应性

组织变革的最直接感受者就是组织的员工。组织若不能使员工充分认识到变革的重要性，顺势改变员工对变革的观念、态度、行为方式等，就可能无法使组织变革措施得到员工的认同、支持和贯彻执行。需要进一步认识到的是，改变员工的固有观念、态度和行为是一件非常困难的事，组织要使人员更具环境适应性，就必须不断地进行再教育和再培训，决策中要更多地重视员工的参与和授权，要能根据环境的变化改造和更新整个组织文化。

三、组织变革的时机选择

对于管理者而言，正确把握维护组织稳定或促进组织变革的时机非常重要。一般来说，如果在管理中发生了如下几种情况，就应当认真思考组织的变革问题。

1. 频繁的决策失误

决策失误从表面上来看是各种原因造成的，经过研究会发现，决策失误的根源是组织问题。例如，决策失误可能是因为信息不灵而造成的，信息不灵可能是组织自身的原因,也可能是外部环境原因造成的。既然某一信息对管理决策有着重大意义,那么环境的障碍又怎么能够成为托词呢?因此,归根到底还是组织自身的问题。再如,决策失误可能是主管人员的主观原因造成的,但组织为什么没有在结构上、体制上给予决策以客观保证呢?从这种意义上来讲,一切决策失误都是组织的原因,如组织结构不合理、职权委任不合适、职责含糊、命令链混乱等,都会造成企业频繁的决策失误。但是,偶然的决策失误并不是变革组织的理由。在变革之前,首先应当在变革成本、组织目前的效率和决策失误的后果之间认真权衡,然后才能作出是否进行组织变革的决定。

2. 组织成员间沟通不畅

一个企业的运作成功与否,在很大程度上依赖于其成员间的沟通是否畅通有效,有效的沟通可以使成员间的分工与协作都处在高效状态。不可否认的是,组织成员间的沟通取决于组织的状况。例如,命令链或信息链混乱,或者所采用的传递信息手段不恰当,就会造成沟通不畅;由于管理幅度过宽,主管人员与下属之间就难以存在有效的沟通,而管理层次过多就增加了命令和信息失真的可能性,这种状况会破坏成员间主动的协调和配合,从而产生一些不必要的冲突、摩擦和误会。

3. 管理业绩长期不理想

组织结构合理、职责分明、行动有序、信息沟通顺畅的组织,必然意味着较好的管理效益,反之,倘若一个管理系统中长期存在着士气不高、经营不善、业绩不理想,以致管理目标总不能得到实现,那么就必须考虑对组织进行变革。一般情况下,组织业绩不理想的问题在企业管理中是最容易被发现的。例如,一个企业生产部门的进度太慢、成本过高、质量不符合要求,销售部门的顾客减少或销售增长未能如期实现,财务部门的资金周转不灵,人事部门因为在职责、职权或报酬、待遇上安排不当引起纠纷等,这些问题只要有一个存在而且比较严重,就必须要对组织进行变革前的全面审查。

如果长期没有创新,即使一个管理系统处在正常的运营状况下也需要进行一次变革。例如,一个企业虽然尚未遇到严重的问题,但在产品的品种、质量和数量方面却长期保持在一个水平上,那就表明这个企业很快就会面临困境。这是因为,任何一个管理系统都处在与环境的互动关系中,而不是孤立的。我们知道,环境是一个变化莫测的因素,假如我们的企业在变动的环境面前保持不动,很快就会僵化、萎缩和丧失生命力。一个企业或组织只有不断地拥有突破性的战略预见、超前性的行动措施和创造性的新成果,才能拥有旺盛的生命力,否则就会落后于形势。所以说,企业在缺乏创新精神的情况下也应进行组织变革。

除此之外,组织内部官僚主义盛行,组织纪律涣散,组织成员缺乏工作热情,工作效率低,人浮于事严重,奖惩不明或奖惩得不到执行以及职能部门频频出现问题(如人事部门任人唯亲、财务部门违反财经纪律、生产部门总是出现产品质量问题）等现象的出现也是明显的变革先兆。

四、组织变革的内容

组织变革具有互动性和系统性，组织中任何一个因素的改变，都会带来其他因素的变化。然而，就某一阶段而言，由于环境情况各不相同，变革的内容和侧重点也有所不同。综合而言，组织变革过程的主要变量因素包括人员、结构、技术和任务，具体内容如下。

1. 人员的变革

人员的变革是指员工在态度、技能、期望、认知和行为上的改变。组织发展虽然包括变革，但是人是最主要的因素，人既可能是推动变革的力量，也可能是反对变革的力量。变革的主要任务是组织成员之间在权力和利益等资源方面的重新分配。要想顺利实现这种分配，组织必须注重员工的参与，注重改善人际关系并提高实际沟通的质量。

2. 结构的变革

结构的变革包括权力关系、协调机制、集权程度、职务与工作再设计等其他结构参数的变化。管理者的任务就是要对如何选择组织设计模式、如何制订工作计划、如何授予权力以及授权程度等一系列行动作出决策。现实中，固化式的结构设计往往不具有可操作性，需要随着环境条件的变化而变化，管理者应该根据实际情况灵活地改变其中的某些组成要素。

3. 技术与任务的变革

技术与任务的改变包括对作业流程与方法的重新设计、修正和组合，包括更换机器设备，采用新工艺、新技术和新方法等。由于产业竞争的加剧和科技的不断创新，管理者应能与当今的信息革命相联系，注重在流程再造中利用最先进的计算机技术进行一系列的技术改造。同时，组织还需要对组织中各个部门或各个层级的工作任务进行重新组合，如工作任务的丰富化、工作范围的扩大化等。

第三节　组织变革的过程、程序与方法

一、组织变革的过程

为使组织变革顺利进行，达到预期效果，必须先对组织变革的过程有一个全面的认识，然后按照科学的程序组织实施。组织变革的过程有多种模型，下面逐一进行介绍。

（一）卢因变革模型

组织变革模型中最具影响力的也许是卢因（Lewin）变革模型。卢因（1951）提出了一个包含解冻、变革、再冻结三个步骤的有计划组织变革模型，用以解释和指导如何发动、管理和稳定变革过程。

1. 解冻阶段

解冻阶段的焦点在于创设变革的动机。鼓励员工改变原有的行为模式和工作态度，采取新的适应组织战略发展的行为与态度。为了做到这一点，一方面，需要对旧的行为与态度加以否定；另一方面，要使干部、员工认识到变革的紧迫性。组织可以采用比较评估的办法，把本单位的总体情况、经营指标和业绩水平与其他优秀单位或竞争对手一一加以比较，找出差距和解冻的依据，帮助干部、员工“解冻”现有态度和行为，迫切要求变革，愿意接受新的工作模式。此外，应注意创造一种开放的氛围和心理上的安全感，减少变革的心理障碍，提高变革成功的信心。

2. 变革阶段

变革是一个学习过程，需要给干部、员工提供新信息、新行为模式和新的视角，指明变革方向，实施变革，进而形成新的行为和态度。这一步骤中，应该注意为新的工作态度和行为树立榜样，采用角色模范、导师指导、专家演讲、群体培训等多种途径。卢因认为，变革是个认知的过程，它由获得新概念和信息得以完成。

3. 再冻结阶段

在再冻结阶段，利用必要的强化手段使新的态度与行为固定下来，使组织变革处于稳定状态。为了确保组织变革的稳定性，需要注意使干部员工有机会尝试和检验新的态度与行为，并及时给予下面的强化；同时，加强群体变革行为的稳定性，促使形成稳定持久的群体行为规范。

（二）系统变革模型

系统变革模型是在更大范围里解释组织变革过程中，各种变量之间的相互联系和相互影响关系。这个模型包括输入、变革目标元素和输出三个部分，如图 3-3 所示。

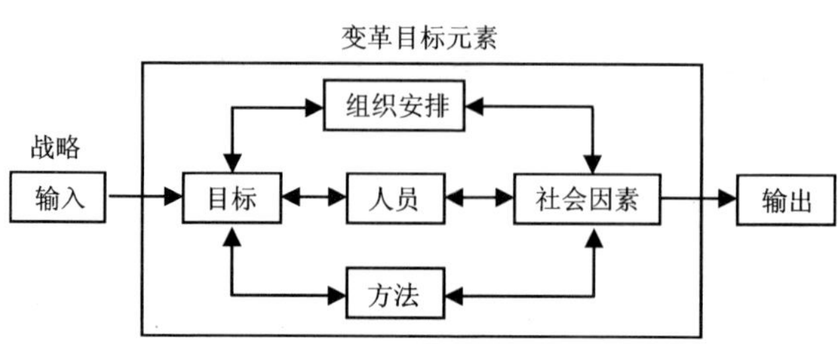

图 3-3 系统变革模型

1. 输入

输入部分包括内部的强点和弱项、外部的机会和威胁。其基本构架则是组织的使命、愿景和相应的战略规划。企业组织用使命表示其存在的理由；愿景描述组织所追求的长远目标；战略规划则是为实现长远目标而制定的有计划变革的行动方案。

2. 变革目标元素

变革的目标元素有五个：人员、目标、组织安排、社会因素和方法。这些元素以人员为核心，相互制约和相互影响。人员主要是指人的知识、能力、态度、动机和行为。目标主要包括要达到最终结果、优先考虑的事项、标准、资源、贯穿整个组织的联系。组织安排主要包括政策、程序、角色、结构、奖励和物资条件。社会因素主要包括组织文化、群体过程、人际关系、沟通和领导。方法主要包括工序、工作流程、工作设计和技术。

3. 输出

输出部分包括变革的结果。根据组织战略规划，从组织、部门群体、个体等三个层面增强组织的整体效能。

（三）卡斯特的组织变革过程模型

弗里蒙特·卡斯特（Fremont Karst）提出了组织变革过程的六个步骤。

（1）审视状态。对组织内外环境现状进行回顾、反省、评价、研究。

（2）觉察问题。识别组织中存在的问题，确定组织变革的需求。

（3）辨明差距。找出现状与所希望状态之间的差距，分析所存在的问题。

（4）设计方法。提出和评定多种备择方法，经过讨论和绩效测量，作出选择。

（5）实行变革。根据所选方法及行动方案，实施变革行动。

（6）反馈效果。评价效果，实行反馈。若有问题，再次循环此过程。

二、组织变革的程序

组织变革的程序可以分为以下几个步骤。

1. 通过组织诊断，发现变革先兆

组织变革的第一步就是要对现有的组织进行全面的诊断。这种诊断必须要有针对性，要通过搜集资料的方式，对组织的职能系统、工作流程系统、决策系统及内在关系等进行全面诊断。组织除了要从外部信息中发现对自己有利或不利的因素外，更主要的是能够从各种内在征兆中找出导致组织或部门绩效差的具体原因，并确立需要进行整改的具体部门和人员。

2. 分析变革因素，制订改革方案

组织诊断任务完成之后，就要对组织变革的具体因素进行分析，如职能设置是否合理，决策中的分权程度如何，员工参与改革的积极性怎样，流程中的业务衔接是否紧密，各管理层级间或职能结构间的关系是否易于协调等。在此基础上制定几个可行的改革方案，以供选择。

3. 选择正确方案，实施变革计划

制定变革方案的任务完成之后，组织需要选择正确的实施方案，然后制定具体的改革计划并贯彻实施。推进变革的方式有多种，组织在选择具体方案时要充分考虑变革的深度和难度、变革的影响程度、变革速度以及员工的可接受程度和参与程度等，做到有计划、有步骤、有控制地进行。当变革出现某些偏差时，要有备用的纠偏措施及时纠正。

4. 评价变革效果，及时进行反馈

组织变革是一个包括众多复杂变量的转换过程，再好的改革计划也不能保证完全取得理想效果。因此，变革结束之后，管理者必须对改革的结果进行总结和评价，及时反馈新的信息。对于没有取得理想效果的变革措施，应当给予必要的分析和评价，然后再进行取舍。

三、组织变革的方法

1. 企业理念的调整

企业战略变革首选的理念是得到社会普遍认同的、体现企业自身个性特征的、促使并保持企业正常运作及长足发展而构建的、反映整个企业经营意识的价值体系。它是企业统一化的、可突出本企业与其他企业差异性的识别标志，包括企业使命、经营思想和行为准则三部分。调整企业理念，首先确定企业使命，即企业应该依据怎样的使命开展各种经营活动，它是企业行动的原动力；其次，确立经营思想，指导企业经营活动的观念、态度和思想，给人以不同的企业形象；最后，靠行为准则约束和要求员工，使他们在企业经营活动中必须奉行一系列行为准则和规则。调整企业理念，给企业全新定位，这是一种企业适应社会经济发展的变革。只有在这种不断演化、渐进的变革中，才能够构建新的企业战略，企业才能重生，才能得到发展和壮大。在重新调整企业理念时，首先与行业特征相吻合，其次在充分挖掘原有企业理念的基础上赋予其时代特色，最后企业理念和竞争对手有所区别。

2. 重新定位企业战略

如何实施战略定位是战略变革的重要内容，根据迈克尔•波特的观点，帮助企业获得竞争优势而进行的战略定位实际上就是在价值链配置系统中，从产品范围、市场范围和企业价值系统范围三方面进行定位的选择过程。产品的重新定位，对于明星产品，由于企业竞争力和市场吸引力强，也是高速成长的市场领先者，对其要多投资，促进发展，扩大市场份额；对于“金牛”产品，由于具有规模经济和高利润优势，故有风险，对其维持市场份额，尽可能多地榨取市场利润；对于问题产品，虽然产品市场吸引力强，但由于要加大投资，因此主要考虑在尽可能短的时间内收回成本；对于“瘦狗”产品，企业的对策就是尽快地售出剩余产品然后转产。对于市场和企业价值系统的重新定位，由于企业作为一个独立的组织，其竞争优势来源于研发、生产、营销和服务等过程，来源于企业的价值链配置系统。就是这个系统在市场与企业之间不断地传递有关价格、质量、创新和价值的信息，从而为企业营造和保持新的竞争优势。

3. 重新设计组织结构

在进行组织结构设计时，要围绕战略目标实现的路径来确定不同层级的管理幅度。适当的管理幅度并没有一定的法则，一般是3~15人，在进行办公时可依据管理层级的不同、人员的素质、沟通的渠道、职务的内容及企业文化等因素进行设置。在设计组织结构时，还要充分考虑企业各部门顺利完成各自目标的可能性，以及在此基础上的合作协调性、各自分工的平衡性、权责明确性、企业指挥的统一性、企业应变的弹性、企业成长的稳定性和效率性及企业的持续成长性。通过重新设计企业的组织结构，理清各部门的管理职责，改变指挥混乱和权责不对等的现象，从而提高管理效率。

第四节　组织变革与岗位设计

一、组织变革与组织结构设计的关系

组织结构设计实质上是一个组织变革的过程，它是把组织的任务、流程、权力和责任等重新进行有效组合和协调的一种活动。根据时代和环境的变化，进行组织结构设计或组织结构变革（再设计）的结果是大幅度地提高组织的运行效率和经济效益。

组织设计一般根据企业外部环境与内部条件、适应企业任务与发展战略的要求，对企业组织结构及其运行设计出一整套方案。该定义可以得出一个自然的推论：组织设计是组织变革的一个必要前提。换言之，组织在选择自己当下最优生存方式时，必须先设计出来，然后执行下去。

这里涉及前面所说的组织变革的两种方式——渐进式变革和激进式变革。约翰逊和什莱斯关于组织变革的划分有助于我们更全面地理解组织设计和组织变革的关系。渐进式变革是一种有计划的变革。这是一个经过深思熟虑的、有意识的以某种方法改进组织或用更深层次的、更基本的方法对系统进行的决策。正是基于这点，可以说渐进式的变革要求组织设计必须在组织变革进入实施阶段之前完成。激进式变革属于一种根本性无计划的变革，主要是指组织对某种不可预料的外部变化作出的反应。这种反应往往是适应性的，且是自发的。该类型的组织设计与变革，在概念和

内涵上基本融合为一体。

当然，在组织设计与变革领域不同的观念还有许多。如哈罗德·孔茨认为组织工作是一个过程，有其基本的逻辑，有具体的六大步骤。他认为，进行组织设计和变革不能一开始就搞机构设置，而是先弄清楚设置各种组织机构的原因。更有甚者，认为组织结构设计是组织变革的最后一步，即结构是对变革思想的集中而具体的体现。

通过对两个概念的研究，可以对之作简单的区别：组织设计焦点在于组织机构；组织变革主要集中在组织结构基础上，焦点在于战略、文化、制度等，主要强调变革方式与组织结构的匹配；通过组织设计和组织变革使组织这个生命体，不但有坚强的骨骼（组织机构，构成“体”），而且还有血有肉（组织变革需要的软性设计，构成“制”）。

二、组织变革对岗位设计的影响

组织变革与创新是成功组织生存和成长、发展和壮大的重要驱动力，是不以人们的意志为转移的客观规律。组织变革与创新必然会对组织的岗位设计产生根本性的作用和影响，需要管理者对现存的工作岗位进行再设计、再改进。

组织变革与创新对工作岗位的影响，主要表现在两个方面。

1. 它对工作岗位的纵向联系产生一定的影响

组织变革的有形性和无形性都将对岗位的纵向联系产生影响，组织变革所引发的组织结构的再设计，应当有助于各个单位、部门与其下属各个层级岗位员工之间的沟通和交流。这里所谓的“联系”是指岗位之间的沟通与协调的程度，而所谓“纵向”是自上而下不同层级岗位之间的指挥与被指挥、所施的监督与所受的监督、直接上级的目标与下级的具体落实的种种关系。岗位的纵向联系，揭示了不同层级岗位设计的科学化、合理化程度。岗位纵向联系的设计应当切实保证组织中的上层与下层岗位之间的协调性，保证上级对下级的有效监督和控制，使上级岗位下达的指令、计划，在下属岗位中逐层逐级得到贯彻落实。

组织变革以及结构的调整必然导致岗位纵向联系的改变，一般来说，可采用以下三种措施对岗位的纵向联系重新进行修补或调整。

（1）确立层级的命令链，切实保证上下各个层级岗位之间沟通渠道的畅通。上情下达，下情上达。当下一级岗位出现难以解决的困难和问题时，通过命令链及时反映到上一级岗位，问题得到解决后，上级将结果及时反馈到下级。

（2）总结变革创新后组织结构运行中出现的各种问题，包括岗位任务、责任、权限等方面发生变化的实际情况，在明确命令链的前提下，重新设计出体现岗位层级关系的新制度、新规范、新标准，要求各个层级的岗位按照新的规章制度或规范标准，听从指挥和命令，根据上级岗位的授权行使本岗位的职责权限，在职权范围内发挥员工的自主权。此外，还应当完善对本部门内各层级岗位的计划管理，规章制度、规范和标准是各个层级岗位员工的工作准则和行动指南。对岗位员工来说，计划、预算等措施更是一种稳定的信息资源，有了精心设计的预算计划，较低层级岗位的员工便可以有效运用其享有的计划信息资源，按部就班地独立完成本职工作。

(3)构建以计算机软件为依托的纵向信息系统。这个系统可以容纳上下各个层级岗位之间发生的各种重要指令、数据、资料、往来文件、报告、信件、纪要、工作进度等多方面信息，从而使岗位纵向联系得到进一步的加强。

2. 它对工作岗位的横向联系产生重要的影响

组织的变革与创新不但会对原有组织中各个岗位的纵向联系产生有形或无形的作用和影响，对岗位的横向联系也将产生更大的影响。岗位的横向联系是指同一层级各个岗位之间、其所属单位部门之间的横向协调和沟通。岗位横向联系的协同性和一致性，有利于消除岗位之间的障碍，协调各个岗位员工的工作行为，促进大家齐心合力，共同奋斗，最终实现本单位、本部门的预定目标。

【本章小结】

本章系统地介绍了组织变革的基本原理和基本方法。第一节主要介绍了组织变革的发生、意义，组织变革的动因和阻力。第二节介绍了进行组织变革的类型、目标，组织变革的时机选择和组织变革的内容。第三节主要介绍了组织变革的过程和程序，包括卢因变革模型、系统变革模型、卡斯特变革模型，并介绍了组织变革的方法。第四节介绍了组织变革与岗位设计的关系等内容。

【本章习题】

1. 简述组织变革的意义。
2. 组织变革的动因有哪些？
3. 常见的组织变革阻力有哪些？如何降低组织变革阻力？
4. 请阐述组织变革阻力产生的根源。
5. 简述组织变革的类型。
6. 如何把握组织变革的时机？
7. 简述组织变革的过程。
8. 简述组织变革的程序。
9. 简述组织变革与岗位设计的关系。

【案例与讨论】

海尔转型真相 张瑞敏“砸碎”旧组织

“互联网时代商业模式的创新”到底应该是什么样子？这个问题正困扰着千千

万万个正在互联网时代着力转型的企业。

2014 年 6 月 14 日，沃顿商学院全球论坛上，作为中国改革派企业家的代表，海尔集团首席执行官张瑞敏出现在演讲台上。

自 2013 年，海尔启动了“企业平台化、员工创客化、用户个性化”的“三化”改革以来，在近一年的时间里，张瑞敏遍请了凯文·凯利（《失控》作者）、舍恩伯格（《大数据时代》作者）等全球互联网思维代表人物，走进海尔交流学习，并发动企业 300 多名管理骨干进行深度互动。

没有成功的企业，只有时代的企业。张瑞敏认为，发展 30 年来，海尔如今依然“如履薄冰”。

“所有企业都要跟上时代的步伐才能生存，但是时代变迁太快了。我们可以自我颠覆，但颠覆不好就可能是颠倒。有些问题直到今天我们也没有很好地解决，虽然我非常有信心，但这个时代的确是非常难以让人把握的时代。”

而由此，作为传统家电企业的代表，海尔改革的“破立实验”也在不断扛住内外部压力，坚决推进。

海尔“外去中间商，内去隔热层”

“去年初海尔员工数量是 8.6 万人，年底减少至 7 万人，减员比例为 18%，预计今年再减掉 1 万人。”在张瑞敏看来，是海尔组织变革中必不可少的一步，也是必然一步的举动，在其对外公布 3 天后，就在业界引发了轩然大波。

“海尔要变天？”“海尔被瘦身”“改革负面清单显现”，一时间外界争议声四起，根据记者对海尔长期跟踪了解到：“这并非外界理解的‘裁员’。公司正把每个员工转变成创业者，它期望鼓励更多在册员工跳出传统的企业组织，转为创业者。今后，在册的员工会越来越少，而在线的资源会越来越多。”

在张瑞敏看来，这项起于一年前的改革有着几方面的初衷。

他认为，在互联网时代，用户与企业的关系正在发生改变：第一个改变就是企业和用户之间是零距离的，从原来企业大规模制造变成大规模定制，所以生产线要改变；第二个改变是去中心化，互联网时代每个人都是中心，没有中心，没有领导，因此科层制也需要被改变；第三个改变是分布式管理，全球的资源，企业都可以利用，全球就是企业的人力资源部。

正因如此，张瑞敏在海尔内部提出了“外去中间商，内去隔热层”的设计，说白了，就是把架设在企业和用户之间的引发效率延迟和信息失真的传动轮彻底去除，让企业可以直面客户的需求。

“企业组织原来是串联式的，从企划到设计、营销，一直到最后的用户，企划与用户之间有很多传动轮，但这些传动轮并不知道用户在哪里，这也是企业里的中间层。还有一些社会上的中间层，比如供应商、销售商，企业也要和他们去打交道。总而言之，他们使企业和用户之间距离很远。”

现在海尔要做的就是把中层管理者的“隔热墙”去掉，让企业和用户连在一块，资源利用的目的是为用户创造最佳需求，而企业内部进而也形成一个利益共同体。

事实上，这也是海尔组织转型的关键，即企业组织由原来的串联式改为并联式，最终让海尔转型为可实现各方利益最大化的利益共同体。在这个利益共同体里面，各种资源可以无障碍进入，同时能够实现各方的利益最大化。

举例来说，过去企业和供应方之间是博弈关系。以原材料采购为例，谁的材料便宜企业就用谁的，但现在是谁能够参与企业的前端设计，就用谁的。再比如上游的钢铁厂，他比企业更了解用什么样的钢材适合什么样的设计，如果他在前端设计阶段就可以介入，提出更好的方案，就可以在产品端实现各方利益的最大化。

“企业里面的中间层就是一群烤熟的鹅，它们没有什么神经，不会把市场的情况反映进来。”张瑞敏对查尔斯•汉迪的这句名言深度认同，除了不能反映市场情况，在串联模式之下，中间层的存在，一旦出现短路，那么整个系统都将停电。

在互联网时代瞬息万变的市场需求之下，中间层的绝缘或短路，很容易毁掉一个企业。由此，去掉中间层，改串联为并联是企业在不断创新试错过程中实施自我保护的一个重要方式。

值得注意的是，张瑞敏把企业在商业模式上的探索称作“试错”，他明白任何一个人都无法完全准确把握这个时代的脉搏，企业要进行颠覆式创新，脉搏一旦把握不准，可能就会面临惨痛的失败。所以，组织由串联改成并联，每一个小组织的试错，即使出现问题，也不至于对整个大的体系造成致命伤害。

由此，企业在分拆成一个个面向市场的小组织或小单元之后，难以传递市场信号的中间层自然成为冗员，企业去除冗员以提升效率就成为必然，“裁员”也就成为海尔战略导向下输出的必然结果。

正如张瑞敏所说的：“在这个时代，中间商没用了，作为隔热层的中间层也要去掉，还有是一些业务变成智能化之后，就不需要这么多人了。”

组织内部，创客实验进行时

其实，所谓“裁员”，仅仅是海尔“三化”改革的一个外向表现而已，真正剧烈的变化实际发生在组织内部，也即是“三化”改革中的第二化——“员工创客化”——这才是企业真正的基因改造工程之一。

在演讲中，张瑞敏特别提到了一个海尔新创客项目——雷神项目。

这个由三位“85后”男生——李宁、李艳兵和李欣发起的海尔内部创业组织，主攻产品是游戏笔记本电脑。目前，仅仅诞生10个月的“雷神”，其月均销售成绩已经达到3000台左右（每台售价为5 999~7 999元），2014年其销售目标为4亿元人民币。而它也是海尔内部组织变革的上千个实验品中的一个。

所谓“员工创客化”，用海尔的语言来阐释，就是“我的用户我创造，我的超值我分享”。正是在这一理念的驱动之下，3 个 20 多岁的年轻人，发现了笔记本中的游戏本的市场机遇。

玩游戏本的很多是发烧友，他们对游戏本有很多专业的要求，这三个年轻人在网上找到了与游戏本有关的 3 万多条差评，然后把这 3 万多条差评归纳成 13 类问题，由此创造了一个新的游戏本。

“我们希望打造一款明星级产品，目标就是能够解决这 13 类问题。”雷神项目产品经理李宁说。

在掌握了用户需求后，李宁和同事们再次利用社会化的方法整合资源，包括设计资源、研发资源、制造资源，甚至连其品牌名“雷神”都是通过与用户交互得来的。

据李宁介绍，他们把曾经与海尔有过合作的腾讯、盛大等游戏公司的资源找出来，让他们推荐一些游戏工会、游戏战队，然后“潜入”这些群里。经过一个月的探讨，以 85 后为主的玩家，公认当年的《雷神之锤》是鼻祖游戏，加上当时电影《雷神》的热映，雷神代表着欧洲的一种文化，而网络游戏也正始于那儿。因而，李宁也顺势选择了“雷神”为项目命名。

雷神的成功，让张瑞敏看到，在海尔这片传统制造型企业的土壤中，有机会长出“新生植物”。“我需要给这三个年轻人三项权力：第一是决策权，第二是用人权，第三是分配权，也就是薪酬权。他们有了这三 项权力，项目就做起来了。”张瑞敏说。

而海尔当下要努力实现的，就是要打造越来越多的“雷神项目”，最终让海尔成长为一个有着众多成功项目的“新生态王国”。

张瑞敏说：“我们希望变成一个生态系统，每个创业的员工就好像是一棵树，很多很多树就变成了森林。这个森林里头，可能今天有生的，明天有死的，但总体上来看，这个森林永远是生生不息的。”

当然，对于这个拥有 7 万多员工的重型企业而言，这样的改革必将面临严峻的挑战。

市场上对海尔转型模式持不同意见者认为：“企业的创新首先是整体上的资源配置，是系统性的激活，而不是仅仅依靠个体的活力，各自为政。”

当海尔把企业的资源分散到不同的“雷神项目”上的时候，如何实现企业的整体价值就成为一个需要思考的命题，而战略性投资明显不足则成为外界质疑海尔成长乏力的直接原因。

有意思的是，这是一个跨时代的命题，当 200 多年来发展的管理思想遭遇互联网的激变之时，企业转型的逻辑能否再用传统的管理思想考量就成为一个重要问题。

一般管理理论说白了就是企业内部各种职能的应用以适应外部的市场，但是用这样的传统管理理论来挑战新时代的管理方式就存在问题。举例来说，在这样一个新的时代，人力资源是否还有必要由一个企业内部的HR部门来进行调配，当整个项目运作都可以采用开放式的社会融资的时候，财务资源是否还需要局限在公司内部的合理分配？

企业进行整体资源配置的前提在于企业内部资源的有限性，但是在海尔的转型模式之下，员工个体的创新可以借助更多的社会资源介入发展，这是一个新时代的命题，即现代企业资源配置的方式，在整体上把资源配置到决定成败的关键环节上，还是引入更多的社会资源投入到每一个有创新的机会点上。

按照海尔模式的逻辑，一棵大树与一个“森林王国”的差异在于，一棵大树需要对有限的资源进行配置，但在森林王国里，每一棵大树都有自己可以调用的阳光、空气和土壤。

当然，除了资源分配和使用方式之外，“员工创客化”引发的另一个争议则在于风险的管控。“假若人力、品牌、财务等资源被分解到几千个自主经营体，海尔的经营风险如何控制？一旦经营风险失控，尤其是财务失控，海尔的生存会立即面临风险。”

的确，这是海尔转型过程中必须直面的一个问题，人们都希望弄明白，海尔基于联网用户及网络价值的“横纵轴评价体系”以及其“人单合一双赢理论”的战略能否真正破解由此可能带来的品牌风险，并保障其长期战略的可持续性。

熟悉海尔的人会知道，海尔转型后的评价体系是一个两维点阵：一个横轴，一个纵轴，横轴是企业价值，所谓企业价值就是比较传统的，比如销售收入、利润、市场份额等。但更重要的是纵轴，这是张瑞敏依据梅特卡夫定律提出的“网络价值”概念进一步进行的发挥，即网络价值的定义是网络价值与网络规模的平方成正比。

“网络规模的内容主要是两个变量，第一个是网络的节点，第二个是联网的用户。我们把企业所有员工都变成网络的一个节点，你这个节点要接到市场用户，谁连接的用户最多，谁就可以获得更大的成就。在某种意义上，市场上的销售收入、利润虽然很重要，但是没有联网的用户，这个销售收入和利润都不能实现。”

管理进化，从且破且立到破旧立新

沃顿商学院全球论坛的演讲中，张瑞敏从战略、组织、薪酬三个方面介绍了海尔在商业模式创新方面的探索试错，进而提出了企业在探索创新过程中需要直面悖论的勇气和做法。

而直面悖论则恰恰是海尔在互联网时代商业模式变革和管理进化方面的重要实践。面对全球的管理思想，海尔不但要有挑战的勇气，还要找到适合中国式企业发展的方法。

2014年年初，美国《连线》杂志创始主编凯文•凯利到海尔进行了一次演讲，其中谈道“在互联网时代，传统的企业就像到了高峰一样，你必须抛弃你原来的思路，落到谷底，然后再爬到互联网这个新的高峰。”

且不管这一论点是否正确，单就海尔以及大多数中国制造企业来说，跌入谷底再爬上高峰的做法根本就不可行。

“海尔现在差不多近2000亿元销售收入，如果我到了谷底，如何给这些工人开工资？我不能这个企业全部不要了新开张。但如果只是维持原来的局面，修修补补，我又爬不到互联网的那个高峰。所以我们现在做的叫边破边立，破一部分，立一部分，然后带来整个企业结构的改变。”

所谓，“倾否，先否后喜。”在海尔看来，这是一个且破且立的过程，在这个过程中，有企业生就会有企业死。

事实上，海尔这种“且破且立”的进化思想并不仅仅体现在这一个方面，从“去中心化”到“群龙无首”到“企业即人，人即企业”，海尔在公司战略上也在不断实践着从“且破且立”到“破旧立新”的思考。

凯文•凯利在《失控》一书中曾形象地描绘了互联网时代“去中心化”的图景，即在这个时代的企业里，没有一个“中心的我”，即没有一个上级可以去听你（底层员工）的诉求，因为这个上级（或者中心）根本没法给你下达一个正确的指令，所以没有中心了。这直接导致了企业组织战略的变化，即没有中心就变成分布式的，就要变得扁平化、网络化。若干个单元分布式存在，每个人都可以面对市场，每个人都可以发挥自己的价值，每个人都可以拥有自主权。

张瑞敏表示：“现在我们的企业叫‘企业即人，人即企业’，每个创业者都可以创造一个新的企业，这和传统企业封闭性系统的管理理论完全不一样。我们要把海尔变成开放的系统，每个人都可以出来创业，这样原来的组织就被颠覆掉了。”

请根据上述案例讨论以下问题。

1. 海尔公司现在面临的是怎样的环境？

2. 海尔公司进行组织机构变革的具体原因是什么？

3. 海尔公司组织变革的模式及其成功的主要因素有哪些？

第四章　工作岗位调查

【学习目标】

通过本章的学习，了解工作岗位调查的内涵、相关概念、任务和意义；理解工作岗位调查的原则、内容与步骤，各种调查方法的概念与特点；掌握工作岗位调查表格的设计和应用，访谈、工作日写实、岗位测时、工作抽样法、工作日志法等方法的应用步骤。

【引导案例】

某电器销售公司成立了10年，在国内已经有了很大的名气，其营业额一直居于行业领先地位。前几年为了做大做强，该公司先后并购了一个纸箱包装厂、三个中小型物流企业，一下使原有公司的人员增加了一倍。随着业务范围的拓展，公司遇到的问题越来越多。由于原有企业大部分是传统的国有企业，普遍存在着基础工作薄弱、岗位设置不合理、工作职责不清晰、操作规范不统一、工作质量无标准、定员定额水平低等严重问题。该公司新近从名牌大学招来几名MBA毕业生，其中有两名MBA毕业生被安排在人力资源部工作。人力资源部经理对他们说："你们来得正是时候，我一直为这几个下属单位的人事管理问题犯愁，到底如何对这些单位进行整合，如何重建各项基础工作，使其在公司经营中发挥更大的作用，我想请你们策划出一个整体的改革方案。但你们由于刚刚到公司，不熟悉情况，不如先深入这几个单位进行一次全面的调查，在深入掌握真实数据资料的基础上，再提出改进方案也不迟。"

于是，两位MBA毕业生欣然接受了任务，第二天即来到了包装厂进行调研，该厂有一条纸箱生产线，并配置一定的辅助设备，除一名厂长，三个分别负责生产、技术、人事行政的助理员之外，还有一个财务室，包括室主任、出纳和会计，余下的全部是制箱工。面对这样一个单位，两位MBA毕业生都在暗暗地考虑：如何开始进行这次岗位调查？采用何种方法，才能获取到该厂真实全面的数据资料呢？

资料来源：安鸿章．工作岗位研究原理与应用[M]. 3版．北京：中国劳动社会保障出版社，2012.

请根据上述案例讨论以下问题。

1. 你认为本次调查的目的是什么？应该采用什么样的方法使得调查更为有效？

2. 请结合销售电器公司的实际情况，简述本次岗位调查的计划与步骤。

第一节 工作岗位调查概述

一、工作岗位调查的定义与相关术语

工作岗位调查是通过一些科学的、有效的调查方法，遵循一定的调查程序，对工作岗位的基本情况、基本信息进行调研和分析，以期为后续的工作岗位分析、工作岗位设计、工作岗位评价和分类活动打下基础。

在工作岗位调查的过程中，经常会涉及一些重要的相关概念，如工作、岗位、任务、职权、责任、职责、职业和职位等，对这些概念的科学认识和掌握，有利于工作岗位调查的顺利开展和实施。

工作，是由一系列相近的任务所组成的劳动过程，是劳动者在长时间内做重复的动作或事情，是构成岗位的前提和基础。

岗位，也泛指职位，指在特定的组织中，在一定时间、空间和一定的生产技术或工作条件下，由一名劳动者在规定的工时内完成相应的工作任务以及与之对应的责任、权限和职务等组成的统一体。

任务指劳动者在工作活动中为达到一定的目标而进行的由一系列相关工作要素组成的活动。

职权是指基于某项职务而具有的完成工作任务的权力，是组织依照法定程序赋予劳动者完成工作任务所需要的相应权力。

责任是指依照组织的规定，劳动者在完成其岗位任务的过程中，对人、事和物所应承担的各种义务，包括时间、空间上的要求以及数量和质量的标准。

职责即职权和责任，是指组织根据劳动者工作岗位的性质、任务和特点，授予劳动者工作岗位上的职权，明确劳动者工作岗位上的任务和责任，是职权、任务和责任的有机统一。

职业是指劳动者在社会中所从事的、作为谋生手段的、由不同组织中的相似工作组成的工作集合。

二、工作岗位调查的原则

(一)科学调查原则

工作岗位调查应该始终遵循科学的原则进行。科学原则包括采用科学的调查方法，如已被广泛认可的问卷调查法、访谈法、工作日写实、测时等科学方法；遵循科学的程序，如问卷设计科学、检验科学、实施科学、问卷筛选科学及调研资料分析科学

等。只有遵循科学的原则，才能保证调查结论的科学性和严谨性，进而为后续工作开展奠定科学的基础。

（二）系统调查原则

工作岗位调查应遵循系统论的原则进行。组织本身是一个系统，而其本身也是由许多个不同的子系统构成的集合。因此，工作岗位调查的对象会涉及一些相关的系统因素和条件，如对某一副经理岗位进行调查，只有调查、了解其下属、同级、上级岗位的任务、特点及职责等情况，才能对该岗位进行全面分析。

（三）规范调查原则

规范调查原则主要是指调查实施过程中的规范性、严谨性和有效性。例如，在对某一岗位的测时过程中，要求严格按照测时的相关要求进行，包括测时程序的先后、测时术语及代号的标识、测时结果的统计过程等，都要严格遵守规定的程序和要求进行，才能使测时任务有效完成。

（四）实事求是原则

工作岗位调查要求务必实事求是，尤其是数据的收集与整理要严格依照现实的情况进行记录和归纳，千万不能凭主观猜测和臆想进行；即使出现相关数据没有记录或缺失的情况，也要结合岗位实际情况及其一般规律，进行科学的评估和预测，为后续数据分析打下坚实基础。

三、工作岗位调查的任务

工作岗位调查是工作岗位分析、工作岗位设计、工作岗位评价和工作岗位分类的基础和前提，只有科学地开展好工作岗位调查工作，才能保证后续相关工作的顺利进行。因此，工作岗位调查的任务是采用科学的调查方法，依据规范的调查程序，遵循岗位调查的基本原则，有效地收集、整理、分析与岗位相关的各种信息。岗位信息可分为静态的信息和动态的信息。岗位静态信息指岗位本身正常情况下所体现的一些信息，包括岗位基本信息、岗位职责信息以及岗位人员信息等；动态的信息指围绕岗位开展的一系列活动的信息，如劳动定额、岗位定编定员、工时分配与总量统计等信息。

四、工作岗位调查的步骤

（一）拟定岗位调查计划

岗位调查计划是指组织对岗位进行调查的对象、范围、程序、方法以及工作过程的规划，主要包括：①列出所要调查的岗位范围；②拟出岗位调查的程序和时间；③拟定岗位调查的原则；④准备所需要的各种资料等。

（二）组建岗位调查小组

人力资源部门要负责组建工作岗位调查小组，其构成应该包括专家、被调查岗位所在部门的管理人员、被调查岗位工作人员、人力资源部成员等，并对小组成员加以适当的培训和指导，以胜任岗位调查工作。

（三）选择岗位调查方法

根据岗位调查的目的和任务，选择适合的岗位调查方法，包括问卷调查法、访谈法、工作日写实、测时、工作抽样法等。

（四）调查资料的审核与整理

在工作岗位调查完成后，对最后的调查资料及信息的审核要注意三项要求，一是真实性问题，二是准确性问题，三是完整性问题。

五、工作岗位调查的内容

（一）岗位的名称、工作地点及所属部门

在岗位调查过程中，首先要调查岗位的名称，如现在的岗位名称是什么，该名称是否规范、科学，是否反映了岗位的特点及其职能等；调查岗位所属部门及其工作地点，如有的岗位同时为两个部门开展工作，这时就需要依据岗位分类原则确认其到底属于哪一个部门，为后续相关岗位的研究工作打下良好基础。

（二）岗位的性质、任务、程序及所需时间

岗位的性质、任务、程序及所需时间是岗位调查的基本前提。例如岗位的性质涉及该岗位是管理岗位、技术岗位还是生产岗位等；岗位任务是岗位主要完成的工作内容；岗位工作程序是岗位任务或内容完成的各个过程及环节等；完成岗位任务需要多少时间等。

（三）岗位的职权与责任

岗位的职权和责任二者相互影响，相互制约。岗位的职权与责任是相对应的，岗位职权越大，其承担的责任也就越大。组织赋予了该岗位哪些职权，管理幅度如何，直接管理多少员工，员工如何向其负责并汇报工作等都是岗位调查的重要内容。

（四）承担本岗位的资格、条件

某一岗位在人员方面有哪些要求，要求什么样的任职资格和条件也是岗位调查的主要内容，如对岗位人员的学历、学位、工作经验、性别、年龄和身心状态等方面有什么要求。

（五）开展岗位工作的技能

某项岗位工作不但要求员工必须要懂相关方面的专业知识，还要求精通一定领域的专业技能，其主要体现在专业资格证书获取方面，如多数人力资源部中的相关岗位要求必须具备一定级别的人力资源管理师资格证书，或者具有五年以上的工作经

验等。

（六）企业内部和外部的沟通与协调情况

组织内部不同岗位的员工与组织内外沟通、协调的要求是不一样的。如你是某部门的职员，首先需要沟通的是主管或副经理，然后是部门经理，再上面是分管这项工作的总监或者副总。如果业务范围较大，则可能要和销售部、研发部及财务部等进行沟通与协调。如果岗位对外联系较多，则要和工商部门、工会部门及技术监督部门联系与沟通等。

（七）工作条件和工作环境

工作条件和工作环境是影响员工工作态度及工作绩效，甚至组织绩效的关键因素，也是岗位调查不可缺少的重要内容。例如舒适的工作环境就有可能提高员工的满意度，进而提升工作效率，反之，则有可能影响员工的工作心情与工作质量。

六、工作岗位调查的意义

第一，工作岗位调查是组织进行工作岗位研究工作的第一个重要环节，为后续的工作岗位分析、工作岗位设计、工作岗位评价和分类工作的开展打下坚实的基础；

第二，工作岗位调查是组织开展定编、定岗和定员的科学前提和基本保障，只有科学的岗位调查信息和结论才能确保定编、定岗和定员工作的顺利开展；

第三，工作岗位调查获取的信息和资料可为组织制定科学的人事管理文件和规章制度提供科学依据；

第四，岗位调查对组织开展其他的人力资源管理工作，如岗位人员招聘、培训、绩效考核、薪酬管理等来说至关重要，是科学开展上述相关工作的重要前提和基础。

第二节　工作岗位问卷调查

问卷调查方法是工作岗位调查方法中最常用的一种获取岗位相关信息的有效方法。按照问卷调查的程序，在运用问卷调查工作岗位信息的过程中，应注意认真开展调查问卷的设计、实施与整理工作，以提高问卷调查的科学性和有效性。

一、问卷调查的内容

问卷调查的内容主要包括以下几个方面。

（1）岗位基本资料，具体内容包括姓名、性别、年龄、职称、部门、学历、职务、直属主管（直接上级）、职等、职级、入职日期等；

（2）岗位工作时间，具体内容包括正常工作时间、休息时间、加班时间、出差情况及工作均衡状况等；

(3)岗位工作内容,具体内容包括工作目标、工作概要、工作程度、工作事项,各事项占全部工作时间的百分比,工作权限和结果等;

(4)岗位工作责任,包括风险控制责任、成本控制责任、协调责任、指导监督责任、组织管理责任、工作结果责任及决策范围等;

(5)岗位任职资格,包括最低学历要求、知识多样性、熟练期、工作复杂性、工作经验、文字知识、数学知识、工作灵活性与综合能力等;

(6)岗位工作强度,包括岗位工作压力、精力集中程度、体力要求、创新与开拓、工作紧张程度与工作均衡性等;

(7)岗位工作环境,如岗位工作条件、工作环境舒适程度、工作环境危险来源及危险程度等。

二、调查问卷的设计

第一,根据调查目的来设计调查范围与调查题项。调查问卷的调查范围与调查题项应当为调查研究的目标和任务服务,与被调查者所承担岗位的情况密切相关。问卷调查涉及的范围应该清晰、明确、合理,问卷调查题项的数量应该紧紧围绕几部分的调查范围进行设计,数量上严格控制,不能随便增加或减少。

第二,根据问卷标准样本,设计出问卷草案。问卷调查题项内容的设计要清晰、准确,通俗易懂,不能存在含混不清的词语或语句,导致被调查者无法回答;问卷调查题项字数一般不宜过多,尽量简洁明了。

第三,问卷的设计方式要科学选择,如要结合工作岗位的特点,以及调查目的和任务的需要决定是采用以封闭式为主,还是以开放式为主;采用标准化还是非标准化形式;采用通信问卷还是非通信的集体问卷形式等;调查题项的难易度应由简单到复杂,可将简单的题项放在前面,较为复杂的题项逐渐向后过渡;针对具体调查对象和调查内容,可先问范围广泛的、一般的,甚至是开放性的问题,后问与岗位相关性很强的问题。

第四,问卷的预试和意见反馈。问卷初步设计完成以后,可以请部分岗位人员对问卷进行预试填写,检查问卷设计中的疏漏与不足,认真倾听、征求被试岗位人员对问卷的合理意见和建议,检查问卷中存在的问题。

第五,问卷修订与正式定稿。根据反馈意见,对问卷草案进行适当的、科学的修订与完善,形成正式问卷。

三、问卷调查的实施

在工作岗位调查中,设计出一份科学的、质量较高的调查问卷是一件不容易的事情,但是,在实施问卷调查的过程中,如果一些重要的相关工作没有做好,也会导致问卷调查效果不佳或者调查失败。

首先，做好问卷调查前的有效沟通工作，获取被调查人员主观上的支持和理解，有效实现调查的目标和任务。在问卷调查过程中，很多被调查的对象会担心组织的岗位调查与设计工作会将自己裁掉或被调整到其他部门，因此不愿意配合调查工作的进行，导致调查信息失真。因此，务必在问卷发放之前做好被调查人员的沟通工作，以获取真实信息，为下一步工作的开展打下基础。

其次，在问卷发放与填写过程中，因调查人员、被调查人员的文化水平高低不同，各自理解程度有差异，因此，也应对调查人员、被调查人员进行必要的指导、沟通与讲解，提出一些具体的调查要求和填写要求，使得调查问卷的发放、填写科学合理，进而收集到各种有用的数据、资料和信息。

再次，在回收与整理问卷的过程中，应该对一些没有认真填写的问卷、填写不清楚的问卷以及空白问卷、废卷进行仔细鉴别，并将其筛选剔除；在分析问卷数据的过程中，应该利用科学的、有效的统计分析软件进行，掌握正确的统计方法与分析技术，确保统计结果的准确性和科学性。

四、工作岗位调查问卷的优缺点

（一）问卷法的优点

（1）问卷调查可以在较短的时间内收集众多的岗位信息。

（2）问卷可以在生产和工作时间之外填写，可以不影响工作效率。

（3）问卷调查范围较广，涉及了岗位基本情况，岗位的职责、任务、环境信息，以及岗位人员的资格、素质、技能与经验要求等相关信息。

（4）相对其他调查方式而言，问卷法更适用于收集管理岗位的信息。

（二）问卷法的缺点

（1）问卷编制的技术要求较高，其设计难度较大、成本费用较高。

（2）不同被调查者对问卷中问题理解的差异会产生信息的偏差。

（3）问卷的回收率通常偏低，并且在回收的问卷中存在一些不认真、不完全填写的废卷。

（4）问卷法只适宜于有文字理解能力，并有一定书面表达能力的调查对象。

五、工作岗位调查问卷的一般格式

岗位调查问卷一般采用开放式与封闭式、标准化与非标准化相结合的方式进行设计，每个项目及每个问题都要留出足够的空白区域，让被调查人填写，调查问卷由现有岗位工作人员填写完毕后，由本岗位的直接主管确认情况是否属实并签字。国内常见的工作岗位调查问卷一般格式如表 4-1 所示。

表 4-1 岗位调查表格式[①]

岗位调查表

一、基本资料

请填写岗位信息调查表（表 1）。

表 1 岗位基本信息调查表

姓名：	岗位名称：		直接上级：
性别：	学历：	岗位工龄：	直接下级：
年龄：	专业：	公司工龄：	身体状况：

二、工作时间

1. 实际上下班时间是否随业务情况经常变化？（　　）

A. 经常　　B. 有时　　C. 偶然　　D. 否

2. 所从事的工作是否忙闲不均？（　　）

A. 是　　B. 否

如工作忙闲不均，则最忙时发生在：

（1）第（　　）季度。

（2）第（　　）月。

（3）上旬（　　），中旬（　　），下旬（　　）。

（4）连续（　　）天。

3. 您加班的时间一般为（　　）。

A. 午休　　B. 晚上　　C. 周末

4. 加班频率一般为每月平均（　　）次，每次平均（　　）小时。

5. 每周平均在本地外出（　　）次，每次平均（　　）小时。

三、岗位工作描述

1. 本岗位工作具体工作职责：

注意表 2 中第二栏中的问题。

① 安鸿章．工作岗位研究原理与应用 [M].3 版．北京：中国劳动社会保障出版社，2012.

续表

A. 承担责任指对本项活动应对什么负有责任，如计划的精确度和可行性、系统运行正常良好、经费资金支出控制、财务财产安全保管、防止材料浪费、保证产品或服务质量标准等。

B. 责任程度可采用价值指标 / 经济责任指标 / 其他统计指标，说明价值衡量的大小或其重要性程度。也可以用全面全权负责、重要事项需经主管批准、权限之内具体承办、按照指示具体执行等分级说明。

表 2　岗位工作具体工作职责统计表

按照一定的顺序说明具体工作内容是什么？	A. 承担什么责任？ B. 其责任程度如何？	发生频率		
		次 / 天	次 / 周	次 / 月

2. 您所从事的岗位工作应达到什么样的目标？

3. 请列举您工作中的突发性事件及可能发生的次数（次 / 周、次 / 月、次 / 季、次 / 年）。

四、如您的工作出现失误

1. 将会造成（　　）。

A. 严重的经济损失（人民币万元以上）

B. 一般的经济损失（人民币数千元）

C. 较小的经济损失（千元以下）

D. 使公司形象严重受损

E. 影响经营业务的拓展

F. 其他可预计的损失

2. 可能会发生下列哪一种情况？（　　）

（若出现多种情况，请按影响程度由高到低依次填写）

A. 不影响其他人工作的正常进行

B. 影响本班组科室部分或全部岗位工作的正常进行

C. 影响到本单位内少数班组、科室工作的正常进行

D. 影响到本单位的全局工作的正常进行

续表

E. 影响到与本部门有联系的其他几个部门工作的正常进行

F. 影响到全公司工作的正常进行

五、工作范围

1. 内部接触

(1)在工作中不与他人接触(　　),如选此项请在括号中填写"√"。

(2)只与本部门内几个同事接触(　　),接触人的职务:________。

(3)需与其他部门的人员接触(　　),接触部门名称:________。

(4)需与其他部门部分领导接触(　　),接触部门名称:________。

(5)需要与所有部门的领导接触(　　),领导的职务:________。

2. 外部接触

(1)不与本公司以外的人员接触(　　),如选此项请在括号中填写"√"。

(2)与其他公司的人员接触(　　)。

(3)与其他公司的人员和政府机构接触(　　)。

(4)与其他公司、政府机构、外商接触(　　)。

注:以上两题的选择编号:A. 偶尔　　B. 经常　　C. 频繁

3. 您认为哪些工作原不属于本职责范围内,但您自己却正在做?

六、工作责任与权限

1. 在一般情况下,遇到什么事情需向本岗位的主管汇报?

2. 在日常工作中,是否曾出现由于处理杂事而影响了本岗位的主要工作的情况,这种冲突发生的频率如何?

3. 您所负责的岗位工作量是否饱满,负荷程度如何?(　　)

A. 满负荷　　B. 半负荷　　C. 无负荷

您认为本岗位现行的定额定员水平(　　)。

A. 过高　　B. 较高　　C. 适中　　D. 较低

4. 请选择(　　)。

A. 有关工作的程序和方法均由上级详细规定,遇到问题时可随时请示上级解决,工作结果需报上级审核

B. 分配工作时上级仅指示要点,工作中上级不经常指导,但遇到问题时仍可直接或间接请示上级,工作结果上级仅审核要点

续表

C. 分配任务时，上级只说明要完成的任务或达到的目标，工作的方法和程序均由自己决定，工作结果仅受上级原则性审核

5. 请选择（　　）。

A. 在工作中经常做些小的决定，一般不影响其他人

B. 在工作中时常做一些决定，对相关人员有些影响

C. 在工作中要做一些决定，对本部门有影响，但一般不影响其他部门

D. 在工作中要做重大决定，对整个公司有重大影响

6. 在工作中您要做计划的程度（　　）。

（如出现多种情况，请按“做计划”的程度由高到低依次填写在上面括号内）

A. 在工作中不需要做计划

B. 在工作中需要做本岗位的工作计划

C. 在工作中需要做本科室计划

D. 在工作中需要做本部门整体计划

7. 本职位所受直接主管领导的指导方式是（　　）。

A. 每项工作的方法、步骤和工作内容给予详细指示，对工作结果予以详细审核

B. 对工作内容给予指示，一般例行事务工作由本岗位自行处理，对工作结果进行考核

C. 对工作要点和方针，通过计划下达指令，除重要问题外，工作中大多数问题由本岗位自行处理，对工作结果作重点考核

D. 提供确定工作内容的指导原则或作出重要指示，工作计划和步骤由本岗位自行确定，对工作结果做原则性考核

E. 工作有定期的原则指示和目标要求，工作的具体内容和方针方法由本岗位自行确定，对工作成果作整体性评价

8. 您认为做好本岗位工作的最重要的一项要求是（　　）。

A. 勤奋努力、责任心强　　B. 准确掌握信息、及时进行决策

C. 搞好人际关系　　D. 其他

9. 您每次完成作业的依据是（　　）。

（请按顺序排列）

A. 凭经验　　B. 上级的要求

C. 货单或任务计划单　　D. 操作手册工艺规程

E. 经过专门训练所掌握的技能　　F. 师傅的指导

10. 您是否有权提出改进本岗位工作程序和方法的建议？（　　）

续表

A. 是　　B. 否

11. 您日常工作安排主要是以(　　)。

A. 自我安排为主　　B. 领导安排为主

12. 您是否经常协助本班组、科室的其他成员工作?(　　)

A. 经常　　B. 偶尔

13. 本岗位的下属一般有哪些工作要向您汇报?

七、监督

1. 直接监督的人员数量(　　)。

间接监督的人员数量(　　)。

2. 您在工作中直接受(　　)监督。

您在工作中直接对(　　)进行监督。

A. 一般人员　　B. 基层领导　　C. 部门领导

D. 公司领导　　E. 其他(请注明)

3. 请选择(　　)。

A. 只对自己负责

B. 对员工有监督指导的责任

C. 对员工有分配工作、监督指导的责任

D. 对员工有分配工作、监督指导和考核的责任

八、工作压力

1. 您手头的工作是否经常被打断?(　　)

A. 没有　　B. 很少　　C. 许多　　D. 非常频繁

2. 您所处理的各项业务彼此是否相关?(　　)

A. 完全不相关　　B. 大部分不相关　　C. 一半相关

D. 大部分相关　　E. 完全相关

3. 在工作中需要运用哪些方面的专业知识和专业技能?(　　)

A. 外语　　B. 计算机知识　　C. 文秘

D. 食品知识　　E. 安全卫生知识

请详细说明:

4. 本岗位的工作任务是否有明确的时间要求,必须立即完成?(　　)

A. 否　　B. 不一定　　C. 是

续表

5. 本岗位的工作是否要求精力高度集中？（　　）

A. 否　　　　B. 是

如果是，约占制度工作时间的比重（　　）%。

6. 本岗位的工作情况是（　　）。

A. 工作任务比较单一，在规定的时间内能顺利完成

B. 同时受理多项工作任务，工作重点或内容经常变化

C. 在A的基础上，工作中经常出现新问题、新情况，需提出解决办法

D. 在B的基础上，工作中经常出现新问题、新情况，需提出解决办法

7. 您的工作是否出现过无法顺利进行的现象？（　　）

A. 经常　　　　B. 有时

8. 您是否经常参加各种会议？ 请列举：________________。

九、工作强度

1. 您在工作时姿势如何？（　　）

A. 以坐姿为主

B. 以静态站立为主

C. 以走动为主

D. 以静态站立为主，有部分难适应姿势

E. 坐姿结合走动

F. 主要以慢动作或采用蹲、弯腰、前俯等难适应姿势

2. 您所从事的岗位工作有何体力方面的要求？（ ）

A. 程度要求：极重、重、较重（重复连续）、一般、较轻、极轻

B. 特殊要求：气力、握力、耐力、坚持力、控制力、调整力

十、绩效考评

对于本岗位您认为从（品）德、能（力）、勤（奋）、绩（效）四个方面应具体考核哪些具体的项目和指标，考核的标准又是什么？（　　）

A. 德　　B. 能　　C. 勤　　D. 绩

十一、任职资格要求

（一）本岗位的学历要求是（　　）。

A. 高中　　B. 职高　　C. 中专　　D. 大专　　E. 本科　　F. 硕士

续表

（二）基本胜任您所从事的岗位工作需要多长时间？（　　）

（三）在工作中您觉得比较困难的工作事项是什么，您通常是怎样处理的？

（四）本岗位所要求的其他能力及其等级

请选择代号填空：A. 低　　B. 较低　　C. 一般　　D. 较高　　E. 高

1. 组织领导能力（　　）　　2. 冲突管理能力（　　）

3. 授权指挥能力（　　）　　4. 谈判能力（　　）

5. 创新开拓能力（　　）　　6. 沟通调解能力（　　）

7. 计划协调能力（　　）　　8. 公关交际能力（　　）

9. 时间管理能力（　　）　　10. 语言表达能力（　　）

11. 推理判断能力（　　）　　12. 公文写作能力（　　）

13. 实施运作能力（　　）　　14. 理解指令能力（　　）

15. 决策能力（　　）　　16. 采集信息能力（　　）

17. 其他能力（　　）

（五）本岗位经常需要统计整理的表格单据有哪些，需要进行文字处理的资料有多少？说明其工作量。

（六）您认为承担本岗位工作对外语有要求吗？（　　）

如有要求，您认为适合本专业的外语水平应为（　　）。

A. 流利运用外语

B. 能读懂英文书籍

C. 只认识简单常用的词汇

（七）您认为哪些政策、法律、法规、规章与本岗位工作业务有关系，请列举。

（八）本岗位工作还应具备哪些能力？

请顺序排列：（　　）

A. 记忆力　　B. 速算　　C. 会开车　　D. 分析判断力

E. 计算机知识　　F. 其他能力

（九）承担本岗位的工作还应具备的其他要求。

1. 在招聘时应对候选人进行哪些科目的考核，应具备哪些基本素质？

2. 新员工在上岗前应进行哪些培训，科目是什么，应当达到什么要求才能上岗工作？

3. 上岗后，为了提高员工的素质满足生产发展的要求，又需要进行哪些科目的培训，您认为岗位培训每年或每季或每月应达到多少学时？

续表

（十）承担本岗位工作前，应在同类的下一级岗位有几年的工作经历，在本岗位工作多少年后，才能具备晋升到更高一级岗位的资格？

（十一）根据过去的情况，本岗位的晋升阶梯和路线如何？

十二、劳动条件和环境

（一）本岗位的工作环境和劳动条件如何，为了提高工作效率，您认为哪些方面需要改进？

（二）社会环境

1. 您的工作方式是（　　）。

A. 相对独立　　B. 与他人协作

如选 B，请您回答何时与他人协作，以何种方式进行？

2. 您在工作中与同事合作感到（　　）。

您在工作中与上级合作感到（　　）。

A. 十分愉快　　B. 比较愉快　　C. 淡泊

D. 不适应　　E. 压抑　　F. 关系紧张

十三、建议

您认为本岗位工作安排有哪些不合理的地方，本科室的工作内容、业务分工、职责划分有哪些不合理的地方，本班组科室与其他单位的职责划分有哪些不合理的地方？请您提出正确的意见和合理化建议，并填写在表 3 中。

表 3　其他合理化建议统计表

序号	岗位设计不科学、不合理的主要表现	对现存问题改进的意见和建议

十四、其他

您对本岗位及其组织相关问题还有什么补充吗？

第三节 访谈法

一、访谈的定义及特点

访谈法也称为面谈法，是指为了获得岗位的相关信息，调查人员采用面谈的方式与被调查人直接见面，讨论工作岗位的特点和要求，从而取得有关信息的调查研究方法。访谈法比较适合脑力工作者。

根据访谈对象，访谈法可以分为个别员工访谈法、群体访谈法及主管人员访谈法。

1）个别员工访谈法

该方法主要用于岗位分析的时间充分、各个岗位之间差距明显的情况下，被访谈岗位员工作为某一工作的直接承担者，往往可以提供最为直接和完整的工作信息。

2）群体员工访谈法

当多个员工从事同样或者类似的工作情况下，可以运用群体访谈法来收集更全面的资料，而且可以避免更多的时间消耗。

3）主管人员访谈法

当岗位分析时间紧张，往往可以同一个或多个主管进行深入的访谈，在相对短的时间内最大限度地获得有效的工作信息。

访谈的优点：访谈法可以获得正式和非正式、标准和非标准的资料信息；由于访谈由岗位任职者亲口讲出工作内容及相关情况，因此，岗位人员可以提供平常不易观察到的情况，可以提供从任何其他来源都无法获得的资料与信息。

访谈的缺点：首先，被访谈者可能会出于自身利益的考虑而不配合，或者有意无意夸大自己所从事工作的重要性、复杂性，导致工作信息失真；其次，在访谈开展过程中，突然打断被访者的正常工作，有可能造成工作上的损失；再次，调查人员在提问时可能会带有一定的主观倾向，使得被访者的回答收到一定影响；最后，访谈法与问卷法比较，其结构不那么规范，访谈工作成本较大，如访谈工作时间较长，访谈人员相对较多等等。

二、访谈的步骤

在进行正式访谈之前，对整个访谈过程进行科学规划是非常重要的。在访谈进行前，访谈人员应该尽量查询岗位相关信息，例如，与岗位相关的工作说明书、工作日志以及以前的访谈记录等。之后，访谈人员进一步明确以下几个方面的问题：访谈的对象是谁？访谈对象的差异程度如何？访谈目的是什么？要调查、提取的工作信息有哪些？所需的材料与工具有哪些？时间与地点如何安排？采用何种访谈程序与有效方法等。

从先后程序上来看，访谈工作的开展需要经历以下几个主要阶段。

（1）访谈工作开展前，调查人员应拟订访谈提纲，列出所有需要访谈调查的事项。一般来说，科学的访谈内容主要包括：①你的岗位任务是什么？②你的岗位职责是什么？③你的岗位位置在哪里？④你的受教育程度如何，专业是什么？⑤你的岗位技能如何？是否有资格证书？⑥你的工作环境如何，是否舒适？⑨你的岗位条件如何，是否有危险因素？⑩你的物质需求与精神需求有哪些？通过与员工开展上述问题的交谈，以全面获取员工岗位的真实相关信息。访谈提纲涉及的内容是否科学、合理，对于能否实现访谈目的来说至关重要。访谈提纲范例见表 4-2。

表 4-2　访谈提纲范例

岗位访谈提纲
（1）请您用一句话概括您的职位在本公司中存在的价值，它要完成的主要的工作内容和要达成的目标是什么？
（2）请问与您进行工作联系的主要人员有哪些？联系的主要方式是什么？
（3）您认为您的主要工作职责是什么？请至少列出 8 项职责。
（4）对于这些职责您是怎样完成的，在执行过程中碰到的主要困难和问题是什么？
（5）请您指出以上各项职责在工作总时间中所占的百分比。（请指出其中耗费时间最多的三项工作）
（6）请您指出您的以上工作职责中最为重要、对公司最有价值的工作是什么？
（7）组织所赋予您的最主要的权限有哪些？您认为这些权限有哪些是合适的，哪些需要重新界定？
（8）请您就以上工作职责谈谈评价这些职责是否出色完成的标准是什么？
（9）您认为在工作中您需要其他部门、其他职位为您提供哪些方面的配合、支持与服务？在这些方面，目前做得好的是什么，尚待改进的是什么？
（10）您认为要出色地完成以上各项职责需要什么样的学历和专业背景？需要什么样的工作经验（类型和时间长度）？在外语和计算机方面有什么要求？您认为要出色地完成以上各项职责需要具备哪些能力？
（11）您认为要出色地完成以上各项职责需要具备哪些专业知识和技能？您认为要出色地完成以上各项职责需要什么样的个性品质？
（12）请问您工作中自主决策的机会有多大？工作中是否经常加班？工作繁忙是否具有很大的不均衡性？工作中是否要求精力高度集中？工作负荷有多大？

资料来源：陈庆 . 岗位分析与评价 [M]. 北京：机械工业出版社，2011.

（2）在访谈开展的过程中，应按照访谈提纲的顺序，每个问题由浅入深，循序渐进地与被访者进行提问与交流，同时进行详细的记录。

（3）在确定访谈对象时，应注意访谈选择的对象不仅包括岗位人员，也可以访谈该岗位的管理人员和岗位同事，开展全方位访谈，以获取更加充分、翔实的岗位信息。

（4）访谈结束以后，要将收集到的信息资料请被访者及其主管领导浏览核对一遍，并有针对性地作出适度的修改与补充，请访谈对象签字，确保访谈信息的真实性和准确性。

三、访谈注意事项

首先，访谈法是否成功，关键在于访谈人员与被访者之间的坦诚与信任。访谈过程中，要尊重被调查人，热情接待，态度诚恳，言语得当。

其次，面谈的场地环境、器具设备要适合调查的目的，营造一种良好的气氛，使被调查者感到轻松，能够无拘无束地回答调查人员的相关提问。

再次，快速建立与面谈者的和善关系。通过了解受访者姓名，使用易懂的语言，简述面谈目的，解释面谈者是如何选择的等，来达到关系和善的目的。

最后，调查者应启发、引导重要问题，避免出现命令式问题、引导性问题、连珠炮式问题、偏见式陈述和多选式问题，避免发表个人观点与看法。

第四节 工作日写实

一、工作日写实概述

(一)工作日写实的概念与种类

工作日写实也称为工作岗位写实，是指对岗位工作人员整个工作日的工时利用情况，按时间消耗的顺序，进行观察、记录和分析的一种方法。工作日写实的对象，可以是先进的、一般的或后进的工人，也可以对设备的运转进行写实。工作日写实的范围，可以是个人的，也可以是集体的。写实的内容，可以是典型的，也可以是全面的。

根据岗位调查所观察对象的不同，岗位写实可分成以下几类。

(1)个人岗位写实：以某一岗位作业者为对象，由观察人员实施的工作日写实。

(2)工组岗位写实：以工组为对象，由观察人员实施的工作日写实。工组岗位写实可细分为两类：①同工种工组工作日写实；②异工种工组工作日写实。

(3)多机台看管写实：以多台机床看管工人为对象，由观察人员实施的工作日写实。

(4)特殊岗位写实：以研究特定现象为目的，以个人或工组为对象，由观察人员实施的工作日写实。

(5)自我岗位写实：以作业者本人为对象，由作业者自己实施的工作日写实。

(二)工作日写实的相关术语

(1)工时消耗，指员工在岗位生产作业活动中的时间耗费，包括定额时间和非定额时间。

(2)定额时间，指员工为完成岗位任务而直接和间接消耗的所有工时，包括作业时间(Tz)、作业宽放时间(Tzk)、个人需要与休息宽放时间(Tgxk)和准备与结束时间（Tzj）。

（3）非定额时间，指员工在岗位工作时间内所发生的无效劳动或停工原因造成损失的时间，包括非生产工作时间（Tfs）、非工人造成的停工时间（Ttgf）、工人造成的停工时间（Ttgg）。

（三）工作日写实的对象和范围

（1）写实的对象可以是先进的、一般的或后进的工人，也可以对设备的运转进行写实。

（2）写实的范围，可以是个人的，也可以是集体的；写实的内容，可以是典型的，也可以是全面的。

写实的对象和范围需要根据工作日写实的目的和要求来确定。

（四）工作日写实的意义

（1）可以全面分析、研究工时利用的情况，找出工时损失的情况及主要原因；总结工时利用的先进经验，制定改进工时利用的措施，帮助广大工人充分利用工时，提高劳动生产率。

（2）为最大限度增加产量、规定工人与设备在工作日内合理的负荷量提供必要的数据，为确定劳动者体力劳动强度的级别提供依据；为制定或修订定额中的作业宽放时间、个人需要与休息宽放时间标准提供必备资料。

（3）从工时利用情况中，可以发现生产、技术、财务、劳动等方面岗位管理工作的薄弱环节。

（4）可以补充问卷调查过程中的不足，收集到更具体、细微、翔实的数据和资料。

（五）工作日写实的优缺点

（1）优点：通过工作日写实获得的信息可靠性很高，适用于获取有关工作职责、工作内容、工作关系、劳动强度等方面的信息，其所需费用也较低。

（2）缺点：工作日写实使用范围较小，不适用于工作循环周期较长、工作状态不稳定的职位，且信息整理量大，归纳工作繁琐。

二、工作岗位写实的步骤

（一）写实前的准备工作

（1）根据写实目的选择对象，如果分析和改进工时利用情况，则可以先进、中间、后进的岗位工作情况为对象；如果为了总结先进经验，则以先进的岗位工作情况为写实对象。

（2）科学确定写实对象和工作地点，如应该以有代表性的工作岗位和工作地点为主。

（3）做好前期的沟通工作，如写实人员要把写实的意图和目的，向写实对象讲清楚，以便取得写实对象的积极配合。

（4）明确划分写实的主要事项和关键环节，整理确认写实使用的各类工时代号，以便记录。

（二）实地观察记录

工作日写实从工作岗位员工上班开始，一直到员工下班结束，按照时间顺序应将工作日内的每项活动的消耗时间全面地记录下来，获取整个工作日的时间消耗信息。在观察记录过程中，写实人员要集中精力，在员工的配合下，按顺序判明每项活动的性质，简明扼要地用代码进行记录，注明每一项活动的开始和结束时间，填在事先设计好的表格内，如表 4-3 所示。

表 4-3 工作日写实记录表

<table>
<tr><th rowspan="2">序号</th><th rowspan="2">作业项目</th><th rowspan="2">起止时间</th><th colspan="7">各类工时消耗</th><th rowspan="2">备注</th></tr>
<tr><th>Tz</th><th>Tzk</th><th>Tgxk</th><th>Tzj</th><th>Tfs</th><th>Ttgf</th><th>Ttgg</th></tr>
<tr><td></td><td></td><td></td><td></td><td></td><td></td><td></td><td></td><td></td><td></td><td></td></tr>
<tr><td></td><td>合计</td><td></td><td></td><td></td><td></td><td></td><td></td><td></td><td></td><td></td></tr>
</table>

注：Tz——作业时间；Tzk——作业宽放时间；Tgxk——个人需要与休息宽放时间；Tzj——准备与结束时间；Tfs——非生产时间；Ttgf——非工人造成的停工时间；Ttgg——工人造成的停工时间。

（三）写实资料的整理与分析

（1）按照岗位工作性质不同，计算岗位各项活动消耗的具体时间。

（2）对写实的所有岗位活动进行分类与各自工时汇总，计算出每一类工时总数。

（3）编制工作日写实汇总表（表 4-4），计算出每类工时消耗占全部工时和占作业时间的比重。

表 4-4 岗位写实数据汇总表

<table>
<tr><td>车间</td><td>机加</td><td colspan="2">工人</td><td>日期</td><td colspan="3">年　月　日</td></tr>
<tr><td>工段</td><td></td><td>姓名</td><td></td><td>班次</td><td colspan="3"></td></tr>
<tr><td>工组</td><td></td><td>工种</td><td></td><td colspan="2">件号：</td><td colspan="2">定额：</td></tr>
<tr><td>设备</td><td></td><td>等级</td><td></td><td colspan="2">名称：</td><td colspan="2">实作：</td></tr>
<tr><td colspan="3" rowspan="2">工时分类</td><td rowspan="2">代号</td><td colspan="3">工时消耗</td><td rowspan="2">其中交叉时间</td></tr>
<tr><td>时间（分）</td><td>占工作日百分比</td><td>占作业时间百分比</td></tr>
</table>

续表

定额时间 Td	作业时间	Tz				
	作业宽放时间	Tzk				
	个人需要和休息宽放时间	Tgxk				
	准备与结束时间	Tzj				
	合计	T				
非定额时间 Tfd	非生产工作时间	Tfg				
	非工人造成的停工时间	Ttgf				
	工人造成的停工时间	Ttgg				
	合计					
总计						
可能提高的劳动生产率	消除非生产工作和非工人造成的停工时间					
	消除工人造成的停工时间					
劳动生产率可能提高的程度						
审核			观察者			

(4) 根据写实情况，总结先进员工的岗位工作经验与方法，如工时利用效率与工作绩效情况，科学设计改进工时利用的各项措施，以期提高劳动生产率。

(5) 根据写实统计分析结果，撰写某一工作岗位分析报告。

(四)工作日写实汇总实例

表 4-5 是对某理发店烫染组组长的工作日写实汇总分析。

表 4-5　工作日写实汇总表

地点	岗位	时间		生产		定额
烫染区	姓名：李某 工种：烫染组 工龄：一年半	时期：2015 年 6 月 10 日 班次：10：00—22：00		服务顾客：3 位		
工时类别		工时代号	工时消耗			交叉时间（min）
			时间（min）	占工作日比重（%）	与作业时间比例（%）	
定额时间 Td	作业时间	Tz	213	71.00	100.00	4
	作业宽放时间	Tzk	59	19.67	27.70	4
	休息宽放时间	Txk	10	3.33	4.70	9
	准备结束时间	Tzj	3	1.00	1.41	
	合计		285	95.00	33.81	13

续表

<table>
<tr><td rowspan="5" colspan="2">非定额时间
Tfd</td><td>组织造成的非生产时间</td><td>Tzf</td><td>0</td><td>0</td><td>0</td><td></td></tr>
<tr><td>个人造成的非生产时间</td><td>Tgf</td><td>0</td><td>0</td><td>0</td><td></td></tr>
<tr><td>组织造成的停工时间</td><td>Tzt</td><td>11</td><td>3.67</td><td>5.16</td><td>3</td></tr>
<tr><td>个人造成的停工时间</td><td>Tgt</td><td>4</td><td>1.33</td><td>1.88</td><td></td></tr>
<tr><td colspan="2">合计</td><td>15</td><td>5.00</td><td>7.00</td><td>3</td></tr>
<tr><td colspan="4">总计</td><td>300</td><td>100</td><td>40.81</td><td>20</td></tr>
<tr><td rowspan="5">可能提高的劳动生产率</td><td rowspan="5">假设定额时间合理</td><td colspan="2">消除组织造成的非生产工作时间</td><td colspan="4">M1=Tzf/Td=0</td></tr>
<tr><td colspan="2">消除个人造成的非生产工作时间</td><td colspan="4">M2=Tgf/Td=0</td></tr>
<tr><td colspan="2">消除组织造成的停工工作时间</td><td colspan="4">M3=Tzt/Td=11/285=3.86%</td></tr>
<tr><td colspan="2">消除个人造成的停工时间</td><td colspan="4">M4=Tgt/Td=4/285=1.40%</td></tr>
<tr><td colspan="2">合计</td><td colspan="4">M1+M2+M3+M4=5.26%</td></tr>
<tr><td colspan="2">说明</td><td colspan="6">设定定额时间合理，可以提高的劳动生产率是仅消除非定额时间的结果</td></tr>
<tr><td colspan="4">观测者：张某 刘某 2015 年 6 月 10 日</td><td colspan="4">审核者：肖某 2015 年 6 月 12 日</td></tr>
</table>

第五节 测时

一、测时的定义和作用

（一）测时的定义

测时是指以某一具体工序或某一作业环节为调查对象，按照该工序或该环节的操作顺序进行实地观察、记录、测量以研究工时消耗的一种方法。

（二）测时的作用

（1）以岗位某一工序作业时间消耗为对象，进行深入的统计分析，为制定标准工时定额提供依据，从而改善劳动组织，提高劳动生产率。

（2）通过测时，总结和推广先进员工的操作方法和先进经验，合理确定各工作岗位的劳动负荷量，帮助后进员工改善操作方法。

（3）为明确岗位的劳动负荷量以及体力劳动强度分级提供依据。

（三）测时的种类

1. 按对象不同分类

按测时过程中观察对象的不同，可分为个体测时和工组测时。

个体测时：观察人员以岗位上的个体工作人员为对象进行的测时活动。

工组测时：观察人员以岗位上的小组人员为对象进行的测时活动。

2. 按记录方式和范围分类

按观察记录方式和范围的不同，可分为连续测时、反复测时（抽测）和循环测时

（1）连续测时。①定义：由观察人员以秒表为工具，按工序操作单元顺序逐一观察，记录时间和发生事实的测时。②特点：在整个工序作业的观察中，自始至终不让秒表停止，仅按划分各操作单元界限的定时点记录起止时间，待全部观察次数进行完毕后再计算各操作单元、各次观察的延续时间。③目的：用于研究岗位完整工序的操作构成和时间消耗，在制定岗位技术定额时被广泛采用。

（2）反复测时。①定义：由观察人员用秒表对一个个操作单元独立进行观测、直接记录操作延续时间和事实的测时。②特点：某一操作开始即启动秒表，操作结束即停止秒表，记录下该操作绝对延续时间，使秒表复位归零，再继续下一操作的测时。③目的：在实践研究过程中，反复测时多数用于抽测一个工序中的某些重点操作单元的延续时间，达到特定的目的，故反复测时又称为抽测法。

（3）循环测时。①定义：将工序的全部操作单元划分为依次减去一个单元的多个操作组合，由观察人员用秒表循环观测记录各组合的延续时间和事实的测时。②特点：循环测时的主要特点是只测定操作组合的时间，由测得的工序平均作业时间倒算各操作单元的平均延续时间。③目的：仅用于作业时间特别短（操作延续时间小于 0.06 分钟）的那些工序的时间测定和结构分析。④实施步骤：首先，划分并排列操作组合；其次，依次分别测定各操作组合的消耗时间；再次，计算工序平均作业时间；最后，计算各操作单元平均延续时间。

例如，一个周期系列的作业单元依次为 A、B、C、D、E 五个单元，于是在反复劳动中出现 $ABCDEABCDE$……首先去掉 A，测 $BCDE$ 的时间，办法是从 B 作业单元开始时按动秒表，而在 E 作业单元结束时按停秒表，记录下 $BCDE$ 的总时间；然后再去掉 B，测 $CDEA$ 的总时间……设依次测得：

$$B+C+D+E=7.3 \qquad (1)$$

$$C+D+E+A=6.8 \qquad (2)$$

$$D+E+A+B=6.0 \qquad (3)$$

$$E+A+B+C=6.6 \qquad (4)$$

$$A+B+C+D=5.7 \qquad (5)$$

然后用代数方法解此联立方程。把各式相加，得 $4A+4B+4C+4D+4E=32.4$ s

$$A+B+C+D+E=32.4/4=8.1\text{ s} \qquad (6)$$

（6）-（1）　$A=8.1-7.3=0.8$ s

（6）-（2）　$B=1.3$ s

（6）-（3）　$C=2.1$ s

（6）-（4）　$D=1.5$ s

（6）-（5） E=2.4 s

由此计算出各个单元的实际消耗具体数值。

需要注意的是，在上述三种测时方法中，对岗位连续测时的使用最为广泛，也最具有代表性。

（四）测时与写实的区别

（1）观测范围不同。岗位写实是以岗位的整个工作日消耗为对象，进行总体观察和统计；测时是以岗位工作日中某一工序或作业的时间消耗为观测对象。

（2）观测程度不同。岗位写实关注于工作日内各类活动的综合及其各自时间消耗比例；测时则局限于岗位工序中的某一活动的内容及其工时消耗情况。

（3）功能目的不同。岗位写实主要是为工作岗位分析与岗位设计提供科学依据；测时主要是为了改进某项工序作业活动的内容，使其操作方法合理化，节约工时消耗，确定科学的劳动时间消耗。

测时与写实的区别如表 4-6 所示。

表 4-6 工作日写实与测试的区别

序号	项目	共同性质	工作日写实	测时
1	基本用途	制定劳动定额	制定定额时间	制定作业时间
2	其他用途	都可用于查定	分析工时利用	改进操作方法
3	观察对象	生产过程	工作日	工序
4	特点	分三个阶段	观察时间较长	观察难度大、不易准确
5	使用工具	计时工具	普通秒表	单针或双针秒表
6	改进措施	都要提出	着重管理组织工作	着重工艺技术方面
7	人员要求	既懂业务又有生产技术	业务知识、管理知识	业务知识、技术知识

二、测时的步骤

（一）测时准备工作

（1）根据测时的目的科学确定测时对象。如果测时是为了制定劳动定额，应当选择介于先进和一般之间的员工为对象；如果是为了总结先进工作经验，应选择先进员工作为对象；如果为了找出完不成定额的原因，则应选择完不成定额的员工为对象。

（2）充分了解被测对象和岗位作业情况，如被测岗位的工种、技术等级、工龄、设备、工具、工作地布置、环境条件等。如果测时是为制定时间标准提供资料，则还需要在作业现场建立良好的生产秩序，如工作地服务、技术服务、合理布置工作地等。

（3）根据岗位实际情况，将工序划分为单个操作或操作组。划分的原则是：基本时间和辅助时间要分开；机动时间、手动时间和手工操作时间要分开。在划分操作的基础上，确定定时点，作为区分上下操作的界限，以保证每次观察记录的一致性和正确性。定时点应选择在声音或视觉上容易识别的标志。

（4）测时的开始时间最好在员工工作 1 小时后，即生产稳定后进行。测时观察的次数，要根据生产类型、作业性质和工序延续时间长短来确定。在大批量生产的条件下，测时精确度要求高，观察次数要比单件小批量生产多些；如果工序的延续时间长，每次测定的结果出现的误差要相对小些，观察的次数可以少些。

（二）岗位测时观察

（1）在测时过程中，通常采取连续测时法按操作顺序连续记录每个活动的起止时间；也可以采取反复测定法，反复记录一个活动的延续时间。

（2）在测时过程中，调查人员精力要集中，认真准确地按照确定的时间点进行记录，填写测时记录表（表 4-7）。

（3）注意删除不正常的记录数据，最后请观测岗位人员对数据进行核实和确认。

表 4-7　岗位测时记录表

序号	工序	第一次测试工时（*S*1）	第一次测试数量（*N*1）	第二次测试工时（*S*2）	第二次测试数量（*N*2）	平均工时（*S*）	标准工时（*S*）
1							
2							
3							
4							
5							
6							
7							
8							
9							
10							
11							
12							
13							
14							
15							
16							
17							
18							

续表

序号	工序	第一次测试工时（S1）	第一次测试数量（N1）	第二次测试工时（S2）	第二次测试数量（N2）	平均工时（S）	标准工时（S）
19							
20							

核准　　　　　　　　　　审核　　　　　　　　　　制表

（三）测时资料整理和分析

在对测试数据进行整理汇总之后，应注意开展好下列工作：

（1）根据测时情况，记录岗位每一工序或活动的起始时刻与结束时刻，用后者减去前者以计算出该岗位某一工序的延续时间；

（2）进行多次的科学测时工作，注意有效数据的统计分析，计算出每一工序的平均延续时间；

（3）计算稳定系数，检验每一操作平均延续时间的准确、可靠程度（稳定系数是测时数列中最大数值和最小数值之比[①]）；

（4）根据每个工序的平均延续时间，计算出工序的作业时间，再经过工时评定，达到符合定额水平要求的，可作为制定作业时间定额依据的时间值。

此外，也可将该工序消耗的平均时间与社会上该工序所需的标准时间进行比较，以判断组织本身该工序消耗时间存在的问题，寻求改进对策。

（四）测时实例分析

某岗位 9 道工序经过四次测时，即 T1、T2、T3、T4，计算出平均数与稳定系数，见表 4-8。

表 4-8　岗位测时记录统计表

单元序号	T1	T2	T3	T4	平均数	稳定系数
1	4	4	6	5	4.75	1.50
2	8	9	9	11	9.25	1.38
3	17	14	13	15	14.75	1.31
4	15	16	16	16	15.75	1.07
5	11	12	11	14	12	1.27
6	12	16	13	14	13.75	1.33
7	9	7	9	9	8.5	1.29
8	10	9	7	8	8.5	1.43
9	5	6	6	8	6.25	1.60

① 安鸿章 . 工作岗位研究原理与应用 [M]. 北京：中国劳动社会保障出版社，2012.

第六节　工作岗位抽样法

一、工作岗位抽样的内涵、特点与意义

（一）工资岗位抽样的内涵

工作岗位抽样简称工作抽样。工作抽样法首创于1934年，创始人是英国著名的统计学家蒂皮特（L. H. C. Tippett），他运用统计学与概率论的理论，在纺织厂采用抽样技术调查织布机的开动率和工时利用率，并将他的研究成果公开发表，命名为快读法（Snap-reading Method）。工作抽样法是统计抽样方法在岗位调查中的应用，它是根据概率理论和数理统计基本原理，采用随机抽样方法对工作岗位进行调查，利用随机抽样调查得到的数据和信息，对组织岗位状况做出推理判断的一种调查方法。

我国由中华人民共和国劳动和社会保障部提出并制定的《工作抽样方法（GB/T 21664—2008）》标准规定了工作抽样、应用范围、工作抽样程序、方法及要求，适用于工作时间消耗过程中采用工作抽样方法分析研究时间消耗情况及制定劳动定员定额，应用《工作抽样方法（GB/T 21664—2008）》标准制定劳动定额定员标准更加具有规范性、准确性、合理性、适用性和先进性，对促进企业管理、增强企业竞争能力，提高工作效率、劳动生产率，降低产品成本和提高经济效益将起到积极作用。

（二）工作岗位抽样的特点

（1）鉴于随机抽样的应用范围及其特点，工作抽样法适用范围较广，可用于各类组织的岗位调查工作，如企业、学校、医院和机关团体等。

（2）根据统计学的基本原理，与岗位写实、作业测时相比较，工作抽样调查能够节省时间，节约费用。

（3）只要遵守随机性的基本原则，保证有足够的抽样观测的次数，工作抽样就可以获取真实可靠的数据和信息。

（三）工作岗位抽样的意义

（1）工作抽样可以解决较大规模组织有众多岗位且难以逐个调查的问题，简化了岗位调查的复杂程序和诸多不必要的路径。

（2）工作抽样可用于科学调查各类员工的工作岗位相关情况，有效获取员工岗位的内容、特点、程序等相关数据和资料，为岗位分析与设计打下基础。

（3）工作抽样可以了解岗位各类活动的工时消耗情况，为科学开展时间定额和产量定额，改进岗位工作程序，提高工作效率提供依据。

二、工作岗位抽样的步骤

(一)抽样前的准备

(1)确定调查项目。首先要明确调查目的,然后确定调查对象、调查范围和项目,确定岗位抽样所应达到的可靠程度和精确度。

(2)调查项目分类。在明确调查项目之后,按工时消耗分类方法确定对观察项目的分类,其工时消耗代号应符合《工时消耗代号和标准时间构成(GB/T 14163—93)》的规定。

(3)确定必要的观察次数。观测次数就是岗位抽样的样本数,抽取样本的数目越少,观测次数就少,得到测量结果的可靠性和准确性也就越低,对总体的代表性也就越差;反之则不同。

《工作抽样方法(GB/T 21664—2008)》规定,观察次数是根据抽样调查时规定的绝对误差或相对误差而定。采用绝对误差时,必要的观察次数按公式(1)计算;采用相对误差时,必要的观察次数按公式(3)计算。

$$N=\frac{4P_y(1-P_y)}{E^2} \tag{1}$$

式中:N——必要的观察次数;

P_y——事项发生率;

E——绝对误差。

$$E=P_yS \tag{2}$$

式中:S——相对误差。

$$N=\frac{4(1-P_y)}{S^2P_y} \tag{3}$$

(4)确定适当的观测时刻。确定适当的观测时刻至关重要,将影响到观测结果的可靠性和精确度;因此,必须遵守随机的原则,可采用单纯随机时间间隔、等时间间隔、分层抽样及区域抽样等方式进行。

①确定必要的巡回观察次数。

工作抽样适应观察众多观察对象,例如:对车间全部操作工人进行观察,去现场作一次巡回观察,可以获得许多次观察信息。

巡回观察的总次数(K)按公式(4)计算:

$$K= N/m \tag{4}$$

式中:m——一次巡回观察对象数。

②确定计划观察工作日数。

每个工作日安排的巡回次数除以巡回观察的总次数(K),便得到计划观察工作日数。例如：必要巡回观察总次数为 100 次，一名观察员一工作班内巡回观察 25 次，则计划用 4 个工作班时间完成全部观察。

（5）确定巡回路线和观察点。因为观察次数多，走的路线又长，观测人员在开始观测前，应预先根据机器设备配置或现场布置的平面图，巡回路线可结合企业实际选“Z”形、圆形、直线形等，以确定出最佳的观测巡回路线和观察点。

（二）进行实地观察，记录相关数据

在观察过程中，制定观测记录表（表 4-9），并应准确、认真记录观察数据，将其记录到观测记录表中，以备整理分析之用。

表 4-9　工作抽样观察记录表

观察对象		设备名称		设备型号		工序		编号 No.
序号	分类（组）							
	第一组				第二组		第三组	
	观察时刻	时间消耗代号			观察时刻	时间消耗代号	观察时刻	时间消耗代号
1								
2								
3								
4								
5								
6								
7								
8								
9								
10								
11								
12								

资料来源：中华人民共和国国家质量监督检验检疫总局，中国国家标准化管理委员会．工作抽样方法（GB/T 21664—2008）[S]．北京：中国标准出版社，2008.

（三）整理、分析数据资料，撰写书面报告

将观测记录表格中的数据录入到观测结果汇总表之中（表 4-10），计算事项发生率，剔除异常值，验算抽样误差，之后撰写书面结论或分析报告。

表 4-10 工作抽样结果汇总表

观察日期	第一天	第二天	第三天	第四天	第五天	合计	事项发生率(%)
观察项目	观察结果						

资料来源：中华人民共和国国家质量监督检验检疫总局，中国国家标准化管理委员会．工作抽样方法（GB/T 21664—2008）[S]. 北京：中国标准出版社，2008.

第七节 工作日志法

一、工作日志法的定义

工作岗位日志法简称工作日志法，是指为了调查员工岗位工作的任务、职责、程序、繁杂程度、人际关系及工作负荷等情况，由任职者自己记录下每天工作过程中各种相关信息的一种岗位调查方法。工作日志法要求岗位上的员工坚持每天填写工作日志，记录的信息一般包括要进行的工作任务、工作程序与工作方法、工作职责、工作权限以及各项工作所花费的时间等，一般需要填写工作日志 10 天以上；之后，调查人员对工作日志进行归纳、分析和总结，获取所需岗位的相关信息。

二、工作日志法的特点

(一)优点

工作日志由岗位工作人员填写，这样可以对调查的岗位信息有更加全面、充分、细致的了解，其所获得的信息可靠性很高，资料信息较为详尽，适用于获取有关岗位的工作职责、工作内容、工作关系、劳动强度等方面的信息，所需费用也较低，能够节省一定的调研成本。

(二)缺点

岗位员工在填写过程中可能会夸大自己的工作强度、工作压力及工作任务的繁杂程度等，需要调研人员辩证地识别和客观分析其提供的岗位工作信息；工作日志法适用范围较小，适合简单、稳定的工作岗位，不适用于工作循环周期较长、工作状态不稳定的职位；工作日志法收集的信息整理量非常大，分析与归纳工作较为繁重等。

三、工作日志法的应用

（一）明确工作日志的调查目的

在进行工作日志调研之前，调研人员务必明确工作日志调研的主要目的，是以岗位的任务、职责、程序、繁杂程度、人际关系还是以工作负荷调查为主，并遵循调研目的及基本原则开展后续工作，如有针对性地设计、填写工作日志表格等。

（二）设计并指导员工填写工作日志表格

工作日志表格的设计要依据科学性、目的性、严谨性的原则进行，应包含部门、职务、姓名、时间等基本信息以及岗位工作名称、内容、性质、延续时间及重要程度等必备信息，见表 4-11。

表 4-11　工作日志记录表

部门：		职务：		姓名：	年　月　日　时	分至　时	分	
序号	工作名称	工作内容	工作性质	工作结果	开始时间	结束时间	重要程度	备注
1								
2								
3								
4								
5								
6								
7								
8								
9								
10								
11								
12								

在被调查员工填写工作日志过程中，调查人员应给予充分的填写指导，协助其科学、正确地填写工作日志表。如对工作名称、工作性质、开始时间、结束时间及重要程度的词义内涵与填写方式等予以说明，从而达到有效填写的目的（表 4-12）。

表 4-12 某疾控中心——岗位工作日志

序号	开始时间	结束时间	工作活动名称	工作活动内容	工作来源	工作成果	备注
1	8:30	8:40	电话	确认下周联合检查事宜	× 省疾控中心	1 次	承办
2	8:50	9:00	起草文件	艾滋病监测规范	卫生部门	4 页	报批
3	9:35	9:50	复印	艾滋病监测规范	流行病学室	4 页	存档
4	10:00	10:40	会议	讨论下周联合检查	流行病学室	1 次	参与
5	10:50	11:10	布置文件	下周工作安排	流行病学室	1 次	指示
6	13:30	15:30	实验	×× 疫苗培育情况监测	参比实验室	1 次	主办
7	15:50	17:20	起草报告	关于 ×× 疫苗数据分析报	中心主任	5 页	主办
8							
9							
10							

资料来源：陈庆．岗位分析与岗位评价 [M]. 北京：机械工业出版社，2011.

（三）工作日志整理与撰写调查报告

在工作日志整理过程中，要仔细辨别、分析工作日志的填写质量，去除不合格的工作日志信息。对那些过于夸张的、填写项目不完全的、填写时间不准确的或存在矛盾的信息等，归纳、提炼那些清晰、准确的重要相关信息。在科学整理、归纳与提炼工作日志信息的基础上，结合调研的目的，客观地撰写某一岗位的调查报告，为后续工作的开展打下良好基础。

第八节　其他调查方法

一、主管人员分析法

主管人员分析法是指由于企业主管人员对某一岗位工作较为了解，故由其通过日常管理来了解、记录其所管辖人员岗位的工作任务、责任与要求等，以此来进行岗位调查与分析的一种有效方法。

主管人员分析法和工作日志法是写实分析法的两种不同形式：主管人员分析法是由主管人员对岗位工作人员的工作进行记录与分析；工作日志法是由岗位工作人员对自己的工作进行写实与描述。

主管人员分析法的优点是记录方便，主管人员与所分析的岗位经常打交道，非常了解情况，尤其以前从事过这些工作，目的比较明确，分析得很深入；缺点是主管人员的分析中也许有一些偏见，尤其是那些只干过其中一部分工作而不全面了解工作岗位的人，他们往往偏重于所从事过的那部分工作，这种情况可以采取将主管人员分析法与工作日志法相结合的方法来消除存在的偏差。主管人员分析法范例见表 4-13。

表 4-13　某公司食品加工厂工作分析表

1. 职位名称	
任职者部门：	工作地点：
任职者姓名：	日期：
主管人姓名：	签字：
2. 基本职责	
3. 能够用于确定本职位工作范围的各种指标	
4. 填写下面的内容，以表示各职位间的工作关系及监督职位名称	
直接主管职位名称：	
同一直接主管之下的其他职位名称：	
直接下级职位名称：	
简要说明下属的主要功能：	
5. 列举主要职责活动与代表性的工作项目	
6. 如果上述栏目无法说明，请再举出几个典型的事例或任职时所遇到的事例	
7. 说明本职位工作的权限与自主性	
8. 完成本职位工作需要说明的其他情况与要求	

资料来源：葛玉辉 . 人力资源管理 [M]. 北京：清华大学出版社，2006.

二、主题专家会议法

主题专家会议法是指熟悉和了解相关岗位的企业内部人员和外部人员就相关岗位展开讨论与研究，收集、分析与岗位相关的数据与信息，验证并确认岗位的分析结果。

主题专家会议的成员主要包括组织内部的成员（任职者、直接上级、曾经任职者、内部客户、其他熟悉目标职位的人）和组织外部的成员（咨询专家、外部客户、其他组织标杆职位任职者）。

主题专家会议法主要包括四个阶段。

（1）确定会议主持人。主题专家会议的主持人最好是企业内与岗位相关的中层管理者；会议开始前人力资源部的工作分析人员需要对其进行专业指导和培训。

（2）选择相关专家。主题专家一般为5~8人，具体人数需要根据会议的主要目的确定。如果会议的主要目的是岗位工作设计，则与会的主题专家应包括职位的上级、咨询专家、外部客户、其他企业“标杆”职位的任职者等；若会议的目的是确定任职资格，则与会主题专家主要是上司、任职者与外部专家等。

（3）准备相关材料。为了使会议更加具有针对性，提高会议的效率，会议主持人应事先准备好相关书面材料或其他材料，例如需确认的岗位分析初稿、调查问卷以及访谈提纲等。

（4）确定会议程序。明确会议具体程序，如会场布置、通知与会者、会议召开以及做好会后结束工作等。

主题专家会议法的优点在于操作简单、成本低，适合各类一般企业开展；可以运用于岗位分析的各个环节，具备多方沟通协调的功能，有利于岗位分析结果得到企业的认同；缺点是结构化程度低，专家主观倾向明显，缺乏客观性；专家的知识水平会影响到岗位分析的效果。

三、关键事件法

关键事件法是由美国学者福莱•诺格和伯恩斯于1954年共同创立的，它是由上级主管者观察、记录员工平时岗位工作中的关键事件：一种是岗位上做得特别好的事件或行为，一种是岗位上做得不好的事件或行为。因此，关键事件法涉及三个方面：①观察员工岗位行为；②书面记录员工岗位上所做的事情；③有关岗位工作成败的关键性事件。

关键事件法是指确定企业内部关键的工作任务或活动以获得岗位工作上的成功，其主要是指使岗位工作成功或失败的工作行为或事件。关键事件法既能获得有关岗位的静态信息，也可以了解职务的动态特点，它要求岗位分析人员、管理人员、岗位工作人员将工作过程中的“关键事件”详细地加以记录，并在收集大量信息后，对岗位的特征和要求进行深入分析。

表4-14为关键事件记录示例。

表 4-14　关键事件记录示例

请以您多年的工作经验，回忆工作者在工作中有哪些显著、典型的行为，能够反映出不同水平的工作绩效：非常有效（好）、非常无效（差）、居中。 a）引起这个行为范例的环境是什么？ b）请详细描述能够反映出不同水平的工作绩效的显著行为。 c）这些行为的后果是什么？ d）请提供以下信息： a. 工作名称： b. 工作绩效范围： c. 绩效等级划分：1　2　3　4　5　6　7　8　9 差　适中　好

关键事件法的优点：基于员工在整个年度中的岗位工作的特殊表现，对员工的岗位行为进行客观、全面的观察、测量和记录，以此作为开展岗位研究的科学基础，体现出岗位研究的动态特征。关键事件法的缺点：一是需要花大量的时间去搜集那些关键事件；二是对岗位工作绩效有效或无效的特殊事件的关注，容易遗漏了岗位的平均绩效水平；三是不适合描述日常工作。

关键事件法的主要原则是认定员工与岗位有关的行为。关键事件法首先从领导、员工或其他熟悉职务的人那里收集一系列岗位工作行为事件，然后，描述“特别好”或“特别坏”的岗位绩效。在大量收集这些关键事件或行为以后，主管者与被测评者讨论岗位相关事件或行为，可以对他们进行分类，总结出岗位的关键特征和行为要求，为岗位研究提供依据。

【本章小结】

本章第一节介绍了工作岗位调查的内涵与相关概念，工作岗位调查的原则、任务、步骤和意义；第二节介绍了岗位问卷调查方法的内容、设计与实施以及调查问卷的一般格式；第三节介绍了访谈法的定义、特点、步骤及注意事项；第四节介绍了工作日写实的概念、相关术语、种类及其作用、优缺点，工作日写实的步骤；第五节介绍了测时的概念、功能、步骤；第六节介绍了工作抽样法的内涵、特点与意义，工作岗位抽样的步骤；第七节介绍了工作日志法的概念、特点及步骤；第八节介绍了其他调查方法。

【本章习题】

1. 工作岗位调查包括哪些方法？
2. 简述问卷调查的设计过程与步骤。
3. 简述访谈的优缺点及主要步骤。

4. 简述工作日写实的种类及作用。
5. 简述测时的特点及其与写实的关系。
6. 简述岗位抽样的内涵与意义。
7. 简述工作日志法的特点及应用步骤。

【案例与讨论】

案例一

某国际机场是中国东北地区最繁忙的三大国际航空港之一，是东北地区重要的航空枢纽和中国八大区域性枢纽机场之一。近些年来，由于国内旅游业以及经济贸易的快速发展，使得该机场的客流量与物流业务量不断增长。为了提高机场的客服工作效率，该机场领导层决定在各部门开展定岗定员工作。该机场人力资源部张经理认为，要开展各部门定岗定员工作，首先就要做好现有员工岗位的调查与分析工作，然后依据调研结果才能进行工作岗位的设计，确定岗位的种类及岗位人员数量。张经理让刚到机场人力资源部参加工作的人力资源管理专业毕业生小李考虑一下开展岗位调查的主要程序与必备方法，制定一个调查方案提交上来，并在下周部门例会上进行讨论。小李觉得这不是一件简单的事情，需要认真地结合学过的专业知识进行规划。

如果你是小李的话，你应该如何设计岗位调查的程序，采用哪些重要的岗位调查方法呢？

案例二

在某公司的一次工作分析访谈中，工作分析员向任职者小王提问："请你谈谈你这份工作对公司的价值。"听到这样的问题，小王愣住了，该怎么回答呢？当然要说价值很大啦，怎么大呢？思索了半天，她也不知道该如何回答，只能说"我的工作是公司正常运转不可缺少的一个环节"，心里暗想，"这回答还真是废话！"原本以为人力资源部在了解情况后会对每个人的工作作评价，谁知道，上来就让员工自己谈价值。这下可把大伙难住了，说高了，一听就是空话；自谦一下，不等于让人家来炒鱿鱼？只好统一口径，简单几句话把进行工作分析的人打发走了。

请根据上述案例讨论以下问题。

1. 你认为这次访谈能够成功吗？为什么？
2. 你认为该公司的访谈工作应该如何改进？

【阅读资料】

工作日志是弃还是留？

会展策划服务公司的老板，为了及时掌握项目情况，更好地统筹业务运营，建立了工作日志制度，结果非但没有达到深入了解项目情况的目的，反倒增加了自己的管理负荷。工作日志该弃还是该留？

Z 某是一家会展策划服务公司的老板，公司规模不大，共有员工 32 人，其中，23 位专业的会展策划人员，剩余 9 人为行政、人力、财务及后勤保障人员。公司开展的会展策划及咨询业务大都是以项目制的形式开展，每个项目都会配备一名项目经理，并根据粗略计算的项目任务量配备一定的人员。因公司业务较多和业务本身无法量化的特点，Z 某并没有太多精力去关注每一个项目组精确的任务量，以及项目成员的工作负荷，为了能够及时掌握这些情况，更好地统筹公司的业务运营，及时调配业务人员，Z 某在公司内部建立了工作日志制度，要求所有的策划人员每天提交工作日志，详细记录每天的工作任务及完成情况。但是事与愿违，Z 某每天花费大量的时间去看这些工作日志，但看完之后也不能够真正判断项目成员实际工作量到底有多大。眼下，Z 某遇到的问题就是：继续执行工作日志制度，达不到预期的效果；放弃执行，但又找不到更好的管理方法。Z 某到底该如何做？

三位专家的建议与对策如下。

1. 三招让工作日志落地

工作日志是对每天或短期阶段性的工作进行长期记录的习惯和要求。若能够用好工作日志制度，对企业的发展大有裨益。但正因为很多企业管理者在应用该制度时，经常会遇到案例中的情形，最终使工作日志制度沦为鸡肋，而不是老板的“千里眼”。其实，有三招可以让工作日志制度落地。

第一招：制定工作日志管理制度。大部分公司所制定的工作日志管理制度过于“普适”，放之“任何一个公司”而皆准，无非是目的、适用范围、撰写要求等常规的要求，既没有针对性，又没有落地的可操作性，员工执行自然敷衍了事。因此，该公司要制定清晰而规范，且具有可操作性的管理指南，这需要管理人员根据自己的岗位性质、工作特点、员工级别等提出有针对性的撰写要求。

第二招：工作日志要跟踪管理到位。对待工作日志制度的执行，管理者要随时跟踪，且做到赏罚分明。渐渐地员工会认识到工作日志能够为自己的工作和团队的工作带来很大的帮助，也就真正认识到其价值所在，也就会将工作日志制度固化到公司的“骨子”里了。这样，新员工入职后就会自觉规范地执行工作日志制度，从此，公司的工作日志制度会规范地传承下去。

第三招：借助信息平台提高效率。工作日志制度是一项系统的管理制度，工作日志的分类、权限划分、上传、统计、考核管理更是一个繁琐的过程，建议该公司搭建功能与之配套、操作简便的信息化平台，这可以极大地提高工作日志的管理效率和利用效率，更好地实现“千里眼”功能。无论何时、何地，只要有网络，老板就可以了解公司整体的运营状况，更好地进行战略决策。

工作日志不是公司装饰自己的配饰，也不是员工敷衍老板的道具，本质上是对工作任务和时间进行管理的工具。如果有了规范的工作日志管理制度，且公司能够监督管理到位，工作日志不仅能够发挥“千里眼”的功能，更会成为员工自我约束的有效工具。

——袁燕华，仁达方略企业管理咨询有限公司，高级咨询师

2.“4K模型”改善工作日志应用。

工作日志，顾名思义就是针对自己的工作，每天记录工作的内容、所花费的时间、在工作过程中遇到的问题以及解决问题的思路和方法。很多中小型企业对员工进行日常管理时，偏重于对员工所有工作过程实施监督和管控，于是每天让员工填写工作日志。但是在实际操作过程中，一方面员工要花大量时间去写工作日志，另一方面老板又不得不花精力审阅，结果两头不讨好。

如何才能恰当地运用工作日志，帮助中小企业管理者有效管理好员工的日常工作及绩效呢？笔者认为必须从以下几个方面着手。第一，通过培训，让主管和员工正确认识工作日志的作用与价值。工作日志可以帮助员工记录个人日常工作的过程及结果，帮助管理者快速了解员工的工作状况，从而确定员工在工作过程中是否按照公司的要求和规定去工作。除此之外，工作日志更重要的作用反映在结果的运用上，让管理者和员工分析日常工作中有哪些重要的、关键的事项，对这些事项的处理应该采取哪些有效的方法，以及这些事项对于公司经营中关键业务的影响程度。第二，运用“4K模型”恰当地确定工作日志的内容要项。如果工作日志仅仅是让员工每天重复记录他所工作的每一个时间段在做什么，很快就会导致员工厌烦，变成他们平常工作中的一种负担。因而必须通过确定工作日志的主要用途来确认需要哪些内容要项，从而快速输出管理者希望得到的结果。笔者创建了一个“4K模型”来确定工作日志的关键要项。第三，采用IT系统来提高工作日志编写的快捷性和效率。通过上述“4K模型”重新确定工作日志的填写项目后，可以选择相关软件或IT工具来帮助员工方便高效地填写工作日志，比如购买专门的电脑软件或编写一个手机APP，使员工愉快、高效地填写。案例中的会展策划服务公司，平常是以项目制在运作，就可以让员工通过手机APP围绕一个项目来填写工作日志，一定会提高他们填写日志的感受和方便性、灵活性。第四，编写工作日志的最终结果是要对绩效进行改进。让员工写工作日志，除了可以使管理者了解工作情况外，更重要的是要对工作日志输出的结果进行应用。管理者可通过对“4K模型”所提及的关键工作事项、关键工作人员、关键工作行为、关键工作成果等要素的把握，对岗位职责、工作流程、人员配置、绩效结果等进行调整和改善，从而真正让工作日志有助于员工的工作业绩改进，而不仅仅是了解和监督员工工作的工具。

——马本军，思越仁达企业管理咨询有限公司，总经理

3. 用项目管理的逻辑管理项目

案例中，老板推出工作日志的根本出发点是想及时了解每个项目组的工作量和项目成员的工作负荷情况，结果在实际操作中，非但没有达到了解工作量的目的，反倒增加了自己的管理负荷，让自己陷入大量的细节的分析当中，无法自拔。实际上，这反映了一个根本性的问题，那就是项目制的工作如何进行细化管理？

解决问题还是要回归到问题的本身，梳理清楚项目制工作的核心成功要素，然后围绕成功要素进行管理设计。一个项目制工作是否成功，大致取决于六个方面：项目计划管理，人员安排，费用核算与控制，项目进度控制，客户满意度管理，项目回款控制。

（1）项目计划管理。一个项目能否取得成功，计划是第一步，也是最重要的一步，计划想清楚了，后续的各项控制工作都能得到有效关注。项目计划必须周详具体，对项目的重大节点，例如何时提出策划案创意、何时出策划案初稿、何时对策划案定稿、何时根据策划案进行展厅设计、布展人员何时进场，必须提前考虑清楚，并在项目组内部讨论充分，作为项目策划工作的基准。当项目组把计划想清楚了，老板无须时刻关注项目组的工作量，只需要按照计划进度进行对照检查即可。

（2）人员安排。一个策划项目派什么人员参与不是随意而为的，而是要根据项目内容的难易程度、项目时间周期、人员合作匹配度、人员的能力特长以及个性特点等进行合理安排。例如，策划案属于创新型的，那么项目负责人要具备创新精神，策划经验要极为丰富才行；策划案属于常规性的，那么项目负责人只要具备一定的项目经验即可。

（3）费用核算与控制。一个策划项目是否盈利，要看项目投入和产出之间的关系。通常，项目策划人员都有比较明确的工资奖金标准，而在项目开始之初，老板要对项目费用进行详细的测算，其中包括税金、人员固定费用、完成阶段工作给予的项目奖金等各项费用，通过核算，框定项目利润。项目延期时，对项目进行考核扣罚，最起码做到延期部分不再发放奖金。

（4）项目进度控制。根据项目计划进行进度控制，对于可能出现的拖延进行提醒或考核扣罚。

（5）客户满意度管理。客户满意度是获得顺利回款的根本保证，如何从客户需求出发设计策划案并推进执行，是获得客户满意度的关键所在。公司需要根据客户对策划方案的满意度考核项目组，增加满意度系数。

（6）项目回款控制。根据回款计划对项目进行回款考核，对于回款拖延，给予奖金延发或扣罚。

做到以上六点，老板基本上对一个策划项目就有了严格的控制手段，对策划项目各个控制点设置了具体明确的考核标准，这时工作量已经不是最重要的因素，工作的质量、项目管理的水平以及客户满意度变得更加重要，而这些都是工作日志本身无法体现的，需要通过项目管理的手段控制项目过程，对项目过程进行系统性检视，确保项目组在保证最终利润的同时，提升工作质量。

至于工作日志，也没有必要废除，但是对于功能要进行调整，要让项目组写出每日工作重点和创新性思考，通过工作日志帮助项目人员提升自我，互相学习，达到团队互动的目的。

——赵日磊，盛高咨询合伙人

资料来源：《经理人》，2014 年第 12 期，92~94 页。

【调查问卷范例】

岗位调查范例如表 4-15 所示。

表 4-15 岗位调查问卷

姓名		职称		职务		工龄	
性别		部门		直接上级		进入单位时间	
年龄		学历		每月平均收入		从事本工作时间	
工作时间要求	1. 正常工作时间自每日（ ）时开始至（ ）时结束。 2. 每日午休时间为（ ）小时。 3. 每日平均加点时间为（ ）小时，每周平均加班时间为（ ）小时。 4. 每周外出时间占正常工作时间的百分之（ ）。 5. 外地出差情况每月平均几次（ ），每次平均需要（ ）天。 6. 本地外出情况平均每周（ ）次，每次平均需要（ ）天。						
岗位目标	1. 2. 3. 4. 5.						
岗位职权	1. 2. 3. 4. 5.						
岗位责任	1. 2. 3. 4. 5.						

续表

<table>
<tr><td rowspan="2">工作程序</td><td>名称</td><td colspan="3">内容</td><td colspan="2">依据</td></tr>
<tr><td>1.
2.
3.
4.
5.</td><td colspan="3"></td><td colspan="2"></td></tr>
<tr><td rowspan="2">工作设备</td><td>名 称</td><td>大量使用</td><td>经常使用</td><td>适度使用</td><td>偶尔使用</td><td>较少或不使用</td></tr>
<tr><td>1.
2.
3.
4.</td><td></td><td></td><td></td><td></td><td></td></tr>
<tr><td rowspan="2">本岗位工作与他人的联系</td><td>名称</td><td>非常频繁</td><td>频繁</td><td>偶尔</td><td>极少</td><td>不联系</td></tr>
<tr><td>本部门员工
其他部门员工
社会公众
客户
政府机关
其他</td><td></td><td></td><td></td><td></td><td></td></tr>
<tr><td rowspan="2">岗位工作内容</td><td>名称</td><td colspan="5">占全部工作时间的百分比(%)</td></tr>
<tr><td></td><td colspan="5"></td></tr>
<tr><td rowspan="7">岗位工作影响</td><td>公司经济损失</td><td colspan="2">1 2 3 4 5</td><td rowspan="4"></td><td colspan="2" rowspan="4">1　2　3　4　5
轻　较轻　一般　较重　重</td></tr>
<tr><td>公司形象损害</td><td colspan="2">1 2 3 4 5</td></tr>
<tr><td>公司管理问题</td><td colspan="2">1 2 3 4 5</td></tr>
<tr><td>其他影响：</td><td colspan="2">1 2 3 4 5</td></tr>
<tr><td colspan="6">工作失误影响范围</td></tr>
<tr><td colspan="6">1. 不影响其他人工作的正常进行。
2. 只影响本部门内少数人。
3. 影响整个部门。
4. 影响其他几个部门。
5. 影响整个公司。</td></tr>
<tr><td>内部联系</td><td colspan="4">1. 不与其他人联系。(　　)
2. 与本部门内同事联系。(　　)
3. 需与其他部门人员联系。(　　)
4. 需要与其他部门领导联系。(　　)</td><td colspan="2">1　2　3
偶尔　经常　非常频繁</td></tr>
</table>

续表

<table>
<tr><td>外部联系</td><td colspan="5">1. 与本公司以外的人员联系。(　　)
2. 与其他公司的人员联系。(　　)
3. 与其他公司的领导联系。(　　)</td><td>1　　2　　3
偶尔　经常　非常频繁</td></tr>
<tr><td rowspan="2">工作环境</td><td>类型 / 程度</td><td>影响很大</td><td>影响较大</td><td>有一定影响</td><td>影响不大</td><td>基本没有影响</td></tr>
<tr><td>粉尘
噪声
湿度
温度
辐射</td><td></td><td></td><td></td><td></td><td></td></tr>
<tr><td>岗位工作压力</td><td colspan="6">1. 您每天的工作是否经常要快速作出决定？
没有　很少　偶尔　许多　非常频繁
2. 您手头的工作是否经常被打断？
没有　很少　偶尔　许多　非常频繁
3. 您的工作是否经常需要注意细节？
没有　很少　偶尔　许多　非常频繁
4. 您在工作中是否要求高度的精力集中，约占工作总时间的比重是多少？
20%　40%　60%　80%　100%
5. 您的工作中是否存在一些令人不愉快、不舒服的感觉？
没有　基本没有　存在　较多　非常多
6. 您的工作是否需要创造性？
不需要　很少　有时　较需要　很需要</td></tr>
</table>

续表

<table>
<tr><td rowspan="22">岗位资格要求</td><td>1. 岗位工作经验要求</td><td>无</td><td colspan="2">有：1年　2年　3年　4年　5年</td></tr>
<tr><td>2. 岗位学历要求</td><td>无</td><td colspan="2">有：初中　高中　大专　本科　硕士研究生　博士研究生</td></tr>
<tr><td>3. 岗位学位要求</td><td>无</td><td colspan="2">有：学上　硕上　博上</td></tr>
<tr><td>4. 岗位资格证书要求</td><td>无</td><td colspan="2">有：初级　中级　高级</td></tr>
<tr><td>5. 岗位培训情况</td><td>无</td><td colspan="2">有：请填写下表</td></tr>
<tr><td>培训项目名称</td><td colspan="2">培训项目内容</td><td>培训时间（月）</td></tr>
<tr><td>（1）
（2）
（3）</td><td colspan="2"></td><td></td></tr>
<tr><td colspan="4">6. 岗位升降情况</td></tr>
<tr><td colspan="2">（1）晋升岗位级别、名称：</td><td colspan="2">（2）降级岗位级别、名称：</td></tr>
<tr><td colspan="4">7. 岗位工作体力要求：　轻　较轻　一般　较重　重</td></tr>
<tr><td>8. 岗位相关能力要求：</td><td colspan="3">要求程度</td></tr>
<tr><td>（1）计划能力</td><td colspan="3">无　低　较低　一般　较高　高</td></tr>
<tr><td>（2）组织能力</td><td colspan="3">无　低　较低　一般　较高　高</td></tr>
<tr><td>（3）领导能力</td><td colspan="3">无　低　较低　一般　较高　高</td></tr>
<tr><td>（4）控制能力</td><td colspan="3">无　低　较低　一般　较高　高</td></tr>
<tr><td>（5）决策能力</td><td colspan="3">无　低　较低　一般　较高　高</td></tr>
<tr><td>（6）创新能力</td><td colspan="3">无　低　较低　一般　较高　高</td></tr>
<tr><td>（7）沟通能力</td><td colspan="3">无　低　较低　一般　较高　高</td></tr>
<tr><td>（8）协调能力</td><td colspan="3">无　低　较低　一般　较高　高</td></tr>
<tr><td>（9）指导能力</td><td colspan="3">无　低　较低　一般　较高　高</td></tr>
<tr><td>（10）外语能力</td><td colspan="3">无　低　较低　一般　较高　高</td></tr>
<tr><td>（11）其他能力</td><td colspan="3"></td></tr>
<tr><td rowspan="3">考核情况</td><td colspan="4">本岗位考核指标、考核标准、考核建议</td></tr>
<tr><td>考核指标</td><td colspan="2">考核标准</td><td>考核建议</td></tr>
<tr><td></td><td colspan="2"></td><td></td></tr>
<tr><td rowspan="3">岗位建议</td><td colspan="4">该岗位是否存在不合理的情况？包括岗位工作量、岗位人数、岗位环境与条件，改进建议</td></tr>
<tr><td colspan="2">岗位不合理情况</td><td colspan="2">岗位改进建议</td></tr>
<tr><td colspan="2">1.
2.
3.</td><td colspan="2">1.
2.
3.</td></tr>
</table>

第五章　工作岗位分析

【学习目标】

通过本章的学习，了解岗位分析的原则、岗位分析的成果形式；理解岗位分析的作用和注意事项；掌握岗位分析的概念、内容和程序、工作说明书的内容与编写要求。

【引导案例】

近年来M公司发展非常迅速，员工人数由原来的500人增加至1 200人，随着人数的增加，许多问题逐渐暴露出来。表现比较突出的问题是岗位职责不清，各部门间容易推诿扯皮。现在公司的岗位职责说明还是几年前的版本，实际情况已发生很大变化，无法起到指导实际工作的作用。由于没有清晰的岗位职责，因此各个岗位上的用人标准也比较模糊，所以员工的招聘选拔、调任提升就大多凭主观意见决定，公司的薪酬激励体系也无法与岗位的价值相对应。面对上述问题，王总经理责令新来的人力资源经理李敏限期一个月解决这些问题，李敏觉得时间紧、任务重，如何进行后边的工作呢？

请问李敏的工作该如何开展？

第一节　工作岗位分析概述

一、工作岗位分析的概念

工作岗位分析是对各类工作岗位的性质、任务、职责权限、岗位关系、劳动条件和环境以及员工承担本岗位任务应具备的资格条件进行系统研究，并制定出工作说明书等岗位人事规范的过程。

任何有一定规模的组织都需要设计很多岗位，然后找到合适人员承担该岗位工作。岗位分析可以让组织明确每一个岗位的具体职责、任务是什么，承担该岗位工作的人员应该具备什么样的知识、技能、能力和经验等资格条件。

工作岗位分析是人力资源管理的一项基础工作，但是岗位分析并不是一项常规的工作。当组织新成立、战略调整、技术创新、组织结构变化时一定要及时进行岗位分析。一般在下述四种情况下，组织最需要进行岗位分析。

（1）新组织建立或岗位分析首次被正式引进。一个组织在新成立时，或者成立一段时间，从来没有进行过岗位分析，岗位的设置和人员配置还不完善，此时通过岗位分析将组织目标分解，确定部门目标和岗位目标，从而确定岗位职责和岗位人员任职信息。

（2）组织战略调整或业务发展。当一个组织进行了战略调整或业务有所改变时，有些岗位的工作内容、工作性质会发生变化，此时应该及时进行岗位分析以适应变化的岗位要求。

（3）技术创新。组织技术创新会带来新技术和新设备，岗位内容和岗位要求随之发生变化，这时组织需要重新进行定岗、定员。

（4）需要以岗位分析为基础建立相关制度。当组织发展到一定程度时，需要健全人力资源管理制度，如建立绩效考核制度、薪酬制度、培训制度时，必须进行岗位分析。

工作岗位分析起源于 19 世纪末的科学管理时代，是由美国工程师泰勒 ① 以及吉尔布雷斯夫妇 ② 首创的工作研究发展而来的。工作研究包括方法研究和时间研究。方法研究是分析劳动者的每一个细小的操作动作，探寻减少人力、物力和财力消耗的最佳程序和方法。时间研究是在改进工作程序和操作方法；在实现工作标准化的基础上，对各项标准化工作（作业）进行时间测定，最后制定出作业的时间定额标准。岗位分析在国外发展较早，很多企业和政府机构都进行过岗位分析实践，岗位分析基础扎实，岗位分析技术和手段比较成熟。我国企业和政府部门岗位分析实践起步较晚，加上对岗位分析的重视程度不够、管理基础薄弱，导致岗位分析实践不能在我国很好开展。因此，组织需要进一步明确岗位分析在人力资源管理工作中的地位和作用，以便很好地开展岗位分析。

二、工作岗位分析的作用

工作岗位分析通常被誉为人力资源管理的基石，因为人力资源管理活动，如人力资源规划、招聘与配置、绩效考核、培训、薪酬管理等环节，均需要以岗位分析为基础。

1. 岗位分析有助于增强人力资源规划的准确性和有效性

人力资源规划是以组织发展战略为指导，以全面核查现有人力资源、分析组织内外部条件为基础，以预测组织对人员的未来供需为切入点，内容包括晋升规划、补充规划、培训开发规划、人员调配规划、工资规划等，基本涵盖了人力资源的各项管理工作，

① 泰勒，又翻译为泰罗，美国古典管理学家（F. W. Taylor，1856—1915 年）。

② 吉尔布雷斯夫妇，科学管理运动的倡导者（Frank Gilbreth（1868—1924 年）and Lillian M.Gilbreth（1878—1972 年））。

人力资源规划还通过人事政策的制定对人力资源管理活动产生持续和重要的影响。

人力资源需求规划和人力资源供给规划是人力资源规划中的主要内容。人力资源需求规划主要研究一个组织什么时候需要人，需要多少人，需要具有什么样知识、技能和能力的人等问题；人力资源供给规划主要研究一个组织从哪里获取所需人力资源的问题。不管是人力资源需求规划还是人力资源供给规划，其前提都是对组织人力资源现状的分析，分析组织目前岗位设置情况、人员配备情况、人员素质情况等，而这些信息的获得均需要通过岗位分析完成，因此，岗位分析是组织制定和实施人力资源规划的前提和基础。

2. 岗位分析为员工招聘与配置提供依据

岗位分析清楚地提供了每一个岗位的工作内容和任职资格要求，为组织招聘到合适的人才提供了依据。在进行招聘工作前，首先要明确所需招聘岗位的主要职责、任务和任职资格条件，以便向合适的潜在求职群体发布相对全面、准确的职位信息，而这些内容直接可以从岗位分析的结果——工作说明书中获取。工作说明书不但说明了本岗位工作的性质、特征以及职务、职责和职权，还明确地规定了担任本岗位的员工应具备的资格和条件，从生理、心理上对员工的体力、体格、知识、技能、能力等方面提出了具体的配置标准和要求，这就为人力资源管理人员有效地组织和开展招聘活动提供了可靠依据[①]。

3. 岗位分析让员工培训更具针对性

员工培训是现代企业人力资源开发的主要手段之一，是通过各种有效的方式开发员工的潜能、调动员工的积极性、提高员工的岗位胜任能力、增强组织核心竞争力的过程。员工培训的根本目的是为了帮助员工获得岗位必备的专业知识和技能，具备上岗任职的资格，不断提高员工胜任本岗工作的能力，以改善员工个人及组织的绩效。岗位分析所提供的信息能够帮助组织找出员工所具备的知识与技能与其所在岗位或未来要承担的岗位要求的知识与技能之间的差距，合理确定培训需求，让员工培训更具针对性。

4. 岗位分析为建立绩效考核体系提供依据

组织中的岗位设置是为了实现组织目标服务的，岗位人员的职责履行情况、任务完成情况都需要通过绩效考核来检验。绩效考核作为人力资源管理的关键环节，它是通过对群体和个体行为、结果等方面的评价，不断改善员工和组织的行为，提高员工和组织绩效水平。在绩效考核体系建立过程中，评价标准的建立尤为关键，而岗位分析对岗位的任务、要求等均做了相关规定，为绩效标准的建立提供了依据。

5. 岗位分析是薪酬体系设计的基础

薪酬体系包括岗位工资、能力工资、绩效工资等多种形式，其中，岗位工资体现的

① 安鸿章. 工作岗位研究原理与应用 [M].3 版. 北京：中国劳动社会保障出版社，2012.

是岗位的差异性。通过对岗位的性质、责任大小及难易程度、劳动强度、劳动环境条件等评价，确定岗位的相对重要程度，划分不同的等级，从而确定岗位工资水平。在相同的岗位上工作的员工，获得相同的薪酬，保证了内部薪酬公平性。岗位分析为岗位评价体系的建立提供了前提依据，而岗位评价又是薪酬体系设计的基础。

6. 岗位分析有利于员工制定职业发展规划

岗位分析明确了岗位的任职资格、绩效考核标准、晋升路线等内容，员工可以根据组织的发展需要，结合自己的知识、技能、能力、经验等条件，制定适合个体发展需要的职业发展规划，不仅有利于发挥员工的工作积极性，而且有利于实现组织目标。

第二节　工作岗位分析的内容

一、工作岗位分析的原则

工作岗位分析作为人力资源管理其他职能的基础，必须做到科学合理，开展岗位分析必须遵循以下原则。

（一）系统原则

所谓系统，是指由相互作用、相互依赖的若干组成部分结合而成的，具有特定功能的有机整体，而且这个有机整体又是它从属的更大系统的组成部分。上述定义指出了系统的三个构成条件：①至少要有两个或者两个以上的要素才能组成系统；②要素之间相互联系、相互作用，按照一定方式形成一个整体；③这个整体具有特定的功能，且整体具有的功能是各个要素的功能中所没有的。一个组织就是一个系统，组织中的各个部门是子系统，构成部门的各个岗位是子子系统。在进行岗位分析时，要遵循系统原则，分析所有岗位在组织机构的总体及子系统中设置是否合理，每一个岗位与周围各种岗位之间的关系是否协调等。

（二）能级原则

能级是指组织机构中各个岗位功能的等级。一个岗位能级的大小，是由它在组织中的工作性质、任务繁简难易程度、责任大小、劳动强度等因素决定的。能级代表岗位在组织中的相对价值。岗位的功能越大，其能级就越高，其在组织中的相对价值就越大。

（三）实用性原则

实用性原则是指在进行岗位分析时要符合组织自身特点，满足组织实际需要。在进行岗位调查、编写工作说明书的过程中可以参考其他企业的经验，但是必须根据企业的目标和需要进行调整。

（四）最优化原则

最优化是指在一定约束条件下，使系统的目标函数达到最大值或最小值。在岗位分析过程中，如何以最低的投入获得最大的产出，应体现最优化原则。

（五）动态原则

岗位分析的结果不是一成不变的，要根据组织发展和环境的变化，适时地进行岗位分析，并不断调整和完善工作说明书的内容。

二、岗位内涵分析

工作岗位分析的基本要求是从工作活动中提炼出岗位的必要条件和要素，对其进行系统的分析概括，并用文字或图表加以表述说明。岗位分析主要提供的信息有：工作职责和工作活动，岗位之间的关系，工作中所使用的工具、机器与设备，任职资格要求等。归纳起来，岗位分析可以分为岗位内涵分析和人员分析两部分。

岗位内涵分析包括：岗位名称分析、岗位任务分析、岗位责任分析、岗位权限分析、岗位关系分析、劳动环境分析、劳动强度分析等内容。

1. 岗位名称分析

岗位名称是岗位的标识，是一组在职责上相同的岗位的总称。岗位名称反映了岗位的性质和特点。一个确切的岗位名称不仅使人们对该岗位有感官上的认识，还能够反映岗位的内涵和外延。岗位名称既要指明岗位所处的范围，如所在部门、所在地点等，又要反映岗位的任务和职责。如人事部经理这一名称包含了以下信息：该岗位属于职能部门——人事部门；该岗位的职务是经理；该岗位的人员是人事部门的主管，全面负责该部门的工作。

2. 岗位任务分析

任务是工作活动中为达到一定目标的行为组合，如打字、复印、编制报表等行为都是任务。任务可以是脑力活动，也可以是体力活动，或者是二者结合。任务中的体力活动是可以观察和测量的，而脑力活动需要通过专门技术来了解。

所谓任务分析，就是针对各项任务的性质、内容、目标以及执行任务的程序、方法、所用设备、材料等情况进行调查分析、归纳整理，使之系统化、清晰化的过程。

在进行岗位任务分析时，要调查的问题有：

（1）本岗位的工作目标是什么；

（2）本岗位的任务有哪些，每项任务具体工作内容是什么；

（3）每项任务在工作量中所占百分比；

（4）完成每项任务需要执行哪些规章制度（操作手册、工作标准等）；

（5）完成工作任务需要使用哪些设备、工具和原材料；

（6）完成任务所需的劳动分工与协作方式（独立完成、多人完成、工作时间、工作班制等）如何；

（7）完成各项任务的过程中是否经常被一些不确定性的任务打断；

（8）其他需要补充说明与任务有关的问题。

通过对上述问题调查，可以了解岗位的性质和特点，以便对工作岗位有一个整体描述，因此，岗位任务分析是岗位分析的前提和基础。

3. 岗位责任分析

岗位责任就是员工完成本岗位各项任务时应当达到的数量要求和质量标准，即要求员工尽职尽责地完成本职工作，保质保量按时地做好分内之事。

岗位责任分为管理责任和非管理责任两大类。

管理责任表现为影响其他人员工作的方式，或对他们的工作进行帮助和指导等[①]。管理的各项职能如计划、领导、控制、协调、决策中均涉及管理责任。管理责任分析一般从管理幅度、管理层次、管理的性质、管理对象的熟练程度等方面进行。

非管理责任是指完成岗位各项任务的责任、遵守相关制度的责任、保管材料的责任、保护机器和设备的责任、与他人协作的责任、安全生产的责任等[②]。

岗位责任分析要遵循以下原则：

（1）用主动性的功能性动词描述岗位责任，如主持、制定、提出、指导、检测、完成等；

（2）避免使用模糊性的语言，尽量用量化的语言描述岗位责任；

（3）描述岗位责任要有主次之分，主要任务在前，次要任务在后；

（4）分析责任时要表明每项任务的时间耗费量；

（5）明确各项任务的数量要求和质量标准。

4. 岗位权限分析

岗位权限是完成岗位职责范围内的工作任务时可在一定限度内自主行使的权力。更确切地说，它是根据岗位的性质和特点，依照组织有关的规章制度，为保证本岗位员工尽职尽责地完成各项任务，对其可行使的权力范围和内容所作的界定[③]。

在完成一项任务的过程中，在不同岗位之间存在承办、审核、批准等不同的权限，只有权限明确，责任才能明确。权限主要有：①决策、计划、组织、指挥、监督、协调等权限；②制定、审核、批准、执行等权限；③指导、建议、奖惩等权限；④维护、保管、使用等权限。

如某机场安全检查通道设置了人身检查岗位，其任务是：手持监测仪，对人身进行全方位检查。与之对应的权限是：有权要求旅客打开随身携带的物品，接受进一步

① 萧鸣政．工作分析的方法与技术 [M].3 版．北京：中国人民大学出版社，2010.

② 李文辉．工作分析与岗位设计 [M].3 版．北京：中国电力出版社，2014.

③ 安鸿章．工作岗位研究原理与应用 [M].3 版．北京：中国劳动社会保障出版社，2012.

检查;有权提出扣留违禁物品,并交由值班员具体处理。

5. 岗位关系分析

组织中的各个岗位之间既有分工又有协作,每个岗位和其他岗位都会有一定的联系。岗位关系分为上下、左右关系,上下关系指的是所受监督与所施监督的关系,即本岗位受谁指挥监督,它又去指挥监督谁,体现为“直接上级”“直接下级”等,表明了员工的晋升路线。左右关系指的是平行关系,即内部联系和外部联系。内部联系指的是本岗位与组织内部领导以及周边岗位的协作关系,外部联系是指本岗位与组织外部相关部门、单位的联系。例如某公司“办公室主任”岗位的内部联系是“与公司经理、下属员工及其他部门领导联系密切”,外部联系是“与外部上级相关部门有业务上的往来”。

6. 劳动环境分析

劳动环境是指劳动者的劳动场所和工作地的内外状况和条件。劳动环境测定是对劳动环境中各种有害因素和不良环境条件的测定。劳动环境测定有利于人们分析工作岗位对人体的危害程度以及为岗位环境优化设计提供依据。劳动环境分析主要是对劳动者身心健康和劳动效率可能产生影响或危害的各种环境条件进行分析,包括物质环境分析和自然环境分析。物质环境分析包括工作地的组织,照明与色彩,设备、仪表和操纵器的配置等方面的分析。自然环境分析包括温度、湿度、噪声、粉尘、振动、辐射、腐蚀、高空、野外、水下等环境条件的分析。

7. 劳动强度分析

劳动强度是指劳动者从事劳动活动的繁重、紧张或密集程度。劳动强度分析主要对岗位劳动者的劳动紧张程度、劳动负荷、工时利用率、劳动姿势和工作轮班制度等方面的分析。劳动紧张程度分析是对员工在劳动过程中脑、眼、耳和四肢的协调性、感知和处理信息的速度、注意力集中程度、反应的快慢等进行分析。劳动负荷分析是根据员工在工作中采用的推、拉、走、跑等动作,来分析员工做功的大小和能量消耗的多少。工时利用率分析是对员工工作时间的利用情况进行分析。劳动姿势分析是对员工作业时所采用的坐、站、跑、蹲、攀、踢、踏、俯卧、仰视、蹲伏、弯腰和倒悬等劳动姿势进行分析。工作轮班制度分析是根据员工的工作轮班制度,如常白班、三班倒、两班倒、四班三运转等进行分析,以确定工作班制对员工身心健康有无影响[①]。

三、人员分析

人员分析是指对岗位人员应具备的各种资格条件进行的分析,包括知识水平、技能要求、工作经验、心理素质等方面的分析。

① 安鸿章.工作岗位研究原理与应用[M].北京:中国劳动社会保障出版社,2012.

1. 知识水平分析

知识水平分析是指对胜任岗位工作所需要的基本知识及其应当达到的水平进行分析，如教育水平、专业知识、管理知识、法律法规、外语水平等知识以及掌握程度。这些知识可以通过正规的学校教育获得，也可以通过自学、岗位培训等获得。如对某检验人员知识水平分析，得到该岗位知识要求为：①熟悉起重机的生产、制造及检验方面的专业知识；②具有检验操作技能的专业知识；③熟悉检验业务、流程及相关法律法规、技术标准。

2. 技能要求分析

技能是指掌握和运用某种专门技术的能力。按其性质和表现特点，技能可区分为动作技能和智力技能两种。动作技能，即人的手脚躯体所实现的一系列实际动作，如操纵机械设备。智力技能是指人的头脑中所实现的一系列认识活动，它涉及感知、记忆、想象、思维等心理活动，特别是以抽象思维为主[①]。如对某检验人员的技能要求为：①具有正确使用常用检验检测方法、工具，得出检验结论的能力；②具有对系统设备维修、维保的能力；③能够熟练使用办公设备及软件；④具有较强的学习能力、语言表达能力、思维判断能力；⑤具有较强的顾客服务意识和顾客服务管理能力；⑥具有较强的责任感，能秉公办事，工作态度严谨；⑦能根据设备实际使用情况，对设备存在的问题提出改造建议。

3. 工作经验分析

工作经验是人们通过亲身参与生产或工作实践所获得的直接经验。不同的岗位对员工的要求也就不同，它不仅仅表现在知识水平上，还表现在需要本岗位人员具备一定的感知判断力和领悟力，这些能力的取得必须依靠工作经历的积累，这也就构成了工作经验分析的任务。

工作经验分析包括工作熟练程度、工作方法和工作水平的分析。在进行工作经验分析时要了解以下内容：①完成岗位任务对于工作经验的依赖程度；②工作经验对于管理的重要性；③工作经验的获得方式。如某公司薪酬主管岗位要求任职人员“具有至少 5 年同类岗位的工作经验”，而某超市销售岗位人员的任职要求是“具有一年以上的相关销售经验”。

4. 心理素质分析

工作人员完成岗位任务的过程中，不仅需要具备一定的知识、技能和工作经验，还需要具备较好的心理素质。心理素质分析包括职业道德、责任心、工作积极性、工作态度、兴趣等方面的分析。

① 安鸿章．工作岗位研究 [M]. 北京：中国传媒大学出版社，2005.

四、胜任特征模型

(一)胜任特征

1973年,哈佛大学的大卫·麦克利兰(David McClelland)提出了胜任特征的概念。胜任特征是指“能将某一工作(或组织、文化)中有卓越成就者与表现平平者区分开来的个人的潜在特征,它可以是动机、特质、自我形象、态度或价值观、某领域知识、认知或行为技能——任何可以被可靠测量或计数的并且能显著区分优秀与一般绩效的个体的特征。”

岗位胜任特征包括以下六个要素。

(1)知识。知识是指对某一特定领域的了解,如管理知识、财务知识、人力资源管理专业知识等。

(2)技能。技能即掌握和运用专门技术的能力,即完成某项任务所具备的能力,如组织能力、沟通能力、表达能力等。技能可以通过训练获得并能够不断提高。

(3)动机。动机是内在的、自然而持续的想法和偏好,决定了外显行为,如成就需求、人际交往需求等。

(4)特质。特质是个人所具有的特征或其典型的行为方式,如诚实、自信、正直、耐心等。

(5)自我概念。自我概念亦即自我认知,是员工对自身的知觉和评价,如认为自己是某一领域的权威。

(6)社会角色。员工个体对于社会规范的认知与理解,对自己在社会和经济活动中所扮演的角色认识和定位,如专家、普通员工。

美国著名心理学家麦克利兰于1973年提出了一个著名的胜任素质冰山模型,如图5-1所示。

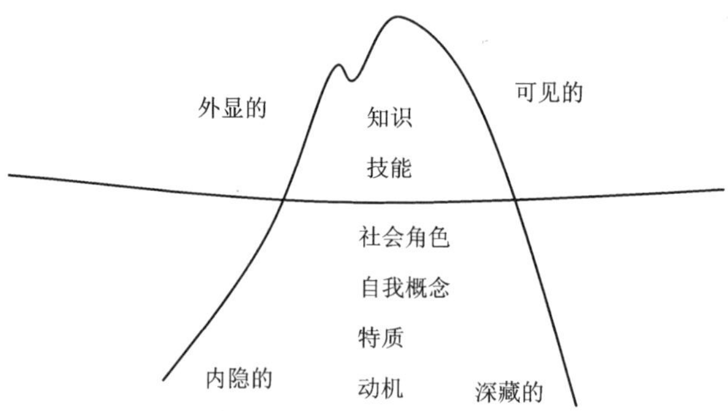

图5-1 胜任素质冰山模型

根据冰山模型评价一般的销售经理和优秀的销售经理六个方面的胜任素质特征,如表5-1所示。

表 5-1　一般销售经理与优秀销售经理的胜任素质特征

人员类型胜任素质	一般的销售经理	优秀的销售经理
知识	本科以上学历；市场营销相关专业	本科以上学历；市场营销相关专业
技能	5 年销售相关经验	5 年销售相关经验
社会角色	权威，告诉下属如何工作	权威，探讨启发下属如何工作
自我概念	我可以做好	我们可以做好
特质	具体的，细致的	宏观的，全面的
动机	个人成绩	组织成就

（二）岗位胜任特征模型

胜任特征模型（Competency Model）是对员工担任某种岗位工作所应具备的胜任特征及其组合结构的说明，包括胜任特征的名称、胜任特征的界定和行为指标的等级。

从国内外企业实践经验来看，构建胜任特征模型的基本思路是：从辨别优秀与一般员工在知识、技能、动机、特质和自我意识等方面的差异开始，通过收集和分析各种相关数据，对数据进行科学的整合和分解，最终提出某类岗位胜任特征模型的基本构架，然后再以此为基础，生成与之对应的可操作性的企业人力资源管理体系。

建立胜任特征模型的步骤如表 5-2 所示。

表 5-2　建立胜任特征模型的步骤[①]

步骤	详细描述	注意事项
定义绩效标准	绩效标准一般采用岗位分析和专家小组讨论的办法来确定。提炼出鉴别工作优秀的员工与工作一般的员工的标准	企业应根据自身的规模、目标、资源等条件选择合适的绩效标准定义方法
选取效标样本	分别从绩效优秀和绩效普通的员工中随机抽取一定数量的员工进行调查	根据岗位要求，在从事该岗位工作的员工中进行挑选
获取效标样本数据资料	可以采用行为事件访谈法、专家小组法、问卷调查法、全方位评价法、专家系统数据库和观察法等获取效标样本中有关胜任特征数据	一般以行为事件访谈法为主
建立模型	对行为事件访谈报告进行内容分析，记录各种胜任特征在报告中出现的频次。然后对优秀组和普通组的要素指标发生频次和相关的程度统计指标进行比较，找出两组的共性与差异特征。根据不同的主题进行特征归类，并根据频次的集中程度，估计各类特征组的大致权重	模型设计要服务于企业人力资源管理的需要
验证	验证胜任特征模型可以采用回归法或其他相关的验证方法	关键在于企业选取什么样的绩效标准来验证

① 王宝石，刘凤霞 . 战略人力资源管理理论与方法 [M]. 天津：天津大学出版社，2014.

第三节 工作岗位分析的程序

岗位分析是对工作岗位进行复杂的全面评价的过程,因此必须遵循一定的程序或步骤,以保证收集到准确、完整的信息,为人力资源管理整体运行提供基础保障。

一般情况下,岗位分析的程序包括五个阶段:准备阶段、调查阶段、分析阶段、结果表达阶段和应用反馈阶段。

一、准备阶段

(一)确定岗位分析目的

岗位分析的首要环节是确定岗位分析目的,目的不同,则岗位分析的范围、对象和内容则不同。岗位分析的目的直接决定了需要收集信息的类型、收集信息的方式、方法。岗位分析目的不同,岗位分析侧重点不同,如表 5-3 所示。

表 5-3 岗位分析的目的与侧重点

岗位分析目的	岗位分析重点
编制或修订工作说明书	岗位任务、职责、任职资格要求
岗位设计或再设计	岗位任务、岗位关系、劳动环境
制订培训计划	履行职责员工所需的知识、技能、能力
确定薪酬体系	岗位任务、劳动责任、劳动强度、劳动技能、劳动环境
确定绩效考核标准	每一项工作任务的时间、质量、数量标准等工作要求

(二)设计岗位调查实施方案

确定岗位分析目标后,要进行岗位调查实施方案设计,主要从五个方面设计岗位调查方案。

1. 确定调查对象

根据岗位分析目的,确定调查对象。调查对象可以是个体,也可以是部门。如果是全面调查,则调查对象是所有岗位;如果是抽样调查,则调查对象是被抽到的岗位。为保证岗位分析结果的准确性,应该选择有代表性、典型性的工作岗位。

2. 确定调查内容

根据调查目的和调查对象,确定调查的内容,包括岗位的基本情况、工作范围、工作内容、岗位职责、任职资格等具体项目。

3. 设计调查表格

调查内容需要通过调查表格的形式表现,不论用什么调查方法,均需要设计调查表格，以便获取相关信息。

4. 确定调查的时间、地点

调查时间是指明确规定调查的期限，包括开始时间和结束时间；调查地点是指收集数据信息的地点。

5. 确定调查方式、方法

根据调查目的和内容确定采用什么方式进行调查。调查方式的确定，要从实际出发，在保证质量的前提下，力求节省人力、物力和时间，可以采用抽样调查、重点调查方式。调查方法的确定，根据企业实际情况，可以采用访谈法、问卷法、工作日写实、测时等方法。

（三）建立岗位分析小组并进行培训

由于岗位分析涉及内容较多，并且需要专门的技术，因此，需要建立岗位分析小组。岗位分析小组一般由岗位分析专家、部门主管、岗位任职者构成。

1. 岗位分析专家

所谓岗位分析专家，是指具有岗位分析专业技能和丰富的岗位分析经验，并对组织结构以及组织内各项工作有明确概念的人员。岗位分析专家可以是内部人员，如人力资源部门或业务部门的人员，也可以是外部专业的岗位分析人员。岗位分析专家负责总体岗位分析方案的设计和技术上的支持。

2. 部门主管

部门主管在岗位分析过程中起着举足轻重的作用。部门主管处于比较有利的位置来观察任职者的工作，并熟悉任职者的具体工作内容，部门主管能够提供较多的岗位信息。

3. 岗位任职者

岗位任职者是最了解其工作内容的人，能够保证提供真实、有效的岗位信息，通常能够获得一些调查者意想不到的信息。

岗位分析小组建立之后，还需要对小组成员进行培训，通常由岗位分析专家主持培训工作。培训内容涉及岗位分析目的、调查内容、使用何种调查工具以及何种岗位分析技术等，同时赋予他们相应权限，以保证岗位分析能够顺利进行。

（四）建立良好的工作关系

在岗位分析开始之前，还应做好员工的思想工作，说明岗位分析的目的和意义，建立友好合作的关系，使有关员工对岗位分析有良好的心理准备。

二、调查阶段

调查阶段是根据岗位调查实施方案对岗位进行调查的过程。一般情况下，岗位分析要获得的信息有以下几个方面：

(1)工作内容,包括工作任务的描述、承担责任情况、发生的频率、权限、使用的机器设备等;

(2)工作环境与条件,包括工作的环境、条件、劳动强度等;

(3)任职资格情况,包括学历、经验、知识、技能以及培训等。

在获取信息的过程中应根据编制的各种调查表格,灵活地运用岗位调查的方法,如访谈、问卷、观察等方法,并结合企业实际需要,广泛深入地搜集有关岗位的各种数据资料。

三、分析阶段

分析阶段的主要任务是对有关岗位特征和人员特征的调查结果进行深入细致的分析,采用文字图表等形式进行归纳和总结。岗位分析是对收集到的信息进行统计、分析、研究、归类的过程,是整个岗位分析过程的核心部分。

分析阶段的具体工作如下。

1. 仔细审核收集到的各种信息

在岗位分析之前,首先要审核收集到的信息资料的真实可靠性,然后再对收集到的信息进行归纳和整理。确认所获得的信息是否准确、完整,可以通过主管和任职者核对、签字的方式,这一过程不仅为岗位任职者提供了一个复查和修改工作岗位描述的机会,而且保证了所获信息资料的真实性和完整性。

2. 岗位描述

通过对岗位调查信息进行归纳、整理、分类,将岗位信息进行梳理,了解岗位的特征和要求,充分揭示岗位主要的任务结构和关键的影响因素,对岗位在一定时间、空间范围内所涉及的各种"事"和"物"的特征一一了解,确定岗位的工作任务、责任、权限、工作时间、劳动条件、环境、劳动强度、所用机器设备等,分析结果形成岗位描述部分。岗位描述是工作说明书的主要组成部分。

3. 任职资格

任职资格是对岗位人员素质要求的分析,它是围绕每一岗位的任职者所应具备的资格和条件而进行的研究。通过岗位分析可以获得各项工作任务对学历、知识、技能、经验等的要求,从而确定岗位任职人员的资格要求。任职资格要求是工作说明书的重要组成部分,可以在人力资源管理实践中指导员工的招聘、录用、考核、培训等工作。

四、结果表达阶段

结果表达阶段是岗位分析成果输出阶段,是应用规范性的文字图表等表达方式将岗位分析结果形成人力资源管理文件的阶段。根据分析阶段的成果,综合岗位描述和任职资格的内容可以撰写工作说明书和岗位规范等人力资源管理文件。

五、应用反馈阶段

应用反馈阶段是对岗位分析结果的检验与完善阶段，只有通过实际应用，才能了解工作说明书、岗位规范等人力资源管理文件的可行性和有效性，才能不断适应外部环境的变化，从而不断地完善工作说明书和岗位规范。此阶段的工作主要有两部分。

1. 岗位分析结果的应用

在岗位分析结果应用于培训与使用的过程中，首先要让使用人员了解岗位分析结果如工作说明书的具体内容；其次让使用人员了解如何应用岗位分析结果，如招聘、培训、考核时如何使用工作说明书、岗位规范等文件。

2. 岗位分析结果的反馈与调整

在岗位分析结果形成之后，岗位分析人员应该将岗位分析结果反馈给相关使用人员以及使用者的上级主管，让其提出意见和建议。岗位分析人员根据反馈意见对岗位分析结果加以修改。

组织的生产经营活动随着组织与环境的发展和变化是不断变化的，这些变化会直接或间接地引起组织分工协作体制发生相应的调整，从而也相应地引起工作的变化。如一些工作任务会弱化或消失，而一些新的任务会产生，相应的一些岗位的工作内容、责任、权限、任职资格条件等会发生改变，因此，组织需要经常对工作说明书、岗位规范等文件进行调整和修改，才能适应实际工作的需要。

第四节 工作说明书

一、工作岗位分析成果

工作岗位分析成果主要包括工作描述、岗位规范和工作说明书三种文件。

（一）工作描述

工作描述主要是对一个岗位的工作任务、责任、权限、劳动环境与条件等做出的说明，是岗位分析的直接成果。工作描述的功能是让员工了解岗位职责概要，建立岗位工作程序和标准，阐明任务、责任、权限，有利于人力资源管理的其他职能如招聘、绩效考核、培训等有效实施。

工作描述一般包括：工作识别、职责概述、岗位职责、岗位关系、岗位权限、劳动环境与条件等内容。某公司培训主管工作描述如表 5-4 所示。

表 5-4　某公司培训主管工作描述

<table>
<tr><td colspan="2">职位名称：培训主管</td><td colspan="2">所在部门：总部人力资源部</td></tr>
<tr><td colspan="2">职位编码：122-418</td><td colspan="2">编制日期：20×× 年 5 月 7 日</td></tr>
<tr><td colspan="4">职位概要：在人力资源部部长的领导下，对公司人员进行培训，丰富员工的业务知识，提高员工的工作技能。</td></tr>
<tr><td colspan="4">主要关系</td></tr>
<tr><td>直接上级</td><td colspan="3">人力资源部部长</td></tr>
<tr><td>直接下级</td><td colspan="3">无</td></tr>
<tr><td>内部沟通</td><td colspan="3">部门内其他人员</td></tr>
<tr><td>外部沟通</td><td colspan="3">管理咨询公司、政府劳动部门和人事部门、教育机构、公司其他部门和事业部等</td></tr>
<tr><td colspan="3">职位职责</td><td>绩效标准</td></tr>
<tr><td colspan="3">1. 制度规范
（1）草拟公司的培训制度，提交部长。
（2）拟定公司培训工作的流程及程序，提交部长。
（3）制订新员工手册，编制企业内部培训教材。</td><td>•制度可行、完备、有效
•流程规范、清晰
•培训材料适用</td></tr>
<tr><td colspan="3">2. 培训活动
（1）制订新员工的入司教育计划，并具体负责实施。
（2）根据各部门和各事业部提交的培训需求，并结合公司实际拟定年度培训计划，提交部长。
（3）按照培训流程，具体实施公司通用技能的培训。
（4）负责公司中高层专业知识和技能的培训。</td><td>•新员工及时融入公司
•培训费用节省
•培训对象满意</td></tr>
<tr><td colspan="3">3. 业务指导
（1）指导各部门和各事业部制订本单位的培训计划。
（2）帮助各单位处理在培训过程中出现的问题。
（3）检查各单位培训计划的实施情况。</td><td>•各事业部满意
•计划落实完好</td></tr>
<tr><td colspan="3">4. 其他
（1）对各单位外出参加的培训进行审核，并备案。
（2）领导交办的其他工作。</td><td>•领导满意</td></tr>
<tr><td colspan="4">职位环境和条件</td></tr>
<tr><td>经常性工作场所：</td><td colspan="3">总部办公室</td></tr>
<tr><td>工作设备：</td><td colspan="3">台式计算机</td></tr>
<tr><td>工作时间：</td><td colspan="3">每周五天，每天八小时</td></tr>
</table>

资料来源：付亚和．工作分析 [M]. 上海：复旦大学出版社，2004.

（二）岗位规范

岗位规范又称为岗位员工规范、资格说明书，说明任职者需要具备什么样的资格条件和相关素质才能胜任岗位工作。岗位规范是对岗位员工知识水平、工作经验、文化程度、专业技能、心理品质等方面素质要求的统一规定。岗位规范中的资格条件和相关素质一般是最低要求。

岗位规范的形式多种多样，一般采用表格式，某公司秘书岗位规范如表 5-5 所示。

表 5-5　某公司秘书资格说明书

编码：140020	岗位名称：中级秘书
一、知识要求 1. 学历：大专以上学历。 2. 专业：文秘、行政管理相关专业。 3. 专业知识：掌握行政管理、文档管理及公关礼仪相关专业知识。 4. 基础知识：熟悉公文写作、档案管理、计算机、公共关系等知识。 二、经验要求 1. 工作经验：1 年以上文秘或行政管理相关工作经验。 2. 培训经历：受过专业机构或企业对公文或文案写作能力的培训。 三、能力要求 1. 校对稿件：每分钟至少 40 字，超过 60 字最为理想。 2. 打字：每分钟至少 45 字，超过 55 字最为理想。 3. 速记：每分钟至少 100 字，超过 120 字最为理想。 4. 专门知识：秘书学、速记方法、公文写作等。 5. 写作能力：行文格式规范，语言通顺简洁，内容充实，结构严谨。 6. 心理测验：考察情绪稳定性、接收外界讯号灵敏性。 四、健康状况： 良好，身高 1.60 米以上，身体健康，五官端正。 五、性别和年龄要求： 男女均可，一般应在 30 岁以下。	

资料来源：萧鸣政．工作分析的方法与技术 [M]. 北京：中国人民大学出版社，2010；李文辉．工作分析与岗位设计 [M]. 北京：中国电力出版社，2014.

（三）工作说明书

工作说明书是指对组织各类岗位的工作性质、任务、职责、权限、岗位关系、劳动条件和环境，以及本岗位人员的资格条件等的统一要求。工作说明书包含了岗位描述和任职资格部分的内容。

工作说明书根据对象不同可以分为三种类型：岗位工作说明书、部门说明书和公司说明书。其中公司说明书和部门说明书可以统一称为部门说明书，只需限定范围即可。

工作说明书的编写没有标准化的要求，根据不同目的和用途，可以选取不同的内容和形式。南方某机场行李部经理工作说明书如表 5-6 所示。

表 5-6 南方某机场行李部经理工作说明书

一、基本资料			
岗位名称	行李部经理	所属部门	行李部
岗位等级	经理	岗位编码	10-01
直接上级	公司总经理	定员标准	1 人
二、工作职责			
1. 概述 管理和督导行李系统部员工按照维保操作和安全规章完成各航站楼所负责行李设备的维护保养及巡检、维修、抢修工作，建立健全各项规章制度和操作规程，保障设备正常运行，服务于公司整体经济效益的达成。 2. 工作内容 （1）根据公司年度目标和工作计划，组织制订本部门年度、月度工作计划和培训计划。 （2）根据部门管理的需要，制定部门内部各种规章制度和工作程序。 （3）按照本岗位已识别出的环境因素及危险源，执行相应的环境与职业健康安全体系的要求。 （4）根据部门的目标审批各项工作计划，提出成本要求并根据部门备品、备件及材料消耗的统计数据制定部门预算。 （5）根据公司相关制度及规定，对部门员工进行日常行政管理、绩效管理、质量管理，对人员进行配置及内外工作协调。 （6）根据公司的安全目标和部门目标，指导、监督、检查本部门的各项工作，审批和启动应急方案。 （7）根据公司和部门质量文件要求，指导、监督、检查员工的工作质量。 （8）每月计划、组织及实施本部门员工的绩效考核和评价。 （9）完成领导交办的其他工作。			
三、监督及岗位关系			
1. 所受监督和所施监督 （1）所受监督：经理直接受公司总经理和书记的监督指导。 （2）所施监督：对下属的行李系统部副经理进行直接监督指导。 2. 与其他岗位的关系 内部关系： （1）对总经理汇报工作； （2）与公司职能部门开展业务联系、工作协调等； （3）对内部各岗位进行日常管理。 外部关系： （1）向航空公司征求意见，处理投诉； （2）与股份公司有业务往来，进行工作协调； （3）与行李系统其他分包商有业务往来进行工作协调； （4）与设备厂家 / 供应商有技术支持、备件采购与使用关系。			
四、工作时间			
每周工作 5 天，每天工作 8 小时。			
五、任职资格			
（一）资历 1. 工作经验：有 5 年以上管理工作经验，其中含主管级管理工作经验 5 年以上。			

续表

2. 学历要求：本科以上学历。 3. 职业资格要求：具有中级职称或相关二级职业资格。 （二）能力素质要求 1. 知识： 系统设备的基础理论知识、管理理论知识。 2. 技能： （1）能根据部门相关规章制度对所属员工进行日常管理，合理调配人力资源； （2）能对部门的维修、维保质量进行有效控制； （3）能计划、组织、实施员工定期目标绩效考核、绩效面谈； （4）能及时对不合格服务的纠正和预防措施进行有效的落实和监控； （5）能组织员工的岗位技能培训，并建立培训档案； （6）能制定本部门合理预算并进行有效控制； （7）能组织协调部门日常维修、运行工作及应急处理工作； （8）能对部门的安全工作进行监督指导； （9）能对设备维修及操作安全工作实施检查； （10）能制定部门的各种规章制度和操作规程并不断进行修订、完善； （11）能根据公司的要求和运行实际情况组织制订设备维修保养制度、计划； （12）能对部门的服务质量进行监督，并制定预防、纠正不合格服务的措施。 3. 胜任能力： （1）有较强的组织协调能力和人际交往能力； （2）有较强的顾客服务意识和沟通协调能力。 4. 培训要求： （1）基础管理培训并考核合格； （2）设备管理相关专业培训并考核合格； （3）须参加准入制度培训并通过准入考试。

二、工作说明书的内容

一般情况下，工作说明书主要包括以下内容①。

1. 基本资料

岗位基本资料主要包括岗位名称、岗位等级、岗位编码、定员标准、直接上级、直接下级和分析日期等方面的识别信息。

2. 岗位职责

职责是岗位的职务、任务与责任的统一，岗位职责包含如下内容。

（1）职责概述。用精炼语言高度概括本岗位所应承担的责任。

（2）职责范围。对本岗位各项工作任务逐一进行具体的描述。

（3）其他工作。在规定职责范围之外，完成上级主管部门直接领导交办的其他临时性工作。

① 安鸿章．工作岗位研究原理与应用 [M].3 版．北京：中国劳动社会保障出版社，2012。

3. 监督与岗位关系

本岗位与其他岗位之间在横向与纵向上的关系。

（1）岗位的纵向关系。工作说明书中必须清楚地指出本岗位所施的和所受的监督，即明确本岗位直接指导、监督谁，本岗位又直接接受谁的指导、监督。

（2）岗位的横向关系。与其他岗位之间的横向关系，包括与组织内部各相关岗位之间和与组织外部相关岗位之间的关系。

岗位纵向关系清楚地表明了本岗位员工的晋升路线，岗位横向关系表明了员工平移、调动的方向。岗位关系不仅为晋升、平移、调动等人事活动提供了客观依据，也可以反映本岗位工作任务内外联系的复杂难易程度，为员工培训开发、岗位评价等基础工作开展提供了必要条件。

4. 工作内容和要求

工作内容是岗位职责的具体化，即对本岗位所要从事的主要工作事项作出的说明。对本岗位应该做哪些主要的事，应该如何去做，应逐条说明，表述的内容力求简明扼要，翔实具体，易于操作。工作要求是对每项工作应达到的数量、质量标准和时限等所作出的统一规定。本项目的规定也可以作为本岗位员工绩效考评的重要依据之一。

5. 工作权限

为了确保工作的正常开展，必须赋予每个岗位不同的权限，但权限必须与工作责任相协调，相一致。岗位权限的规定应该体现责任、权限和利益的一致性要求，保证三者之间相互制约，相互协调。

6. 劳动条件和环境

劳动条件是指在一定时空范围内所涉及的各种物质条件。

劳动环境的主要因素有：劳动环境有无噪声、粉尘、毒物、振动、辐射等有害因素的污染，环境温度湿度状况，在井下、露天、高处或低温条件下作业情况，工作危险性，劳动安全性等。在工作说明书中本部分应依据上述具体情况作出具体说明。

7. 工作时间

工作时间包含工作时间长度和工作轮班制两方面内容。工作时间长度有周标准工时、月标准工时和年标准工时之分。工作时间制度有：标准工作时间制度、非标准工作时间制度和不固定工作时间制度等三类制度。从工作时间制度的形式上看，主要有标准计时制、累计计时制和弹性计时制等形式。

常见工作轮班制有单班制、两班制、三班制、四班三运转制等多种形式。

8. 资历

资历由学历、专业、资格证书、工作经验等部分构成。

（1）岗位学历的要求。应当根据本岗位的工作要求和技术特点明确任职者必须具备的最低学历，如：高中毕业、中专、大专、大学本科、硕士、博士等。

（2）岗位专业的要求。根据岗位性质和特点，明确任职者的专业范畴和方向。

（3）岗位资格证书的要求。根据岗位需要明确任职者必须拥有的与专业工作相关的资格证书。

（4）岗位工作经验的要求。应当明确本岗位需要什么样的工作经验，以及所需工作经验的时间界限。其时间界限可分为：实习期或见习期、一年、三年、五年或七年以上不等。

9. 身体条件

结合岗位的性质、任务对员工的身体条件进行规定，包括对体格和体力两项具体要求。

（1）体格。这包括身高、体重、胸围、腰围、臀围、臂长、腿长等尺寸要求，体格反映了劳动者人体的发育程度和健康状况。

（2）体力。人体活动时各部分肢体所能付出的力量，如推力、拉力、握力、举重、耐力、气力等。

10. 心理品质要求

结合本岗位的性质和特点，对员工智力，语言能力，数字能力，空间理解力，形状视觉，书面材料知觉，运动协调能力，手指灵巧，手的技巧，眼、手、足协调能力和颜色分辨能力等作出的具体要求。

11. 专业知识和技能要求

本岗位员工应当具备的专业知识和职业技能包括：专业知识、外语能力、计算机能力、公文写作能力和其他相关能力等内容。

12. 绩效考核

工作说明书中每一项职责均需要进行考核，应该明确每一项任务在执行时应达到的标准。绩效考核可以从德（个体品德）、能（工作能力）、勤（工作态度）、绩（工作业绩）四个方面设置指标和标准。

三、工作说明书的编写要求

在编写工作说明书时，应注意的问题有以下几个方面。

1. 使用规范性的语言编写工作说明书

1）工作职责概述

职责概述是对岗位工作的总括，需要较强的概括语言。可以采用“岗位背景 + 核心职责 + 工作目标”的原则组织语言。

岗位背景是指岗位工作的基础和前提，如“根据……”“在……的领导下”。

核心职责是指岗位的主要任务和职责，如“负责（承担）……任务（工作）”。

工作目标说明该岗位设置的目的，如“实现……”“保证……”。

例如，某公司餐厅管理员工作职责概述为“在后勤副主任的领导下，负责职工餐厅的日常运营及管理等相关工作，保证员工用餐安全。”

2）岗位职责

岗位职责描述的是该岗位承担的所有职责，按照重要程度排序，每项职责相互独立，一般6～8项为宜。

岗位职责描述一般按照“动词＋宾语＋目的状语”的格式，动词表明这项任务是如何进行的；宾语表明活动实施的对象，可以是人也可以是事；目的状语则表明这项任务要取得的结果①。例如“定期检查仪器设备，以保障仪器设备的正常运行”，其中“定期检查”是动词，“仪器设备”是宾语，“以保障仪器设备的正常运行”是目的状语。

编写岗位职责时，应尽量选用一些具体的动词，如“安装”“加工”“传递”“分析”“设计”等。岗位职责描述中常用动词如表5-7所示。

表5-7　岗位职责描述中常用动词

岗位层次	动词	举例
决策岗位	决定、制定、确定、听取、提出、协调、批准、签发	决定公司投资某项目； 制定公司近期发展战略； 确定公司年度发展计划； 听取部门工作总结汇报； 提出整改意见； 协调各个部门之间的关系； 批准某项提案； 签发某项通知
管理岗位	提交、制定、布置、指导、监督、考核、解决、完成	提交年度重点工作计划； 制定绩效考核方案； 布置本季度工作任务； 指导下属工作； 监督下属目标完成情况； 考核本部门员工的工作业绩； 解决本部门出现的各种问题； 完成本部门任务
基层岗位	设计、参与、编制、整理、调查、统计、检查	设计公司新产品方案； 参与公司某项目的前期准备工作； 编制月度、季度、年度财务报表； 整理公司技术档案资料； 调查公司薪酬水平； 统计产量、销量、费用； 检查设备的使用状况

① 董克用．人力资源管理概论[M].4版．北京：中国人民大学出版社，2015.

3）岗位权限

说明岗位人员具有的审核权、建议权、执行权等各种权限。编写岗位权限时，可以使用“对……方案有审核、修订或否定的权力”、“对……提出建议和意见的权力”、“组织执行……的权力”等语言形式。

4）任职资格

任职资格一般包括教育背景、身体条件、工作经验、知识和技能等方面。任职资格编写规范如表5-8所示。

表5-8　任职资格编写规范

任职资格	编写规范
教育背景	（1）学历：明确岗位人员的最低学历。 （2）专业：明确岗位人员的专业和方向。 （3）资格证书：明确岗位人员必须拥有与本岗位相关的资格证书
身体条件	（1）身体：对于任职者身体条件的限制，如身体健康状况良好。 （2）性别：说明性别要求，如性别不限
工作经验	（1）行业工作经验：明确岗位人员必须具备的行业工作年限。 （2）岗位工作经验：明确岗位人员必须具备的相关岗位工作年限
知识	（1）专业知识：说明岗位人员必须具备的胜任岗位需要的专业知识。 （2）外语水平：说明岗位人员必须具备的外语种类、级别知识。 （3）管理知识：说明岗位人员必须具有的相关管理知识
技能	（1）计算机能力：说明岗位人员应该掌握的计算机应用程度。 （2）学习能力：感知变化、不断提高的能力。 （3）沟通能力：倾听对方、表达自己的能力

如某公司综合办公室副主任的任职资格中，关于技能有以下要求：

（1）能够使用计算机办公自动化软件；

（2）具有较强的学习能力、语言表达能力、思维判断能力；

（3）具有较强的动手能力；

（4）具有较强的组织协调能力、人际交往能力和管理能力；

（5）具有较强的责任感，能秉公办事，工作态度严谨。

2. 编写工作说明书应注意的事项

（1）简单清晰。整个工作说明书中，对工作的描述清晰透彻，任职人员读过以后，无须再询问他人或查看其他说明材料就能够明白其工作内容、工作要求和工作程序等。要避免使用原则性的评价，对专业难懂的词汇必须解释清楚。

（2）描述具体。工作说明书应指出工作的种类、复杂程度，任职者需具备的技能、技巧，应承担的具体责任范围等。一般来说，由于基层工人的工作更为具体，其职务说明书中的描述也更具体、详细、简明扼要。

(3)表明职责的重要性。岗位中的各项职责的重要程度、难易程度、发生频率、所占时间比例不同,在岗位职责描述时,可以按照职责的重要程度或所占时间比例依次排列,让任职者一目了然。

(4)对事不对人。工作说明书中无论是工作描述还是任职资格,均是针对岗位而言的,无论谁在这个岗位上,均要履行工作说明书的各项职责。

(5)共同参与。编写工作说明书时应该让岗位任职者、上级主管、人力资源管理专家共同分析,在综合考虑各方意见的基础上进行编写,这样编写出来的工作说明书不仅反映岗位实际,还容易让各方接受,更好地发挥其作用。

四、工作说明书编写的误区

编写工作说明书时常有以下误区。

(1)只重结果,不重过程。工作说明书的编写既是落实岗位责任和确定任职资格条件的过程,也是组织目标层层分解的过程。现代组织若要实现以人为本,必须尊重员工,了解员工需求特点,让员工与组织共同发展,在组织目标实现的同时,使个人的目标也得到满足。编写工作说明书的过程,可以使员工明确自己的工作职责以及自己在组织中的作用,也是一个组织了解员工工作情况和工作期望的大好时机。可惜很多部门主管都像在应付作业一样草草完成,没有借此机会与员工进行交流,在工作说明书的应用中,也就容易出现员工不理解、不利用、不执行的情况,使工作说明书变成可有可无的摆设。

(2)人力资源部门总揽工作说明书的编写工作。工作说明书应主要由各部门的主管负责,人力资源部为其提供格式和方法,并予以适当的指导和审核。如果由人力资源部代行其事,就在一定程度上失去了编写工作说明书的本意。

(3)一劳永逸,长期不改。随着时代的进步和组织的发展,组织中部门的职能及相应岗位的工作内容也会不断地发生变化,尤其是网络时代中的新兴行业更是如此,因此,工作说明书的内容需要及时修改。一般而言,至少也要每1~2年修改一次。所以,要求岗位说明书的格式简洁实用,重点突出,项目不要过多。在进行岗位职责描述时,要注意措词既明确又通用,内容应详略得当,不要写得太详细,也不能过分简单,以实用为准。

(4)岗位说明书以在岗人员为准。岗位分析针对的是岗位,而不是人。工作说明书描述的只能是岗位本身具有的特性,与本岗位的任职者无关。很多组织常常根据现有人员的情况来制定岗位职责和任职资格标准,使工作说明书偏离了它本身的特点,缺乏客观公正性。

五、工作说明书编写范例

实例 1

某机场要客接待室主任工作说明书①

第一部分　岗位规格说明

一、基本资料

岗位名称：要客接待室主任　　岗位评价：……

岗位编码：160201　　定员标准：1 人

直接上级：要客部经理　　分析日期：2004 年 1 月

二、岗位职责

（一）概述

在要客部经理的领导下，全权负责进出港重要客人、股份公司领导和要客部领导交办的要客在候机楼内的接待工作；贵宾休息室的预订、调配和结算；专机、包机业务联系。

（二）工作职责

（1）要客接待室主任要根据要客部战略目标和经营管理体制，制定本部门的各项规章制度并监督实施。

（2）全权负责进出港要客在候机楼内的接待工作。

（3）协调海关、边防、公安分局、各大航空公司等部门的关系，保证要客顺利进出港，树立要客部最佳服务形象。

（4）负责要客信息的搜集整理和报告；贵宾休息室的预订、调配和结算及相关的复印、打字、传真和订票等商务工作。

（5）拓展包机及商务飞机的服务领域，协调有关部门确保商务活动的顺利进行。

（6）制订本部门的工作计划、业务学习计划及考核办法，抓好本部门的工作纪律，定期对下属员工的工作进行监督检查。

（7）全面负责本部门的员工的思想政治工作，对党、团、工会、女工等项党群工作进行指导监督。

（8）定期向要客部领导汇报本部门工作业务开展情况及员工的思想政治状况，充当上下级之间的桥梁和纽带。

三、其他职责

完成领导交办的其他临时工作。

四、监督及岗位关系

（一）所受监督和所施监督

（1）所受监督。要客接待室主任直接受要客部经理的监督指导。

① 安鸿章．工作岗位的分析技术与应用 [M]. 天津：南开大学出版社，2001.

（2）所施监督。对下属的主任助理、商务中心工作人员、接待人员、专机和包机业务人员等进行直接监督指导。

（二）与其他岗位关系

（1）内部联系。本岗位与贵宾休息室有业务上的协调和配合关系；与综合办公室有指导和协调关系。

（2）外部联系。本岗位与全国各大航空公司、海关、边防、卫生检疫、护卫中心、公安警卫等部门有业务上的合作关系。

（三）本岗位职务晋升阶梯图

职务晋升阶梯如图 5-1 所示。

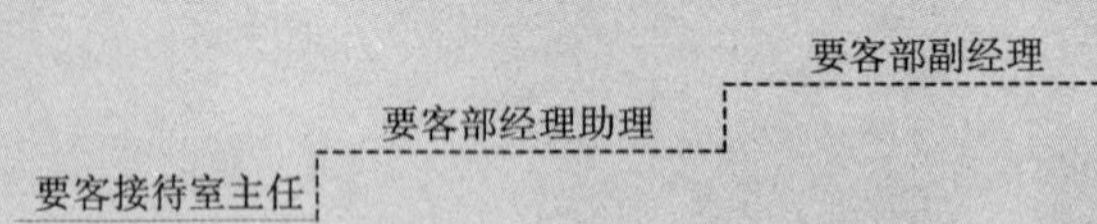

图 5-1　职务晋升阶梯图

（四）本岗位横向平移情况

本岗位可向其他职能部门室主任岗位平移。

五、工作内容及工作要求

工作内容及工作要求见表 5-9。

表 5-9　工作内容及工作要求

工作内容	工作要求
（1）要客接待室主任要根据要客部战略目标和经营管理体制，制定本部门的各项规章制度并监督实施。 （2）全权负责进出港要客在候机楼内的接待工作。 （3）协调海关、边防、公安分局、各大航空公司等部门的关系，保证要客顺利进出港，树立要客部最佳服务形象。 （4）负责要客信息的搜集整理和报告，贵宾休息室的预定，调配和结算以及相关的复印、打字、传真和订票等商务工作。 （5）拓展包机及商务飞机的服务领域，协调有关部门，确保商务活动的顺利进行。 （6）制订本部门的工作计划、业务学习、绩效考核办法，定期对下属员工的工作进行监督检查。 （7）全面负责本部门员工的思想政治工作，对党、团、工会、女工等项党群工作进行指导监督。 （8）定期向要客部领导汇报本部门业务开展情况以及员工思想状况，充当上下级之间的桥梁和纽带	（1）规章制度的制定应根据本部门工作的实际，切实可行，确保有效实施，监督有力。 （2）协助办理要客登接机免检手续和 VIP 证件，贵宾停车场的管理工作，确保要客满意率达 100%。 （3）确保与有关部门关系通畅，要客登机准时率达到 100%。 （4）信息准确，服务到位，收费合理，差错率控制在 0.01% 以内。 （5）积极拓展专、包机业务，培育新的经济增长点。 （6）计划应包含年度计划和中长期规划；业务学习应每月不少于 2 次；对员工考核有据，纪律严明，奖勤罚懒，确保公平、公正。 （7）每周组织一次政治学习，确保员工思想稳定。 （8）每月应向要客部领导汇报本部门工作 2~3 次，做到上情下达、下情上达

六、岗位权限

（1）对关于要客接待室的业务和行政管理工作有指导和监督权。

（2）有权对下属员工的奖惩提出建议。

（3）有对上级部门提出合理化建议和意见的权利。

（4）根据股份公司的规定有权对员工假期的审批提出建议。

（5）有就本部门的规划，向上级领导申报设备更新改造和申请拓展新的经营领域的权利。

七、劳动条件和环境

本岗位属于手工工作，室内坐姿结合室外走动进行，具备较轻体力即可，工作环境温度、湿度适中，无噪声，无粉尘污染，照明条件良好。

八、工作时间

本岗位实行每周40小时的标准工时制。

第二部分　员工规格要求

一、资历

（1）工作经验。具有三年以上接待服务的相关工作经验。

（2）学历要求。具有大专以上文化程度。

二、身体条件

本岗位要求身体健康，精力充沛，具有一定的协调力、控制力、调整力和记忆力。

三、心理品质及能力要求

（1）智力。具有较强的学习能力、理解指令和原理的能力及推理判断能力。

（2）语言能力。口头和书面语言表达流利。

（3）具有一定的组织领导能力、管理能力、计划能力及实施运作能力。

（4）严谨、细心，善于发现微小问题，并能及时作出判断。

（5）具有较强的安全意识和保密意识。

四、所需知识和专业技能

1. 担任本岗位职务应具备的专业知识和技能

（1）掌握服务接待规范或相关专业知识。

（2）具有一定的外语水平，能够运用英语进行简单的听、说、读、写。

（3）具有一定的计算机水平，能够使用计算机办公自动化软件。

（4）具有公关意识，善于把握市场动态和接受先进的管理经验。

（5）具有丰富的社会经验。

2. 招聘本岗位员工应考核的内容

（1）政治思想素质和对民航服务行业的热爱程度。

（2）服务规范、安全保密等专业知识。

（3）计算机操作知识。

（4）英语中级水平。

3. 上岗前应接受的培训内容

（1）了解要客部的主要职能和责任，熟悉股份公司和要客部现行的各项规章制度。

（2）掌握要客部人员分工情况，了解下属部门业务进展情况。

（3）服务意识、安全意识、保密意识。

4. 上岗后应继续教育训练的内容

（1）服务规范、安全保密知识。

（2）公关学、社会学和心理学知识。

五、绩效管理

从德、能、勤、绩四个方面对员工进行考核，以领导评定为主，自我评定和同级评定为辅进行，其中领导评定占70%，同级评定占20%，自我评定占10%。

（一）本岗位工作需考核的内容

1. 德

良好的职业道德修养，爱岗敬业，忠于职守。

2. 能

（1）业务能力。①服务行业专业知识和实际运用能力；②日常行政管理能力和处理突发事件的能力；③公关和协调能力。

（2）管理水平。具有一般的计划、组织、控制、协调和决策能力。

3. 勤

出勤率达到98%。

4. 绩

（1）是否按工作计划和领导的指令圆满完成工作任务？

（2）是否能够实现计划规定的经济管理目标？

（3）各业务组的工作状况有无改善，工作绩效有无提高？

（4）对整个机场的服务工作影响程度如何？

（二）本岗位工作从时间角度考核要求

（1）定期听取本部门人员的工作汇报。

（2）每月向要客部经理提交书面工作报告2～3次。

（3）根据工作进展情况，随时向要客部经理提出合理化意见和建议。

（4）每年年初，作出全年工作计划，年末根据工作完成的实际情况向上级作出述职报告。

（三）考核结果的分析和反馈

由上级领导对考核结果进行核实及可靠性分析，以保证考核结果的真实性，并将考核结果与同期指标和工作要求相比较，及时将分析结果反馈给本人。

实例 2

某公司人力资源部经理的工作说明书[①]

<table>
<tr><td>职务名称：人力资源部经理</td><td>职务编码：AR-01</td></tr>
<tr><td>隶属部门：人力资源部</td><td>直接上级：人事行政总监</td></tr>
<tr><td>职　级：</td><td>薪资幅度：</td></tr>
<tr><td>批准人：</td><td>批准日期：</td></tr>
<tr><td colspan="2" align="center">工作描述</td></tr>
<tr><td colspan="2">一、工作概要
在公司经营方针政策和人事行政总监的领导下，根据相关管理制度和业务流程要求，通过履行下列工作职责，对公司的人力资源管理活动进行计划、组织、指挥、协调、控制与监督。</td></tr>
<tr><td colspan="2">二、工作职责描述
（1）根据公司中长期计划，拟订本部门工作计划；
（2）编制部门工作计划的具体实施方案；
（3）编制部门财务预算，提请人事行政总监审核；
（4）审核人事主管与培训主管拟订的工作计划；
（5）指导下属员工处理重要的、困难的管理或专业性问题；
（6）对下属人员进行必要的培训，激励下属员工提高工作效率；
（7）根据公司绩效管理制度，考核人事主管与培训主管的工作业绩，并协助其制订绩效改进计划；
（8）根据绩效考核结果，向人事行政总监提出对人事主管和培训主管的奖惩建议；
（9）核决、监察人事主管和培训主管提出的一般员工的奖惩建议；
（10）在人事行政总监的指导下，协调本部门或部门之间的工作；
（11）编写有关工作执行和完成情况的报告，并呈交人事行政总监审核；
（12）进行工作设计与人员编制，并呈交人事行政总监审核；
（13）审核下属员工拟订的公司人事制度及规章；
（14）负责组织规程与人事制度的解释说明；
（15）指导并监督下属进行工作分析、工作评价，并审核其编制的职务说明书；
（16）根据公司战略与组织结构，预测公司的中长期与年度人力资源需求，制定公司的人力资源规划；
（17）管理公司员工外培与进修申请的复核工作；
（18）与本部门人员研究、提炼、宣传公司的企业文化；
（19）审核公司员工职业生涯设计的管理工作；
（20）检查并协助各部门进行绩效考核、制订绩效改进计划；
（21）审核新进员工的定资与在职员工的调薪工作；
（22）审核薪资调整方案，并呈交人事行政总监；
（23）监督与指导下属处理劳动争议问题；
（24）与异动员工（主管及以上人员）进行异动面谈；
（25）管理员工合理化建议的搜集、反馈与奖励工作；
（26）负责核决档案管理工作中的重大事宜，如人事档案的转交与销毁；</td></tr>
</table>

① 付亚和．工作分析 [M]. 上海：复旦大学出版社，2009.

续表

<table>
<tr><td colspan="4">（27）审核或核决公司人力资源管理中形成的报告与报表，如薪资调查报告、薪资与福利报表、人工成本分析报告、外来培训师授课效果的调查等；
（28）核决人事与培训主管的工作总结；
（29）负责与外部人才机构、培训机构、高等院校、政府和法律部门保持联系；
（30）积极完成人事行政总监布置的其他任务</td></tr>
<tr><td colspan="4">基本任职资格</td></tr>
<tr><td colspan="4">一、普通教育程度：3 ～ 16 年</td></tr>
<tr><td rowspan="2">具体描述</td><td>推理能力</td><td>数学能力</td><td>语文能力</td></tr>
<tr><td>（1）应用逻辑或科学的方法思考问题、界定概念、搜集数据、确定事实，并得出有效的结论；
（2）阐释在书籍、文本中艺术学或图表形式表述的各类技术性指标；
（3）能够处理一些抽象和具体的变量</td><td>（1）应用高等数学和统计技术；
（2）运用许多与本职业相关的数学概念；
（3）能够应用解决相关问题的数学方法</td><td>（1）撰写报告、文章或编审文献；
（2）起草契约和合同；
（3）能够为各类人员提供咨询意见</td></tr>
<tr><td colspan="4">二、职业培训要求
6 年以上相关工作经验</td></tr>
<tr><td colspan="4">三、精力要求</td></tr>
</table>

类别	等级
精神努力程度	（低）5 4 3 2 1（高）
工作压力	（低）5 4 3 2 1（高）
繁重程度	（低）5 4 3 2 1（高）

<table>
<tr><td colspan="3">从业人员职能</td></tr>
<tr><td>类别</td><td>程度</td><td>说明</td></tr>
<tr><td>数据</td><td>协调</td><td>以数据分析为基础，确定操作或行动的时间、地点、顺序、执行决定和 / 或报告发生的事件。</td></tr>
<tr><td>人物</td><td>交涉</td><td>与他人交流思想、信息和意见，以制订方针政策、工作计划及共同决定、结论或解决办法。</td></tr>
<tr><td></td><td>无关紧要</td><td>没有明显关系</td></tr>
<tr><td colspan="3">四、职业能力倾向</td></tr>
</table>

<table>
<tr><td>代号</td><td>能力名称</td><td>能力等级</td><td>分级说明</td></tr>
<tr><td>G</td><td>智力</td><td>5 4 3 2 1</td><td rowspan="11">（1）最高的 10%；
（2）较高的 1/3，但不包括最高的 10%；
（3）中间的 1/3；
（4）较低的 1/3，不包括最低的 10%；
（5）最低的 10%；
（6）百分比表示在从业人口中所达到的相应水平人口比例</td></tr>
<tr><td>V</td><td>语言表达能力</td><td>5 4 3 2 1</td></tr>
<tr><td>N</td><td>数学计算能力</td><td>5 4 3 2 1</td></tr>
<tr><td>S</td><td>空间能力</td><td>5 4 3 2 1</td></tr>
<tr><td>P</td><td>形体感</td><td>5 4 3 2 1</td></tr>
<tr><td>Q</td><td>文字处理能力</td><td>5 4 3 2 1</td></tr>
<tr><td>K</td><td>动作协调</td><td>5 4 3 2 1</td></tr>
<tr><td>F</td><td>手指灵活性</td><td>5 4 3 2 1</td></tr>
<tr><td>M</td><td>手工灵巧性</td><td>5 4 3 2 1</td></tr>
<tr><td>E</td><td>眼、手、足配合</td><td>5 4 3 2 1</td></tr>
<tr><td>C</td><td>颜色辨别能力</td><td>5 4 3 2 1</td></tr>
</table>

续表

五、职业兴趣因素 (1)与相关人员进行业务接触。 (2)与他人交往并交流思想。 (3)谋求享有威望和受人尊重的工作
六、职业性格因素 (1)指导、控制和规划自己或下属的工作。 (2)在职责范围内与相关人员打交道,而不只限于发出和接受指示。 (3)对他人在思想或事物方面的意见、态度或判断施加影响。 (4)根据感觉或判断标准,对信息进行评价(做出归纳、判断或决策)。 (5)职责多种多样,往往变换频繁
七、职业能力要求 (1)学习能力:理解组织规程、人事制度和实际操作办法,并具有成功地指挥人力资源部活动所必需的专门知识。 (2)语言表达能力:能够有效地与人交往,并与不同背景、不同层次的人明确无误地交换意见。 (3)数学计算能力:能够估计财务预算,预测人力需求,并能够有效地审查本部门活动以保证资源有效地分配。 (4)办公(文书事务)能力:能够掌握语言或数字资料中的重要内容,并发现文件或报告中的错误。 (5)电脑操作能力:能够熟练使用电脑和常用办公软件
八、培训与录用要求 (1)大学毕业(相关专业),并有4年以上相关工作经验; (2)高中毕业,并有6年以上相关工作经验。
九、晋升与职务轮换可能性 晋升:可以晋升为人事行政总监或其他需要类似任职条件、责任更重、报酬更高的经理职位。 职务轮换:可以调任行政或总务部经理,但需具有相应的教育程度、培训和经历

实例3

某自来水营销分公司营销副经理工作说明书

一、基本资料

岗位名称	营销副经理	所属部门	营销部
直接上级	营销总经理	岗位编码	01-001
直接下级	供水营销员	定员标准	2人

二、工作职责

(一)岗位工作概述

围绕分公司的市场目标和营销目标,制订营销计划并组织实施以实现目标。

(二)工作职责

(1)参与协助制定公司渠道产品价格体系。

(2)熟悉公司理念及产品,发展并维护客户关系,达成销售目标。

(3)根据销售项目督促检查,按照公司销售工作流程,积极协调售前、售中、售后的相关问题。

(4)负责收集销售相关信息工作。

(5)定期进行部属管理,对营销员进行业务教导、工作能力教导,记录部属工作表现,并对部属进行考核。

(6)营销费用管理:每天严格进行费用审检程序。

(7)制订公司季度、年度销售计划。

(8)撰写年度工作总结。

三、监督及岗位关系

(一)所受监督和所施监督

(1)所受监督。受营销总经理的工作监督。

(2)所施监督。对供水营销员相关工作实施指导和监督,发现问题及时处理和报告。

(二)与其他岗位关系

(1)内部联系。与本部门领导及公司相关人员的工作联系。

(2)外部联系。与客户的工作关系。

四、岗位权限

(1)有对销售情况的监督权。

(2)有对下属销售员的工作指导权和考核权。

(3)有对公司销售计划的建议权和制订权。

(4)有对销售费用的核对权。

五、劳动条件和工作环境

本岗位属于脑力劳动工作,室内坐姿结合室内走动进行,具较轻体力即可,工作环境宽敞明亮,温度适中,无噪声,无粉尘污染。

六、工作时间

本岗位实行每周 40 个小时的标准计时制。

七、资历

(1)工作经验。具有五年以上供水营销员工作经验。

(2)学历要求。本科及本科以上文化程度。

八、身体条件

本岗位要求身体健康、精力充沛,具有一定的协调力、控制力、调整力和记忆力。

九、心理品质及能力要求

(1)智力。具有较强的学习能力、理解能力、管理能力。

(2)语言能力。口头和书面语言表达流利。

(3)具有一定的组织领导能力、管理能力、计划能力及实施运作能力。

(4)具有对特殊状况的处理能力。

(5)有安全意识和保密意识。

十、所需知识和专业技能

1. 担任本岗位职务应具备的专业知识和技能

(1)具有一定的计算机水平,能够使用计算机办公自动化软件。

(2)具有公关意识,善于接受先进的管理经验。

(3)具有丰富的销售经验。

(4)掌握服务接待规范和相关专业知识。

(5)善于对员工进行思想和领导工作。

2. 招聘本岗位员工应考核的内容

(1)政治思想素养和对自来水销售行业的热爱程度。

(2)具有服务规范、销售技术的相关专业知识。

(3)计算机操作知识。

(4)口头和书面表达能力。

(5)对特殊状况的处理能力。

3. 上岗前应接受的培训内容

(1)中级岗位技能培训。

(2)高级岗位技能培训。

(3)管理岗位技能培训。

4. 上岗后应继续教育训练的内容

(1)服务规范、安全保密意识。

(2)高级管理能力培训。

(3)公关学、管理学、社会学、心理学和销售学。

实例 4

某公司办公室主任工作说明书

一、基本资料

岗位名称	办公室主任	所属部门	办公室
岗位等级	正科	岗位编码	010-001
直接上级	综合部经理	定员标准	1人

二、工作职责

1. 概述

负责公司包括人事、劳资、后勤保障等主要行政管理的工作。

2. 工作内容

(1)负责协助综合部经理与各部门的协调联络工作,处理公司日常政务和后勤保障工作,组织本室人员完成办公室主要工作职责。

（2）负责组织起草公司的重要文件，负责监督落实领导批示和会议决定等重要事项。

（3）负责组织人员招聘、岗位培训、聘任以及人员考核工作。

（4）负责公司各类会议安排，以及重大会议接待工作。

（5）负责组织好人事管理工作，有效实施绩效考核。

（6）负责组织劳动工资管理工作。

（7）负责组织办公类固定资产管理工作，做到账实相符。

（8）负责组织实施公司各项安全保障、环境卫生及车辆管理工作。

（9）负责组织实施人事档案、文书档案及综合档案的管理工作。

（10）保证职工餐厅正常运行。

（11）完成领导交办的其他工作。

3. 本岗位环境因素和危险源方面的管理职责

（1）办公用纸尽量双面打印 / 复印，节约纸资源。

（2）具备节约水、电的意识和行为，杜绝浪费现象。

（3）尽量减少使用硒鼓、墨盒等计算机耗材。

（4）办公活动中产生的危险固体废弃物（如硒鼓、墨盒等计算机耗材以及电池、废灯管等）应统一存放和回收，不得随意丢弃。

（5）了解由于电源漏电、短路引发触电、人员伤亡、火灾等应急事故的应对措施。

（6）长时间使用电脑会引发眼部疲劳，减少长时间持续使用电脑或每隔三个小时做眼部保健操。

（7）对重要文件、决定的保密工作负责。

（8）对因个人违反管理规章制度而造成的后果或工作失误承担责任。

三、监督及岗位关系

1. 所受监督和所施监督

所受监督：受综合部经理直接监督。

所施监督：监督本部门各岗位的工作。

2. 内外部联系

内部联系：与综合部经理、办公室副主任、下属员工及其他部门领导联系密切，沟通频繁。

外部联系：与外部上级相关部门、各对口单位交流较多。

四、工作时间

本岗位实行每周 40 小时的标准计时制。

五、工作环境

在室内工作，无粉尘等污染，无意外伤害危险。

六、任职资格

（1）工作经验：二年及以上管理岗位工作经验，本单位三年及以上工作经验。

（2）学历：本科及以上学历。

（3）政治面貌：中共党员。

七、能力素质要求

1. 知识

掌握公司设备应用管理等知识，精通管理的基本科学，把握管理的艺术，熟悉国家相关的法律法规。

2. 技能

（1）具有基本的学习能力、语言表达能力、思维判断能力。

（2）能够熟练使用办公设备及软件。

（3）具有较强的顾客服务意识和顾客服务管理能力。

（4）具有较强的组织协调能力和人际交往能力。

（5）具有较强的责任感，能秉公办事，工作态度严谨。

（6）能制定部门发展规划和目标并对日常经营管理活动进行有效的实施。

（7）能根据公司的要求和运行实际情况完善和优化部门内部的工作流程和管理制度。

（8）能选拔、培养下属员工并帮助下属进行个人职业生涯规划。

（9）能针对公司及部门不适用的管理制度及流程提出合理的解决方案。

3. 培训要求

（1）每年完成 60 学时的继续教育学时。

（2）须参加相关法规、条例的培训。

（3）须参加企业管理方面的培训。

（4）须参加安全培训。

4. 其他要求

（1）严谨、细心，善于发现微小问题，并能及时判断。

（2）具有较强的安全意识和保密意识。

实例 5

某公司总经理秘书工作描述①

总经理秘书工作描述					
职位编号	BG-02	职位名称	总经理秘书	所属部门	总经理办公室
职位类型	行政事务类	上级职位	总经理办公室主任	编制日期	2012.4.6

① 朱勇国．工作分析与研究 [M]. 北京：中国劳动社会保障出版社，2008.

续表

<table>
<tr><td>职位概要</td><td colspan="5">协助总经理安排每日的工作日程、人员接待、公文转接等文秘服务，严守工作纪律和保密守则，以保证总经理工作的顺利开展</td></tr>
<tr><td colspan="6">履行职责及考核要点</td></tr>
<tr><td colspan="3">1. 总经理日程安排
协助总经理安排每日的工作日程表，合理规范安排时间进度，提醒总经理按时参加重要活动及会议；负责总经理出差日程的计划以及相关票据的订购和报销工作</td><td>30%</td><td colspan="2">安排调理规范
安排严谨有序
报销及时
总经理的满意度</td></tr>
<tr><td colspan="3">2. 人员接待
接听并记录总经理的工作电话，礼貌有序地接待来访人员，做好信息记录；根据需要和重要程度，安排来宾与总经理会晤，婉转回绝或转派总经理不必出面的接待要求；整理汇总总经理日常业务名片及主要联络表</td><td>30%</td><td colspan="2">记录完整及时
安排合理有序
礼貌待客
客户的满意度</td></tr>
<tr><td colspan="3">3. 文字工作
遵照总经理指派，以总经理名义起草、回复往来信件、一般性文件、讲话稿和报告，翻译总经理需要阅读的外来文件和外来资料</td><td>20%</td><td colspan="2">文件的规范性
文件的及时性
翻译的准确性</td></tr>
<tr><td colspan="3">4. 行政事务管理
汇总登记、保密管理总经理的各种文件资料，传递、记录公司内外往来文件和总经理的批复意见，保证公司内外信息的通畅；承担总经理办公室保密整理、办公用品领取更新、办公设备管理维护以及总经理的日常后勤服务等工作</td><td>10%</td><td colspan="2">文件管理规范完整
文件传递及时准确
后勤服务的及时性
总经理的满意度</td></tr>
<tr><td colspan="3">5. 其他
总经理或办公室主任布置的其他临时性工作</td><td>10%</td><td colspan="2">工作完成的时间
工作完成的质量
总经理的满意度</td></tr>
<tr><td rowspan="4">工作关系</td><td>直接下属人数</td><td>无</td><td>间接下属人数</td><td colspan="2">无</td></tr>
<tr><td>直接下属类型</td><td></td><td>间接下属类型</td><td colspan="2"></td></tr>
<tr><td>内部主要关系</td><td colspan="4">公司总经理，主管副总经理和办公室主任
公司内部各职能，业务部门</td></tr>
<tr><td>外部主要关系</td><td colspan="4">中央和地方政府相关主管部门
集团领导，各职能部门，下属相关部门
总经理的相关业务，工作关系</td></tr>
<tr><td rowspan="3">工作条件</td><td>工作场所</td><td colspan="4">固定（公司统一办公楼）</td></tr>
<tr><td>工作时间</td><td colspan="4">固定（每周 5 天，每天 8 小时）</td></tr>
<tr><td>使用设备</td><td colspan="4">公司提供的计算机，电话，传真机等办公设备</td></tr>
</table>

实例 6

某公司会计岗位说明书

<table>
<tr><td colspan="4">一、基本信息</td></tr>
<tr><td>岗位名称</td><td>会计</td><td>岗位编码</td><td>020404</td></tr>
<tr><td>岗位等级</td><td></td><td>岗位人数</td><td>1 人</td></tr>
<tr><td>直接上级</td><td>财务部经理</td><td>编写日期</td><td>2015 年 6 月</td></tr>
</table>

续表

二、工作职责	
（一）职责概述	负责财务方面的各项事务。
（二）职责范围	（1）负责企业收入的到账情况以及日常费用的统计工作。 （2）审查对外、对内报送的财务会计报告和各项日常统计报表，并查看费用是否符合公司的审批流程。 （3）负责工资的明细核算及工资分配的核算，按有关规定正确计提应付福利费，并编制相应的会计分录。 （4）负责编制每月的资产负债表、收入月报表、支出明细表及内部收支情况表。 （5）负责月初各项报税工作，负责撰写月度财务分析报告。 （6）负责汇总年底财务决算，向单位领导及财务部门报告公司财务状况和经营成果，制定出下一年预算，并汇报给总公司。 （7）负责每年所得税汇算清缴、公积金的汇算清缴以及残疾人税务审核工作。 （8）完成领导交办的其他工作
三、工作时间	
本岗位实行每周 40 小时的标准计时制。	
四、任职资格	
（一）基本条件	（1）学历要求：本科以上。 （2）专业要求：会计、财务管理等相关专业。 （3）工作经验：3 年以上同类岗位工作经验。 （4）职业资格：会计从业资格证
（二）身体条件	符合《劳动法》规定的该岗位从业人员身体条件即可
（三）专业知识	（1）财务会计知识；　（2）统计学； （3）税务知识；　（4）金融知识； （5）物业管理；　（6）法律法规
（四）能力要求	（1）组织领导能力；　（2）言语沟通能力； （3）书面表达能力；　（4）学习能力； （5）团队合作能力

【本章小结】

本章主要阐述了工作岗位分析所涉及的基本概念、基本原理和基本方法。第一节介绍了工作岗位分析的概念、岗位分析的作用。第二节主要介绍了工作岗位分析的原则、内容。第三节介绍了工作岗位分析的程序包括准备阶段、计划阶段、分析阶段、描述阶段和运用阶段五个阶段以及岗位分析应注意的问题。第四节介绍了工作描述、岗位规范和工作说明书等岗位分析成果，工作说明书的内容以及工作说明书的编写要求，并列举了工作说明书的编写范例。

【本章习题】

1. 什么是工作岗位分析？工作岗位分析的作用有哪些？
2. 工作岗位分析的最终工作成果是什么？
3. 简要说明工作岗位分析的基本程序和具体步骤。
4. 什么是工作说明书、工作描述和岗位规范？
5. 工作说明书的内容有哪些？
6. 撰写各类工作说明书应该注意哪些问题？

【案例与讨论】

案例一

A公司的问题与变革[①]

A公司是我国中部省份的一家房地产开发公司。近年来，随着当地经济的迅速增长，房产需求强劲，公司有了飞速的发展，规模持续扩大，逐步发展为一家中型房地产开发公司。随着公司的发展和壮大，员工人数大量增加，众多的组织和人力资源管理问题逐渐突显出来。

公司现有的组织机构是基于创业时的公司规划，随着业务扩张的需要逐渐扩充而形成的，在运行的过程中，组织与业务上的矛盾已经逐渐突显出来。部门之间、职位之间的职责与权限缺乏明确的界定，扯皮推诿的现象不断发生；有的部门抱怨事情太多，人手不够，任务不能按时、按质、按量完成；有的部门又觉得人员冗杂，人浮于事，效率低下。

公司的人员招聘方面，用人部门给出的招聘标准往往含糊，招聘主管往往无法准确地加以理解，使得招来的人大多差强人意。同时目前许多岗位不能做到人事匹配，员工的能力不能得到充分发挥，严重挫伤了士气，并影响了工作的效率。公司员工的晋升以前由总经理直接决定。现在公司规模大了，总经理已经几乎没有时间来与基层员工和部门主管打交道，基层员工和部门主管的晋升只能根据部门经理的意见来决定。而在晋升中，上级和下属之间的私人感情成为了决定性的因素，有才干的人却往往并不能获得提升。因此，许多优秀的员工由于看不到自己的未来，而另谋高就。在激励机制方面，公司缺乏科学的绩效考核和薪酬制度，考核中的主观性和随意性非常严重，员工的报酬不能体现其价值与能力，人力资源部经常可以听到大家对薪酬的抱怨和不满，这也是人才流失的重要原因。

面对这样严峻的形势，人力资源部开始着手进行人力资源管理的变革，变革首先从进行职位分析、确定职位价值开始。职位分析、职位评价究竟如何开展、如何抓住

① 萧鸣政. 工作分析的方法与技术[M].3版. 北京：中国人民大学出版社，2010. 采用时作者进行了节选和调整

职位分析、职位评价过程中的关键点，为公司本次组织变革提供有效的信息支持和基础保证，是摆在 A 公司面前的重要课题。

首先，他们开始寻找进行职位分析的工具与技术。在阅读了国内目前流行的基本职位分析书籍之后，他们从其中选取了一份职位分析问卷，来作为收集职位信息的工具。然后，人力资源部将问卷发放到了各个部门经理手中，同时他们还在公司的内部网上也上发了一份关于开展问卷调查的通知，要求各部门配合人力资源部的问卷调查。

据反映，问卷在下发到各部门之后，却一直搁置在各部门经理手中，而没有发下去。很多部门是直到人力部开始催收时才把问卷发放到每个人手中。同时，由于大家都很忙，很多人在拿到问卷之后，都没有时间仔细思考，草草填写了事。还有很多人在外地出差，或者任务缠身，自己无法填写，而由同事代笔。此外，据一些较为重视这次调查的员工反映，大家都不了解这次问卷调查的意图，也不理解问卷中那些陌生的管理术语，如职责、工作目的。很多人想就疑难问题向人力资源部进行询问，可是也不知道具体该找谁。因此，在回答问卷时只能凭借自己个人的理解来填写，无法把握填写的规范和标准。

一个星期之后，人力资源部收回了问卷。但他们发现，问卷填写的效果不太理想，有一部分问卷填写不全，一部分问卷答非所问，还有一部分问卷根本没有收上来。辛苦调查的结果却没有发挥它应有的价值。

与此同时，人力资源部也着手选取了一些职位进行访谈。但在试着谈了几个职位之后，发现访谈的效果也不好。因为，在人力资源部，能够对部门经理访谈的人只有人力资源部经理一人，主管和一般员工都无法与其他部门经理进行沟通。同时，由于经理们都很忙，能够把双方凑在一块，实在不容易。因此，两个星期时间过去之后，只访谈了两个部门经理。

人力资源部的几位主管负责对经理级以下的人员进行访谈，但在访谈中，出现的情况却出乎意料。大部分时间都是被访谈的人在发牢骚，指责公司的管理问题，抱怨自己的待遇不公等。而在谈到与职位分析相关的内容时，被访谈人往往又言辞闪烁，顾左右而言他，似乎对人力资源部这次访谈不太信任。访谈结束之后，访谈人都反映对该职位的认识还是停留在模糊的阶段。这样持续了两个星期，访谈了大概三分之一的职位。王经理认为时间不能拖延下去了，因此决定开始进入项目的下一个阶段——撰写职位说明书。

可这时，各职位的信息收集却还不完全。怎么办呢？人力资源部在无奈之中，不得不另觅他途。于是，他们通过各种途径从其他公司中收集了许多职位说明书，试图以此作为参照，结合问卷和访谈收集到一些信息来撰写职位说明书。

在撰写阶段，人力资源部还成立了几个小组，每个小组专门负责起草某一部门的职位说明，并且还要求各组在两个星期内完成任务。在起草职位说明书的过程中，人力资源部的员工都颇感为难，一方面不了解别的部门的工作，问卷和访谈提供的信息又不准确；另一方面，大家又缺乏写职位说明书的经验，因此，写起来都感觉很费劲。规定的时间快到了，很多人为了交稿，不得不急急忙忙拼凑了一些材料，再结合自己的判断，最后成稿。

最后，职位说明书终于出台了。然后，人力资源部将成稿的职位说明书下发到了各部门，同时，还下发了一份文件，要求各部门按照新的职位说明书来界定工作范围，并按照其中规定的任职条件来进行人员的招聘、选拔和任用。但这却引起了其他部门的强烈反对，很多直线部门的管理人员甚至公开指责人力资源部，说人力资源部的职位说明书是一堆垃圾文件，完全不符合实际情况。

于是，人力资源部专门与相关部门召开了一次会议来推动职位说明书的应用。人力资源部经理本来想通过这次会议来说服各部门支持这次项目。但结果却恰恰相反，在会上，人力资源部遭到了各部门的一致批评。同时，人力资源部由于对其他部门不了解，对于其他部门所提的很多问题，也无法进行解释和反驳，因此，会议的最终结论是，让人力资源部重新编写职位说明书。后来，经过多次重写与修改，职位说明书始终无法令人满意。最后，职位分析项目不了了之。

人力资源部的员工在经历了这次失败的项目后，对职位分析彻底丧失了信心。他们开始认为，职位分析只不过是"雾里看花，水中望月"的东西，说起来挺好，实际上却没有什么大用，而且认为职位分析只能针对西方国家那些管理先进的大公司，拿到中国的企业来，根本就行不通。原来雄心勃勃的人力资源部经理也变得灰心丧气，但他却一直对这次失败耿耿于怀，对项目失败的原因也是百思不得其解。

那么，职位分析真的是他们认为的"雾里看花，水中望月"吗？该公司的职位分析项目为什么会失败呢？

请根据上述案例讨论以下问题。

1. 该公司为什么决定从职位分析入手来实施变革，这样的决定正确吗？为什么？

2. 在职位分析项目的整个组织与实施过程中，该公司存在着哪些问题？

3. 该公司所采用的职位分析工具和方法主要存在着哪些问题？

案例二

Q公司是一家高新技术企业。目前，公司有16个部门，250多名员工。各个部门的经理主要是通过外部招聘，或是内部重组时的人员调配而来，管理经验丰富。员工的年龄也比较年轻，知识层次比较高。由于企业目前正处于高速发展期，在各方面也暴露出不少问题，具体如下。

（1）人员紧张。由于公司业务的不断扩张，使得人员非常紧张，各部门存在一人兼多职现象。

（2）各部门职责不清。作为一个新企业，仅 2001 年上半年公司组织结构就调整过 3 次。因时间仓促，导致部门之间职责划分不清，工作互有重叠，不时出现互相推诿的现象。

（3）工资制度也不规范。高新技术行业以前是高工资领域，近来工资略有调整，以适应竞争。公司拟通过规范工资制度，进一步调动员工积极性。

公司领导责令人力资源部王经理在两个月时间内解决上述问题，人力资源部现在就 3 个人，王经理觉得时间短，任务重，陷入深深苦恼之中。

请根据上述案例讨论以下问题。

1. 该公司王经理该采用什么样的措施解决上述问题？

2. 请你帮助王经理列出详细的工作计划。

案例三

李刚大学刚毕业就顺利进入了 BW 信息服务公司，他学的是国际企业管理专业，因此公司将他安排在人力资源部，在应聘和面谈过程中，他了解到这是一家中外合资企业，主要的经营业务是为企业和个人提供软件和硬件。公司自 1994 年创办以来，发展迅速，通过灵活的经营手段、高质量的产品、优良的售后服务，在信息激烈的竞争中保持了领先地位。管理层深知，作为一个知识密集型企业，公司的发展将主要依赖于它所拥有的人力资源，企业间的竞争实质是对于高质量的人力资源的竞争。因此，公司非常注重通过提高员工的满意度来留住他们。至今，它的人员流动率接近行业的平均水平。李刚为自己能进入这样一个充满活力的公司暗自高兴。

但是在听了人力资源部张经理的一番话后，李刚原来乐观的想法改变了。张经理告诉他，尽管从表面看，公司有骄人的经营业绩和良好的发展势头，但是事实上公司内部的管理制度有很多不完善的地方，这些地方将严重阻碍公司的进一步发展。张经理举例说，作为人力资源管理基础工作之一的工作岗位分析，在公司就没有得到很好地贯彻落实，随着公司规模的扩大，新的工作不断增加，但是相应的工作描述和工作说明书却没有制定，原有的一些工作描述和工作说明书的内容也与实际情况不完全匹配了。张经理交给李刚一份助理程序员工作说明书（表 5-10）。造成这种状况的原因是初创时期的员工较少，公司内部的局域网可以使上下级之间和同事之间非常舒畅的沟通，相对平坦的组织结构也使公司各层次的员工很容易接近。同部门的工作经常由员工们共同协力完成，职位在公司被定义成是员工之间关于特定技术，专业能力和兴趣的竞赛。有超常能力和成就的员工常被录用，接着很快获得晋升，正因为如此，公司并不注重为每个工作制定工作描述和工作说明书，因为从某种意义来说，这只是一纸空文。

表 5-10 助理程序员工作说明书

职位	助理程序员
基本目的	在项目经理的监督下，进行编码、测试，调试程序
具体任务	根据总体的程序设计，编码、测试、调试程序，开发程序的文件资料。 在使用系统时培训用户，为用户提供帮助，按要求向管理者汇报服务管理信息
任职资格	至少： 在相关领域里具有 BA/BC 学位或相当的经验和知识； 具备 FORTRAN 语言编程知识； 在经营和财务应用方面具有较好的工作知识。 希望： 具有在分时环境下计算机编程经验； 在 COBOL，PLI 或装配语言方面受过培训或者教育

但是这种忽视岗位分析的做法，随着公司的规模日益扩大，显示出越来越多的对人力资源管理工作的负面影响。张经理坦率地告诉李刚，人力资源部被认为是一个低效率的团队。比如说本来通过绩效评估，发现员工绩效不符合标准的原因，并安排各种培训和锻炼的机会以提高这部分员工的技能，增强他们的信心，这应该是人力资源部门的职责。但是由于缺乏准确的工作描述和工作说明书，人力资源部门就没有确切的标准来衡量员工的工作绩效，因而也无从发现员工究竟哪些地方需要改进和提高，更别提为员工制订适宜的培训计划了。因此在公司内部，没有人认为人力资源部的员工有这方面的能力和经验。另外，公司主要的奖励系统也似乎和人力资源部没有太大关系。甚至公司的年度职工表彰会也被认为是来自外方总经理的奖赏而与人力资源部无关，而按惯例，员工的薪酬奖励计划应该是由人力资源部根据工作描述和工作说明书，判断每个工作岗位的相对价值以后，再以此为依据制订的。

正是由于缺乏正确的岗位分析，人力资源部在开展工作时显得力不从心。近期，公司又将大规模招聘新员工，张经理决定先从岗位分析这一环节抓起，彻底改变人力资源部以往在人们心中的形象。他将此重任交给李刚，要求他在六个月的时间内修正所有的工作说明书。

请根据上述案例讨论以下问题。

1. 如果你是李刚，你如何看待岗位分析在人力资源管理职能中的作用？

2. 为了修正旧的工作说明书，制定新的工作说明书，你将通过哪些具体步骤开展这一工作？

3. 请你修改助理程序员的工作说明书。

【阅读资料】

工作岗位分析方案

根据集团公司对各生产基地人力资源管理体系化建设的要求和指示,结合本公司人力资源管理现状,特制定本方案。

一、实施目的

岗位分析是现代人力资源开发与管理的基础工作,为企业的人力资源规划、招聘、培训、选拔、绩效管理、薪酬设计与管理、职业生涯设计等人力资源管理提供最直接的依据,可以明确上级与下级的隶属关系,明晰工作流程,使公司各个职位的职责、权限、主要的工作绩效指标和任职者基本要求等内容得到明确的界定,理顺和调整一些不合理的岗位职责设置,并将新增的岗位信息及时补充进去是主要目的。

二、项目开展时间

2015 年 6 月至 2015 年 7 月

三、项目实施步骤

第一阶段:计划准备阶段

(一)策划

统筹规划全公司岗位分析工作,拟定岗位分析小组组成成员,设计开发分析工具,并上报审批。(6 月 5 日前完成)

1. 岗位分析进度计划

根据生产实际情况,岗位分析顺序为:销售系统(产销办→市场部→各销售公司)→行政系统(行政企管部人力资源组→后勤组→安全组)→人造石生产系统(设备动力部→各生产车间→人造石技术部)→研发质监系统(研发中心→品监部→资料专利组)→财务系统(会计→出纳→统计)→采购部→策划部→行政总监→总经理

2. 岗位分析小组成员

组长:公司副总经理。

副组长:行政总监、人力资源部经理、策划部经理。

成员:行政企管部人力资源组、各部门经理、主管及其他相关辅助人员。

(二)宣传,组成工作小组

(1)利用内部信息传递渠道、纸面通知向公司所有职员宣传岗位分析,初步获得各部门主管以上职员的支持和广大职员的理解。

(2)召开工作小组会议。其中组长、副组长、人力资源专员小组会议举行一次,以后在针对各系统、各部门的岗位分析中适时召开会议。

(三)设计开发岗位分析工具

本次岗位分析所使用的方法有调查问卷法、访谈法、工作日志分析法、工作观察

法、工作表演法等(表 5-11)。各类分析工具相互结合运用,最终实现客观、详尽地了解任职者岗位信息的目的。

表 5-11 岗位分析方法

序号	方法	适用对象
1	调查问卷法	管理类、各职能部门职位
2	访谈法	中层管理以上及各职能部门职位
3	工作日志分析法	管理类、各职能部门职位
4	工作观察法	销售、生产、基础性岗位
5	工作表演法	生产、基础性岗位

第二阶段:信息收集阶段

(1)收集旧有组织结构图、工作流程、岗位职责及工作说明书等。

(2)召开动员会议,公布计划日程,发放调查问卷并培训填写方法。

(3)实地指导被调查人填写调查问卷,运用工作日志记录法等,并进行现场工作观察、小组讨论,必要时组织工作表演或人员访谈。

(4)在计划时间内回收调查问卷(工作调查维持一周)、工作日志记录表格(10 天)。

第三阶段:信息分析阶段

(1)对收集的资料进行整理、归类分析,及时纠正错误。

(2)整理收集来的各种信息(问卷及工作日志记录表),撰写岗位说明书初稿。

第四阶段:结果整合阶段

(1)修改岗位说明书:高层领导提出意见,各级管理人员和员工对有关内容进行补充。

(2)把工作说明书初稿交各部门,收集意见反馈并进行调整。

(3)岗位分析结果(工作说明书、部门说明书)的公布及实施。

四、项目分工

岗位分析小组各成员职责如表 5-12 所示。

表 5-12 岗位分析小组各成员职责

小组成员	职责
组长	把握该小组总体方向和原则,并对工作结果进行审批。 (1)对行政企管部人力资源组的总体方案和计划提出意见; (2)对小组进程检查和监督; (3)听取阶段性的汇报; (4)对岗位分析结束后产生的工作说明书、部门说明书进行审批

续表

小组成员	职责
行政企管部人力资源组	作为总体策划和实施的负责人，提供技术方案和指导，并通过可行的实施手段达到目标。 （1）实施方案和计划的制订。 （2）分析工具（调查问卷、工作日志记录表、说明书模板）的设计。 （3）收集企业现有岗位分析基础性资料。 （4）岗位分析培训。 （5）修改、确定岗位说明书。 （6）为相关人员答疑解惑
各部门经理及其他相关辅助人员	作为岗位分析小组的协调与联络人，配合行政企管部人力资源组开展工作。 1. 帮助行政企管部人力资源组收集整理各种资料； 2. 分发回收调查问卷； 3. 安排其他人员配合行政企管部人力资源组的工作； 4. 组织所辖部门工作说明书的撰写与整理； 5. 收集公司员工和管理人员在岗位分析中的反馈意见，并把意见反馈给行政企管部人力资源组和公司领导。

五、项目推进表

岗位分析项目自 2015 年 6 月启动，预计 7 月底全部完成，并形成岗位分析的成果、部门说明书及工作说明书（表 5-13）。

表 5-13　项目推进表

计划完成日期	计划工作内容	责任部门
	一、计划准备阶段	
6 月 1 日至 5 日	统筹规划全公司岗位分析工作，确定岗位分析小组成员，设计开发分析工具，并上报审批	行政企管部人力资源组
	二、信息收集阶段	
6 月 5 日	召开动员会议，公布计划日程，开始“岗位分析”培训，发放调查问卷并培训填写方法	各部门 / 行政企管部人力资源组
6 月 6 日	被调查人员填写调查问卷。各部门列出岗位清单，行政企管部人力资源组人员排出访谈日程和人员名单	各部门 / 行政企管部人力资源组
6 月 7 日至 17 日	填写工作日志：各部门连续填写 10 个正常工作日的工作日志，以便查清每个岗位目前所从事的所有工作和工作任务构成，了解每个工作的不同职能的时间分配	行政企管部人力资源组 / 各岗位任职者
	三、信息分析阶段	
6 月 17 日	汇总个人工作日志：每个人汇总自己的工作日志	各岗位任职者 / 行政企管部人力资源组
6 月 18 日	各部门汇总每个员工的工作日志，建立初步的部门工作任务清单	各部门 / 行政企管部人力资源组

续表

计划完成日期	计划工作内容	责任部门
6月19日	在汇总的部门工作任务清单基础上，组织全部门的人进行逐项讨论，以便确认，最后形成部门说明书	各部门/行政企管部人力资源组
6月20日至25日	整理调查问卷、工作日志等资料	行政企管部人力资源组
6月26日至28日	其他信息资料的收集及补充（访谈、观察等）	行政企管部人力资源组
6月29日开始	整理收集来的各种信息，撰写工作说明书、部门说明书初稿	行政企管部人力资源组
四、结果整合阶段		
7月8日前	形成部门、工作说明书初稿	行政企管部人力资源组
7月8日至13日	修改工作说明书：高层领导提出意见，各级管理人员和员工对有关内容进行补充	各部门/行政企管部人力资源组
7月14日至17日	部门及工作说明书定稿	行政企管部人力资源组
7月18日至25日	基地总经理对工作说明书作最后审批	行政企管部人力资源组
7月底前	岗位分析　结果（部门说明书/工作说明书）的公布及实施	行政企管部人力资源组

第六章　工作岗位设计

【学习目标】

通过本章的学习，学生应该掌握岗位设计的概念；了解岗位设计包含的内容；了解岗位设计的方法，掌握岗位设计的流程。

【引导案例】

TG公司是1999年改制后成立的国有大型综合型企业，是国内汽车零部件行业大型骨干企业之一，主导产品和经营范围包括汽车变速器及其零部件、工程齿轮、减速机等专用设备的制造与销售等。公司改制之后，组织结构进行了较大规模的调整，如原来只有研发是独立的职能部门，而工艺技术分属于不同的生产车间管理，工艺技术人员各自负责自己所在车间的产品加工工序、工装卡具等的设计、服务工作。现在将工艺从生产车间分离出来和研发合并成为技术部，随之而来的是技术部的岗位设计和人员配置问题；研发人员的工作内容可能变化不大，而工艺技术人员的工作内容有可能发生较大的改变。其中，岗位设计由人力资源部门的李经理负责。由于限定日期在一个月内完成岗位设计工作，李经理有点烦恼，因为原来没有做过类似的工作，不知道如何下手。

你认为李经理该如何进行技术部的岗位设计工作呢？

第一节　工作岗位设计的内涵

一、工作岗位设计的概念

工作岗位设计又称岗位设计，是指根据组织需要，并兼顾个人的需要，规定每个岗位的任务、责任、权力以及组织中与其他岗位关系的过程。它把工作的内容、工作的资格条件和报酬结合起来，目的是满足员工和组织的需要。

岗位设计分为两类，一类是对新成立的组织或组织中新设置的岗位进行设计，另一类是对组织中缺乏激励效应的岗位进行重新设计，也称为岗位再设计。

岗位设计的目的是为了有效地达到组织目标，合理有效地处理人与工作的关系而采取的、对与满足工作者个人需要有关的工作内容、工作职能和工作关系的特别处理。岗位设计是管理者的一个重要课题。因为，岗位设计是否得当对能否激发员工的工作热情、增强其工作满意感以及提高工作效率都有重大影响。从激励理论的角度看，岗位设计是对内在奖酬的设计。因为，激励理论认为，在员工需求向高层次发展时，他们的积极性主要来自与工作本身相关的因素，岗位设计得当就能满足员工的内在需要。

根据赫茨伯格的双因素理论，促使员工在工作中产生满意或良好感觉的因素与产生不满或厌恶感觉的因素是不同的。前者往往和工作内容本身联系在一起，后者则和工作环境或条件相联系。他把前者称为激励因素，把后者称为保健因素。赫茨伯格指出，激励因素的改善，或者说这类需要的满足，往往能给员工以很大程度的激励，有助于充分地、有效地、持久地调动他们的积极性；而保健因素的满足不能直接起激励作用，只能防止员工产生不满情绪。因此，对企业来说，应努力在满足激励因素方面下功夫。双因素理论的提出，推动了"工作再设计"运动，其中心思想是工作丰富化。

二、工作岗位设计的意义

岗位设计的意义主要体现在以下几个方面。

1. 岗位设计可以满足组织劳动分工与协作的需要

分工是指明确具体的工作范围和职责，员工应该把主要的工作重心放在这项工作上。而协作是整体范围内相互帮助、支持对方工作来完成工作。组织内部既要分工明确，又要互相沟通、协作，以达成共同的目标。岗位设计主要解决的是组织向其员工分配工作任务和职责的方式问题。

2. 岗位设计是提高工作效率的有效工具

科学的岗位设计不仅能够达到事事有人做，还能够实现人人有事做，避免组织内工作缺失、重复、冗余等现象发生，能够保障组织顺利、高效地运行。

3. 岗位设计是激发员工积极性的主要手段

岗位设计通过增加工作的趣味性和挑战性激发员工的积极性，增强员工的满意感，促使员工敬业度和工作绩效的提高。

三、工作岗位设计中的社会技术理论

岗位设计中的社会技术理论认为在岗位设计中应该把技术因素与人的行为、心理因素结合起来考虑。任何一个生产运作系统都包括两个子系统：技术子系统和社会子系统。如果只强调其中的一个而忽略另一个，就有可能导致整个系统的效率低下，因此应该把生产运作组织看作一个社会技术系统，其中包括人和设备、物料等，既然人也是投入要素，这个系统就应具有社会性。人与这些物性因素结合得好坏不仅决定着系统的经济效益，还决定着人对工作的满意程度，而后者，对于现代人来说是很重要的一个问题。因此，在岗位设计中，着眼点与其说放在个人工作的完成方式上，不如说应该放在整个工作系统的工作方式上。也就是说，工作小组的工作方式应该比个人的工作方式更重要。

如果把生产运作组织方式、新技术的选择应用和岗位设计联系起来考虑的话，还应该看到，随着新技术革命和信息时代的到来，以柔性自动化为主的生产模式正在成为主流。但是，这种模式如果对应岗位设计中的思想和方法上的深刻变革，是不可能取得成功的。为此，需要把技术引进和岗位设计作为一个总体系统来研究，将技术、生产组织和人的工作方式三者相结合，强调在岗位设计中注重促进人的个性的发展，注重激发人的积极性和劳动效率。这种理论实际上奠定了现在所流行的"团队工作"方式的基础。这种理论的生产组织方式与传统理论的生产组织方式的比较如图6-1所示。

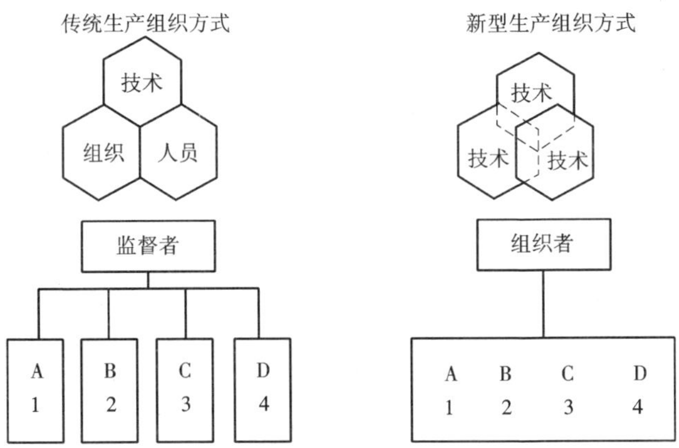

图 6-1　新旧生产组织原则和岗位设计思想的对比

四、工作岗位设计的原则

岗位设计是十分重要的科学管理技术，好的岗位设计是好的工作的先决条件。现代岗位设计十分强调工作、生活质量的改进，力求做到人与工作的完美配合，在提高工作效率的同时保证工人较高的工作满意感。为此，岗位设计立足于工作本身内在特性的改进，增强工作本身的内在吸引力，相当大地改变了工作活动的性质、功能、人员关系与反馈方面的特性。根据岗位设计的基本目的与要求，好的岗位设计应该符合以下三条原则。

（一）效率原则

岗位设计应使工作活动具有更高的输出效率，有效地改进、提高工作效率。通过对工作的良好设计，使组织成员明确工作的职责与分工范畴，形成良好的工作协调与合作关系，提高组织活动的有序性、均衡性与连续性，创造符合员工个体特性的工作活动模式，促进员工能力的充分发挥。工作的简单化与专门化曾被视为提高工作效率最有效的法宝。工作的简单化与专门化设计确实有助于员工较快地提高工作的熟练程度，迅速掌握工作方法，形成工作经验，也有助于发挥劳动特长，但专业化程度如果太高，就会导致工作单调乏味，令人生厌，反而会使工人工作效率下降。

（二）工作生活质量原则

岗位设计应符合员工对工作生活质量的要求。工作生活质量体现了员工与工作中各个方面之间的关系好坏，反映了员工的生理与心理需要在工作中得到满足的程度。工作生活质量的提高，可使员工对工作产生更为满意与向往的心情，增强归属感，并由此形成良好的组织气氛，提高组织的活动效能。在岗位设计中应注意考虑的工作生活质量要素包括：工作的挑战性和吸引力，工作的自主性与自由度，工作的多样化与丰富化，合理的工作负荷与节奏，安全舒适的工作环境，工作中个人需要的满足，维护上下、左右之间的良好工作关系等。

（三）系统化设计原则

岗位设计是一项复杂的系统工程，岗位设计应充分考虑工作中各个有关方面的影响，包括组织体系、工艺技术、管理方式、工作者、工作环境等，努力寻求各方面因素的最佳结合，使之在工作系统中构成良好的协调关系。

组织新的岗位设计所导致的是新的工作体系取代旧的工作体系，其实质是一场组织变革。岗位设计的改进涉及组织中各种因素，在岗位设计的过程中，除了要切实保证岗位任务目标的明确性、分工协作的合理性和责权利的对应性之外，还要从企业生产全过程出发，对岗位的设置进行总体性评价，对企业应该设置多少岗位、设置什么样的岗位进行整体性的分析研究。

一般来说，某一组织中的岗位设置是由该组织的总任务决定的。因事设岗是设置岗位的基本原则。岗位是客观存在的，应以“事”和“物”为中心进行设置，而不是“因人设事，因人设岗”。具体设置岗位时，还应充分考虑五个方面的问题。

(1)根据企事业单位发展的总体发展战略的要求，对现存的组织结构模式以及组织机构的设置进行评价：是否存在着资源配置不合理、运行规则不适应、纵向管理不顺畅、横向管理不协调的地方，如有必要应当对现存组织进行何种调整或重大的变革。

(2)在组织结构模式和组织机构设置科学合理的前提下，所有岗位的工作责任和目标是否具体、明确，是否足以保证组织的总任务和总目标的实现。

(3)岗位设置的总数目是否符合最低数量的要求，即是否以尽可能少的岗位设置承担尽可能多的工作任务。

（4）站在组织总体系统的高度俯视每个岗位，各个岗位之间的上下级、平级的关系如何，它们之间的关系是否协调，是否能在组织中发挥积极有效的作用。

（5）最后，再对组织中的每个工作岗位进行剖析：它的存在是否体现了科学化、合理化和系统化的设置要求。更具体地说就是考虑这一岗位的工作内容是否充实、丰富和饱满，责任权限是否明确、具体和清晰。

不断改进工作岗位设计是企事业单位发展的客观要求，是保证企事业单位社会或经济效益稳步提高的重要手段。因此，在进行岗位分析和岗位设计的过程中，应注意将有关信息及时传送、反馈到各有关部门，以便制定出更具科学性、系统性和可行性的组织发展规划，采取积极有效的措施，不断改进岗位设计，推进组织的变革和发展。

第二节　工作岗位设计的理论与内容

一、工作岗位设计的理论

人与工作之间的相互适应与匹配是现代组织管理中的重要问题。岗位设计是确定组织员工工作活动的范畴、责任以及工作关系的管理活动，目的在于更好地提高员工的工作效率与工作生活质量，充分发挥每个人的工作能力，实现组织目标。

岗位设计的发展依随管理科学的发展与社会历史的进步，大致经历了古典岗位设计与现代设计两个阶段。

（一）古典岗位设计阶段

古典岗位设计阶段开始于20世纪初的科学管理运动。在早期管理思想的影响下，逐步形成了一整套古典岗位设计理论与原则，特点是强调工作任务的简单化、标准化和专业化，并以此来获取工作活动的高效率。在岗位设计中强调劳动分工细化，作业活动的高度标准化和简单化。这方面最为经典的就是流水作业线式的岗位设计，它采用固定运行节律，工作活动单调重复，技能要求低，限制工作中的社会交往，至今仍在许多企业中应用。

应该承认，通过古典岗位设计，工作活动变得非常简单易行，确实极大提高了企业的生产效率。但是，职工的工作实践也表明，古典岗位设计思想下形成的工作系统亦存在许多弊病。例如工作单调乏味，缺乏内在激励，容易疲劳和紧张，进而造成工作动机的下降和组织功能失调。依据心理学的行为活动理论，在活动刺激总是单调不变的情况下，个体的“唤起”水平与活跃水平均会下降，从而出现工作中的白日梦、无休止闲谈、频繁停止活动、变形的工作姿态等不良工作现象。如果能够在工作中经常变化刺激模式，就能保持员工较高的活动水平与敏感性。因此，许多企业采用了工作轮换和任务扩大等新的岗位设计。工作轮换与工作扩大的岗位设计，周期性地改变了职工的工作体验，对职工提出了必要的技能要求，降低了工作单调性，提高了职工在工作中的活动性与满意感，获得了相当广泛的应用。但是这类设计中，工作本身并没有发生实质性的改变，如果新的工作任务像老任务一样单调乏味，则人们对新的刺激亦会很快适应并感到厌烦。

随着社会历史的进步，人的需求层次的提高以及现代化生产对人员的更高要求，古典岗位设计越来越难以适应现代管理的要求。从20世纪60年代开始，在新的岗位设计理论思想的指导下，岗位设计开始步入新的阶段。现代岗位设计十分强调工作生活质量的改进，力求做到人与工作的完善配合，在提高工作效率的同时保证工人较高的工作满意感。为此，岗位设计立足于工作本身内在特性的改进，增强工作本身的内在吸引力，相当大地改变了工作活动的性质、功能、人员关系与反馈方面的特性。在实际应用中，现代岗位设计已取得了不少有意义的结果。尽管在现代岗位设计中并没有什么普遍的标准准则，但也逐步形成了一些基本共识。现代岗位设计一般都倾向以下方面。

（1）改变有关工作的责任要求，增加具体工作人员的工作责任，提高工作中的自主权，包括自我作出有关的工作计划和检查，自我决定具体的工作程序和方法，自我确定工作节奏，自我处理与工作客户有关的事宜。

（2）重新组合那些依据古典设计理论而被割裂和简化的零碎工作任务，使之形成一个有意义的完整工作任务系统。在具体的岗位设计活动中，一类是以职工的工作心理需要为框架的，以激发工人的工作动机，提高工作满意为目的，通常称之为"工作丰富化"活动。另一类是把岗位设计为团体的任务形式，并授权某个工作小组对这一较大的和有意义的完整工作任务负全部责任。该工作小组对工作进行自主性管理，可以用自认为合适的方式进行工作作业，并以整个团体的名义接受报酬、奖励和上级的评定，甚至还可承担起本团体成员的选择、训练和解职责任。两类形式的岗位设计都有许多成功的尝试。

（二）现代岗位设计阶段

影响现代岗位设计活动的理论主要有双因素理论、工作特征理论和社会技术系统理论。

1. 双因素理论

赫茨伯格提出的双因素理论是一个十分著名的工作动机理论，对现代岗位设计思想产生了极大影响。该理论把工作中影响满意感的因素分为两类：人们在工作中的高满意感是由工作本身的内在因素决定的，这类因素可称之为激励因素，包括工作认知、成就感、责任、工作时的进步和个人能力的发挥等；另一方面是造成工作中不满意的因素，是由工作中的外在因素引起的，这类因素可称之为保健因素，包括公司的福利政策、管理方式、上下级关系、工作报酬与工作环境条件等。双因素理论认为，这两类因素的性质和作用各有不同，只有激励因素才能真正调动工作积极性，从而提高工作效率。保健因素并不能使人真正获得满足，它没有激励作用，但能防止不满情绪的产生。根据双因素理论，只有将激励因素设计到工作活动之中，才能在工作中有效地提高职工的工作动机，仅仅在保健因素上作修补改善无助于工作动机的改进和绩效提高。

双因素理论直接推动了现代岗位设计的发展，许多企业应用双因素理论的思想，进行了新工作系统的设计，并取得很大成功。由于双因素理论简单明了，富有说服力，直接联系企业现实，深为企业管理人员所熟悉，相信在企业组织岗位设计中还会进一步得到应用。当然，从一个理论的概念体系与实证支持来看，双因素理论仍然存在着许多不确定性和值得探讨的地方。

2. 工作特征理论

理查德•哈克曼（Richard Hackman）提出的工作特征理论对现代岗位设计具有直接的指导作用。工作特征理论认为，体现在具体工作体系中的客观工作特征是影响职工工作行为的重要因素，通过工作特征的改进，可以为职工创设出某种内在工作动机水平的工作情景。哈克曼的工作特征模型如图 6-2 所示。

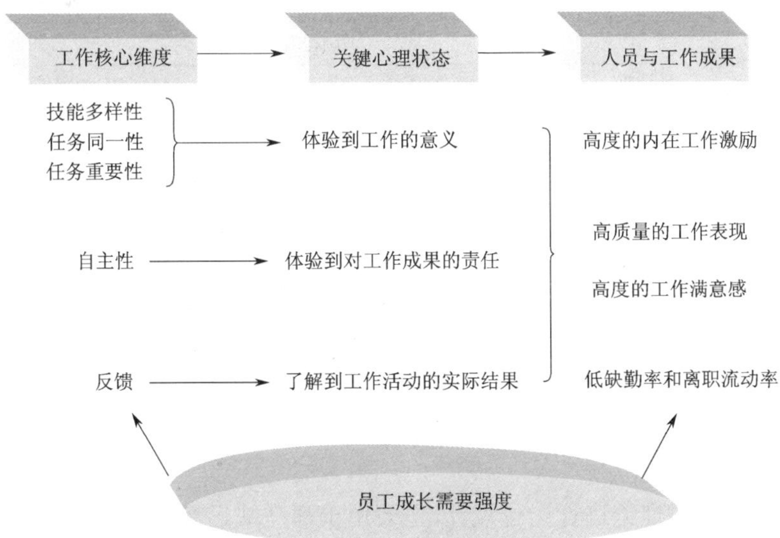

图 6-2　工作特征模型

哈克曼的工作特征模型包括五个核心工作特征。

（1）技能的多样性（Skill Variety）：也就是完成一项工作涉及的各种技能和能力。

（2）任务的一致性（Task Identity）：即在多大程度上工作需要作为一个整体来完

成——从工作的开始到完成并取得明显的成果。

（3）任务的重要性（Task Significance）：即自己的工作在多大程度上影响其他人的工作或生活——不论是在组织内还是在工作环境外。

（4）自主性（Autonomy）：即工作在多大程度上允许自由、独立以及在具体工作中个人制订计划和执行计划时的自主范围。

（5）反馈性（Feedback）：即员工能及时明确地知道他所从事的工作的绩效及其效率。

从哈克曼提出的工作特征模型中可见，当工人在工作时能够体验到工作所具有的意义，意识到一种个人的工作责任感，同时又能够充分了解到工作的结果，则他们的工作动机将得到内在激励，并产生更好的作业绩效，意义感、责任感与工作状况的认知是影响工作行为的三种关键工作心理状态，而它们主要受技能多样化、任务完整性、任务重要性、工作自主性、工作结果的反馈等五种客观工作特征的影响。当工作技能多样化、任务完整性与重要性程度都比较高时，员工将体验到工作所具有的意义，工作自主性较高将增强员工的责任感，明确的信息反馈将有助于员工更为清楚地了解工作状况与结果。表 6-1 反映了不同岗位工作与激励程度的关系。

表 6-1　小餐馆经理与快餐店汉堡烤师核心工作特征激励程度对比

五个核心工作特征	激励程度及其原因	
	小餐馆经理	快餐店的汉堡烤师
技能多样性	高：需要了解烹饪技术、企业管理、会计、人力资源管理等知识	低：只需要掌握烤汉堡的技术
任务一致性	高：从各种原料的采购到菜肴的制作完成全过程的监控管理	低：几乎很少准备汉堡以外的食物
任务重要性	高：能够感受到自己提供的餐饮服务为顾客带来的享受	低：不同工人烤出来的汉堡几乎没有什么差异
自主性	高：自己决定供应的食物品种	低：按照严格的、固定的程序烤汉堡
反馈性	高：可以向顾客搜集就餐评价信息	低：很少从其他工人或顾客处得到评价

资料来源：朱勇国．组织设计与岗位管理 [M]. 北京：首都经济贸易大学出版社，2015.

依据工作特征理论进行岗位设计，主要用于那些缺乏激励、满意感较低的工作系统的重新构造，具体做法有以下几种。

（1）多项工作合并，把割裂开的工作进行组合，形成较大的工作单元，以提高任务的完整性与技能多样化。

（2）形成自然的工作单元，按工作类型、顾客群体、地理位置等形成自然的工作单元，使工作具有内在的逻辑联系与整体性，以提高任务的完整性与重要性。

(3)建立客户联系,让职工与客户建立直接联系,使员工有机会直接获取用户信息,以提高工作的自主性、技能多样化和反馈程度。

(4)增加纵向自由度,把原来由上级控制的权力与职责下放,增强员工在工作活动方面的自由度,以提高工作自主性。

(5)开辟反馈渠道,为员工提供更多的反馈渠道,帮助他们及时准确地了解自己的工作状况与结果。同时,应注意对原有工作系统进行详细的调查、诊断和评估,从而有针对性地进行岗位设计。

许多研究已经表明,当某项工作依据工作特征理论重新设计,并在上述工作特征上得到改进,则可以预料工作人员的工作满意感、动机和绩效将随之有所提高。特别是对于那些有良好工作知识和工作技能的员工以及那些成长需要与成就需要较高的员工来说,具有更大的工作行为改变作用。当然,工作特征理论所具有的实际意义还需要在岗位设计的实践中进一步地进行检验和发展。

3. 社会技术系统理论

社会技术系统理论是根据英国塔维斯托克研究所一系列工作研究而形成的。和上述两种以具体工作为导向的理论不同,社会技术系统的研究特别强调整个工作系统总体设计的重要性,试图以此促进企业组织中社会系统与技术系统两方面的进一步联系和相互配合。

社会技术系统理论认为,组织的活动效率与工作绩效是组织系统内的社会心理子系统与技术结构子系统共同作用的结果。社会心理系统包括个体、人与人之间和群体的各方面的相互作用与关系、组织气氛和文化价值观等。技术结构系统则包括生产技术类型、设备工具、作业标准与工作方式等。在进行岗位设计时,必须对这两个方面进行充分的考虑。

根据社会技术系统理论进行岗位设计,一般不会采用零敲碎打的形式进行工作系统的改变,虽然工作形式、报酬、物理装置、空间安排、工作计划程序等方面的众多因素都会随着社会技术系统的变革而有所改变,但这些因素都不会成为变革活动的焦点。社会技术系统的变革强调依据不同的组织结构和群体气氛选择适宜的岗位设计方案,重视工作群体之间的相互关系,要求在岗位设计的同时,调整和改革组织内的整个工作关系、作业流程和组织结构。社会技术系统变革的通常做法是,由组织中各个层面的代表对组织进行综合考察,这种考察包括了组织活动中所有和工作效率与工作生活质量有关的方面,根据考察提出变革措施。这种变革包括社会技术系统的各个方面,其重点在于建立新的工作组合形式,由每个职工自主负责某一部分的工作,也就是人们经常提及的"自主性工作团体"。现在,自主性工作团体已经成为广泛采用的工作组织形式,即使在那些并不是明显地由社会技术系统理论所指导的岗位设计活动中也可经常得到发现。

双因素理论、工作特征理论和社会技术系统理论分别对岗位设计提供了不同的理论框架，综合比较三种理论，将有助于我们更为深入地了解各项理论之间的关系，从而使理论更好地为实践应用服务。

首先，这三种理论的研究范围侧重有所不同。双因素理论和工作特征理论强调的是如何进一步增加工作本身的正向激励作用。而它们之间的不同之处在于，双因素理论提出了一个较为一般化的增强动机的过程（即鉴别有效激励因素并强化之）；而工作特征理论比较强调具体的工作诊断过程，尽可能完美地达到人和工作之间的相互适应。社会技术系统理论的特点在于强调以团体而不是以个体作为岗位设计时的参考系统。

其次，这些理论之间的另一些不同点体现在岗位设计时计划和实施过程的具体方法处理上。双因素理论认为岗位设计主要依靠管理人员来进行，希望通过他们发现、提出工作中存在的问题，很少考虑从工人处收集和了解有关信息，相对排斥职工参与岗位设计。而社会技术系统理论则十分强调员工在岗位设计活动中的高度参与。工作特征理论则认为，对于工人在工作中的认知情况和态度进行了解是十分必要的，但在计划岗位设计方案时则无须员工参与。

二、工作岗位设计的内容

岗位设计的内容包括工作内容、工作职责和工作关系的设计三个方面。

1. 工作内容

工作内容的设计是岗位设计的重点，一般包括工作广度、深度，工作的自主性，工作的完整性以及工作的反馈性五个方面。

（1）工作的广度，即工作的多样性。岗位设计得过于单一，员工容易感到枯燥和厌烦，因此设计工作时，尽量使工作多样化，使员工在完成任务的过程中能进行不同的活动，保持工作的兴趣。

（2）工作的深度。设计的工作应具有从易到难的一定层次，对员工工作的技能提出不同程度的要求，从而增加工作的挑战性，激发员工的创造力和克服困难的能力。

（3）工作的完整性。保证工作的完整性能使员工有成就感，即使是流水作业中的一个简单程序，也要是全过程的，让员工见到自己的工作成果，感受到自己工作的意义。

（4）工作的自主性。适当的自主权力能增加员工的工作责任感，使员工感到自己受到了信任和重视。认识到自己工作的重要，使员工工作的责任心增强，工作的热情提高。

（5）工作的反馈性。工作的反馈性包括两方面的信息：一是同事及上级对自己工作意见的反馈，如对自己工作能力、工作态度的评价等；二是工作本身的反馈，如工作的质量、数量、效率等。工作反馈信息使员工对自己的工作效果有个全面的认识，能正确引导和激励员工，有利于工作的精益求精。

2. 工作职责

工作职责设计主要包括工作的责任、权力、方法以及工作中的相互沟通和协作等方面。

（1）工作责任。工作责任设计就是员工在工作中应承担的职责及压力范围的界定，也就是工作负荷的设定。责任的界定要适度，工作负荷过低，无压力，会导致员工行为轻率和低效；工作负荷过高、压力过大又会影响员工的身心健康，会导致员工的抱怨和抵触。

（2）工作权力。权力与责任是对应的，责任越大，权力范围越广，否则二者脱节，会影响员工的工作积极性。

（3）工作方法。工作方法包括领导对下级的工作方法，组织和个人的工作方法设计等。工作方法的设计具有灵活性和多样性，不同性质的工作根据其工作特点的不同采取的具体方法也不同，不能千篇一律。

（4）相互沟通。沟通是一个信息交流的过程，是整个工作流程顺利进行的信息基础，包括垂直沟通、平行沟通、斜向沟通等形式。

（5）协作。整个组织是有机联系的整体，是由若干个相互联系、相互制约的环节构成的，每个环节的变化都会影响其他环节以及整个组织运行，因此各环节之间必须相互合作、相互制约。

3. 工作关系

组织中的工作关系表现为协作关系、监督关系等各个方面。

通过以上三个方面的岗位设计，为组织的人力资源管理提供了依据，保证事（岗位）得其人，人尽其才，人事相宜；优化了人力资源配置，为员工创造更加能够发挥自身能力、提高工作效率、提供有效管理的环境保障。

第三节　工作岗位设计的影响因素

一个成功有效的岗位设计，必须综合考虑各种因素，即需要对工作进行周密的、有目的的计划安排，并考虑到员工的具体素质、能力及各个方面的因素，也要考虑到本单位的管理方式、劳动条件、工作环境、政策机制等因素。具体进行岗位设计时，必须考虑以下几方面的因素。

一、员工的因素

人是组织活动中最基本的要素，员工需求的变化是岗位设计不断更新的一个重要因素。岗位设计的一个主要内容就是使员工在工作中得到最大的满足，随着文化教育和经济发展水平的提高，人们的需求层次提高了，除了一定的经济收益外，他们希望在自己的工作中得到锻炼和发展，对工作质量的要求也更高了。

只有重视员工的要求并开发和引导其兴趣，给他们的成长和发展创造有利条件和环境，才能激发员工的工作热情，增强组织吸引力，留住人才。否则随着员工的不满意程度的增加，带来的是员工的冷漠和生产低效，以致人才流失。因此，岗位设计要尽可能地使工作特征与要求适合员工个人特征，使员工能在工作中发挥最大的潜力。

二、组织的因素

岗位设计最基本的目的是为了提高组织效率，增加产出。岗位设计离不开组织对工作的要求，具体进行设计时，应注意以下方面。

（1）岗位设计的内容应包含组织所有的生产经营活动，以保证组织生产经营总目标的顺利有效实现。

（2）全部岗位构成的责任体系应该能够保证组织总目标的实现。

（3）岗位设计应该能够助于发挥员工的个人能力，提高组织效率。这就要求岗位设计时全面权衡经济效率原则和员工的职业生涯和心理上的需要，找到最佳平衡点，保证每个人满负荷工作，使组织获得组织的生产效益和员工个人满意度及安宁两方面的收益。

三、环境因素

环境因素包括人力供给和社会期望两方面。

（1）岗位设计必须从实际情况出发，不能仅仅凭主观愿望，而要考虑与人力资源的实际水平相一致。例如：在我国目前人力资源素质不高的情况下，工作内容的设计应相对简单，在技术的引进上也应结合人力资源的情况，否则引进的技术没有合适的人使用，造成资源的浪费，影响组织的生产。

（2）社会期望是指人们希望通过工作满足些什么。不同的员工其需求层次是不同的，这就要求在岗位设计时考虑一些人性方面的东西。

在21世纪，激励越来越受到管理者的重视，因为它是对员工从事劳动的内在动机的了解和促进，从而使员工在最有效率、最富有创造力的状态下工作。岗位设计直接决定了人在其所从事的工作中干什么、怎么干，有无机动性，能否发挥其主动性、创造性，有没有可能形成良好的人际关系等。优良的岗位设计能保证员工从工作本身寻得意义与价值，可以使员工体验到工作的重要性和自己所负的责任，及时了解工作的结果，从而产生高度的内在激励作用，形成高质量的工作绩效及对工作高度的满足感，达到最佳激励水平，为充分发挥员工的主动性和积极性创造条件，组织才能形成具有持续发展的竞争力。

第四节　工作岗位设计的方法、模式和步骤

一、工作岗位设计的方法

（一）工作专门化

工作专门化指的是组织把工作任务划分成若干步骤来完成的细化程度，这是从纵向来对组织机构进行划分，其实质是：一个人不是承担一项工作的全部，而只是完成某一步骤或某一环节的工作。

20 世纪初，亨利·福特（Henry Ford）通过建立汽车生产线而富甲天下，享誉全球。他的做法是，给公司每一位员工分配特定的、重复性的工作，例如，有的员工只负责装配汽车的右前轮，有的则只负责安装右前门。通过把工作分成较小的、标准化的任务，使工人能够反复地进行同一种操作。福特利用技能相对有限的员工，每 10 秒钟就能生产出一辆汽车。

福特的经验表明，让员工从事专门化的工作，他们的生产效率会提高。今天，我们用工作专门化（Work Specialization）这个术语或劳动分工这类词汇来描述组织中把工作任务划分成若干步骤来完成的细化程度。

20 世纪 40 年代后期，工业化国家大多数生产领域的工作都是通过工作专门化来完成的。管理人员认为，这是一种利用员工技能最有效的方式。在大多数组织中，有些工作需要技能很高的员工来完成，有些则不经过训练就可以做好。如果所有的员工都参与组织制造过程的每一个步骤，那么，就要求所有的人不仅具备完成最复杂的任务所需要的技能，而且具备完成最简单的任务所需要的技能。结果，除了从事需要较高的技能或较复杂的任务以外，员工有部分时间花费在完成低技能的工作上。由于高技能员工的报酬比低技能的员工高，而工资一般是反映一个人最高的技能水平的，因此，付给高技能员工高薪，却让他们做简单的工作无疑是对组织资源的浪费。

通过实行工作专门化，管理层还寻求提高组织在其他方面的运行效率。通过重复性的工作，员工的技能会有所提高，在改变工作任务或在工作过程中安装、拆卸工具及设备所用的时间会减少。同样重要的是，从组织角度来看，实行工作专门化，有

利于提高组织的培训效率。挑选并训练从事具体的、重复性工作的员工比较容易，成本也较低。对于高度精细和复杂的操作工作尤其是这样。例如，如果让一个员工去生产一整架飞机，波音公司一年能造出一架大型波音客机吗？最后，通过鼓励专门领域中进行发明创造，改进机器，工作专门化有助于提高效率和生产率。

20 世纪 50 年代以前，管理人员把工作专门化看作是提高生产率的不竭之源，或许他们是正确的，因为那时工作专门化的应用尚不广泛，只要引入它，几乎总是能提高生产率。但到了 60 年代以后，越来越多的证据表明，好事做过了头就成了坏事。在某些工作领域，达到了这样一个顶点：由于工作专门化，人的非经济性因素的影响（表现为厌烦情绪、疲劳感、压力感、低生产率、低质量、缺勤率上升、流动率上升等）超过了其经济性影响的优势。

现在，大多数管理人员并不认为工作专门化已经过时，也不认为它还是提高生产率的不竭之源。他们认识到了在某些类型的工作中工作专门化所起到的作用，以及使用过头可能带来的问题。例如，在麦当劳快餐店，管理人员们运用工作专门化来提高生产和售卖汉堡包、炸鸡的效率。大多数卫生保健组织中的医学专家也使用工作专门化。

但是，由于工作专门化，有时人的非经济因素的影响（表现为厌烦情绪、疲劳感、压力感、低生产率、低质量、缺勤率上升、流动率上升等）超过了其经济性影响的优势。如果通过丰富员工的工作内容，允许他们做完整的工作，让他们加入到需要相互交换工作技能的团队中，他们的产出会大大提高，工作满意度也会增强。

工作专门化的优点有以下几个方面。

（1）工作人员只需较少的时间就可掌握工作方法和步骤。

（2）工作速度较快，产出高。由于将工作分解为许多简单的高度专业化的操作单元，可以最大限度地提高员工的操作效率。

（3）对工作人员的技能和受教育程度的要求较低，因此既可以利用廉价的劳动力，也可以节省培训费用并有利于员工在不同岗位之间的轮换。

（4）由于具有标准化的工序和操作规程，便于管理部门对员工生产数量和质量方面进行控制，保证生产均衡和工作任务的完成。

工作专门化的缺点有以下几个方面。

（1）工作任务的细分不容易做得完美，从而会导致工作的不平衡，工作人员忙闲不均。

（2）由于工作环节增多，不同环节之间要求有更多的协作，物流、信息流都较复杂。

（3）工作的重复性容易导致诸如效率低下、质量降低等不利的行为结果。

（二）工作轮换

工作轮换是一种短期的工作调动，是指在组织的几种不同职能领域中为员工作出一系列的工作任务安排，或者在某个单一的职能领域或部门中为员工提供在各种不同工作岗位之间流动的机会。

在同一岗位时间长了，就会产生厌烦感，适当的轮换岗位会使人有一种新鲜感，工作本身的趣味性由此产生；当员工面临一个新的工作岗位，员工就面临新岗位的挑战；工作轮换可以培养员工适应新环境的能力，对一般员工来说，可以增加员工对多种技能的掌握；而对于管理人员，能加强对企业工作的全面了解，提高对全局性问题的分析能力；在不同岗位上的轮换，可以增加员工的交流机会；当员工能胜任新的工作岗位，便可得到一种只有在工作任务完成时员工才会感到的满足。

激励员工，减少员工工作的单调性，提高员工的工作生活质量，从长期的角度来提高企业的生产率，是工作轮换制出现并在实践中得到广泛应用的内在因素。激励员工首先应该弄清员工的需要，目前许多激励理论都对人的需要因素进行了有效的研究，但在实践中，对企业管理影响较大的是按来源把需要分为内在性需要和外在性需要的理论。

外在性需要是靠组织所掌握和分配的资源来满足，包括物质性需要和社会性需要。其中物质性需要主要指工资、奖金和其他福利待遇。员工想要得到理想的工资和福利是非常正常的事情，但企业的发展需要资金的积累，过度的工资和福利增长都将是企业难以承受的，多数企业在物质性的需要上难以达到员工所期望的指标。因此，员工的这种需要往往难以得到较好的满足。社会性需要指友谊、温暖、特殊的亲密关系、信任、认可、表扬、尊重、荣誉等，这些需要具有抽象性、低成本性等特点，但也具有易变性，其激励作用强。

内在性需要是指依靠工作活动本身或工作任务完成时所提供的某些因素而满足的需要。这种需要与员工工作本身有关，此时工作本身具有激励性而不再是工具性的了。内在性需要的满足取决于员工自身的体验和判断，它是人们从工作本身所获得的满足。

工作轮换的优点有三个方面。

（1）丰富员工的工作活动内容，减少工作中的枯燥感，提高员工的积极性。

（2）扩大员工所掌握的技能范围，使员工能够很好地适应环境的变化，也为员工在内部的提升打下基础。不少大的公司内部提升的管理人员都要求有在几个不同部门或职位工作的经验。

（3）减少员工的离职率。很多员工离职都是由于对目前的工作感到厌倦，希望尝试新的挑战性的工作。如果能够在公司内部给员工提供流动的机会，让他们有机会从事自己喜欢的、有挑战性的工作，他们也许就不到公司外部寻求机会了。

工作轮换有以下缺点。

（1）员工到了一个新的职位，需要时间重新熟悉工作，因此在员工轮换到新的职位的最初一段时间，生产力水平会有所下降。

（2）需要给员工提供各种培训以使他们掌握多种技能，适应不同的工作，因此所需要的培训费用较高。

（3）工作职位的轮换是牵一发动全身的，因为变动一个员工的工作职位就意味着其他相关职位随之变动，增加了管理人员的工作量和工作难度。

在进行工作轮换时要注意以下问题。

（1）对于过于敏感或有高度机密性的职位，不适合进行工作轮换。

（2）一般来说，工作轮换首先从在同一个岗位类别中的职位之间开始，然后再考虑不同岗位类别之间的工作轮换。

（3）工作轮换要有序进行，以免影响正常的工作秩序和工作效率。

（4）充分考虑员工个人的意愿，不能强制进行工作轮换。因为有的员工并不一定喜欢过多地去尝试新的岗位和适应新的环境，而是希望专注于一个领域进行深入发展。

（5）注意工作轮换的时间间隔。如果在过短时间内员工工作岗位变换频繁，对于员工心理带来的冲击远远大于工作新鲜感给其带来的工作热情。一般来说，每个员工在同一工作岗位上连续待 5 年以上，又没有得到晋升的机会，就可考虑工作轮换。如果一名员工一直在同一组织中工作，考虑其晋升和工作轮换的总数以 7 ～ 8 次较为合适。

（三）工作扩大化

工作扩大化是指工作范围的扩大或工作多样性，从而给员工增加了工作种类和工作强度。工作扩大化使员工有更多的工作可做。通常这种新工作同员工原先所做的工作非常相似。这种岗位设计可以获得高效率，是因为节省了把产品从一个人手中传给另一个人的时间。此外，由于完成的是整个产品，而不是在一个大件上单单从事某一项工作，这样在心理上也可以得到安慰。该方法是通过增加某一工作的工作内容，使员工的工作内容增加，要求员工掌握更多的知识和技能，从而提高员工的工作兴趣。例如，一个专门负责邮件分拣的分拣员的工作不仅包括分拣从各部门中收到的信件，而且可以扩大到把收到的邮件送往各部门，或外出寄送信件。

在 20 世纪 60 年代，扩大工作范围盛行一时。它增加了所设工作岗位的工作内容。具体来说，工作者每天工作内容增加了。如果说过去做一道工序，现在扩大为做多道工序，盛行了一段时间之后，工作者对增加了一些简单的工作内容仍不满足。其原因在于扩大工作范围与轮换工作虽然增添了工作者的工作内容，但是在“参与、控制与自主权”方面，没有增加任何新东西。因而必须寻求新的专业化与分工方式，以增强挑战性，提升自我价值。

工作扩大化的途径主要有两个：“纵向工作装载”和“横向工作装载”。“装载”是指将某种任务和要求纳入工作职位的结构中。“纵向工作装载”来扩大一个工作职位，是指增加需要更多责任、更多权力、更多裁量权或更多自主权的任务或职责。“横向工作装载”是指增加属于同阶层责任的工作内容以及增加目前包含在工作职位中的权力。

工作扩大化的做法是扩展一项工作包括的任务和职责，但是这些工作与员工以前承担的工作内容非常相似，只是一种工作内容在水平方向上的扩展，不需要员工具备新的技能，所以，并没有改变员工工作的枯燥和单调。

（四）工作丰富化

所谓的工作丰富化是指在工作中赋予员工更多的责任、自主权和控制权。工作丰富化与工作扩大化、工作轮调都不同，它不是水平地增加员工工作的内容，而是垂直地增加工作内容。这样员工会承担更多重的任务、更大的责任，员工有更大的自主权和更高程度的自我管理，还有对工作绩效的反馈。

工作丰富化是以员工为中心的工作再设计（Employee-centered Work Redesign），它是一个将公司的使命与职工对工作的满意程度联系起来的概念。它的理论基础是赫茨伯格的双因素理论。它鼓励员工参加对其工作的再设计，这对组织和员工都有益。岗位设计中，员工可以提出对工作进行某种改变的建议，以使他们的工作更让人满意，但是他们还必须说明这些改变是如何更有利于实现整体目标的。运用这一方法，可使每个员工的贡献都得到认可，而与此同时，也强调了组织使命的有效完成。

工作丰富化指纵向上工作的深化，是工作内容和责任层次上的改变。通过让员工更加完整、更加有责任心地去进行工作，使员工得到工作本身的激励和成就感。

1. 实现工作丰富化的条件

工作丰富化的核心是体现激励因素的作用，因此实现工作丰富化的条件包括以下几个方面。

（1）增加员工责任。不仅是要增加设计本身的责任，还要增加其控制产品质量，保持生产的计划性、连续性及节奏性的责任，使员工感到自己有责任完成一个完整工作的一个小小的组成部分。同时增加员工责任意味着降低管理控制程度。

（2）赋予员工一定的工作自主权和自由度，给员工充分表现自己的机会。员工感到工作的成功依靠他的努力和控制，从而认为与其个人职责息息相关时，工作对员工就有了重要的意义。实现这一良好工作心理状态的主要方法是通过完善岗位（或职务）说明书明确各岗位的职责，给予员工工作自主权。同时还跟员工心态有关，要打破怕承担责任的心理。

（3）反馈。将有关员工工作绩效的数据及时地反馈给员工。了解工作绩效是形成工作满足感的重要因素，如果一个员工看不到自己的劳动成果，就很难得到高层次的满足感。努力克服有考核无反馈现象，那样还不如不考核。反馈可以来自工作本身，来自管理者、同事等。

（4）考核。报酬与奖励取决于员工实现工作目标的程度。

（5）培训。要为员工提供学习的机会，以满足员工成长和发展的需要。

（6）成就。通过提高员工的责任心和决策的自主权，来提高其工作的成就感。

2. 工作丰富化的具体做法

工作丰富化试图使工作具有更高的挑战性和成就感，它通过赋予多样化的内容使工作丰富起来。使工作丰富化的具体做法有以下几点。

（1）在工作方法、工作程序和工作速度的选择等方面给下属以更大的自由，或让他们自行决定接受还是拒绝某些材料或资料。

（2）鼓励下属人员参与管理，鼓励人们之间相互交往。

（3）放心大胆地任用下属，以增强其责任感。

（4）采取措施以确保下属能够看到自己为工作和组织作的贡献。

（5）最好是在基层管理人员得到反馈以前，把工作完成的情况反馈给下属。

（6）在改善工作环境和工作条件方面，如办公室或厂房、照明和清洁卫生等，要让员工参与并让他们提出自己的意见或建议。

工作丰富化也有其局限性，下列方法可以使工作丰富化起到更高水平的激励作用。

（1）必须更好地了解人们需要什么，有的放矢。研究表明，技术水平要求低的工人更需要诸如工作稳定、工资报酬较高、厂规限制较少以及富有同情心、能体谅人的基层领导。而高层次的专业人员和管理人员，则不是工作丰富化的重点对象。

（2）管理人员要真正关心员工的福利，并让员工感觉到管理人员正在关注他们。人们喜欢及时得到有关自己工作成绩的反馈，获得正确的评价和赞赏。

（3）人们愿意参与管理，欢迎上级同他们商量问题并给予他人提出建议的机会。

（4）让员工了解工作丰富化的主要目标及由此带来的好处。

（5）确保员工得到相应的工作条件。

（6）为员工出色完成工作提供信息。

3. 实现工作丰富化的步骤

若一位管理者希望通过增加工作的多样性、完整性、重要性、自主性、反馈性以丰富工作的内容，可采取以下五个步骤。

（1）创建工作组。当一个任务过于庞大或者复杂而不适合单人完成时，工作组可以被创建。

（2）合并任务，即尽可能把独立的和不同的工作合成一个整体。

（3）建立和顾客之间的联系。这意味着使生产者及其产品的使用者（其他生产部门、顾客、销售团体等）相联系。这样可以让生产者知道产品被判断的标准。

（4）直接分派任务，降低监管。即尽可能地给生产者计划、参与、控制自己工作的权力。这样，不需要经过其他部门专门培训，生产者的控制能力就会获得提高。这种控制能力也意味着给生产者计划工作、控制存货、预算资金和质量控制的权责。

（5）使反馈信息更直接。让生产者能够直接监管自己的产品或服务，如果用户使用产品出现任何问题可以直接和生产者联系。

（五）工时弹性化

20 世纪 70 年代以后，一些工业发达的国家，为了缓和劳资关系，适应科学技术、经济环境以及社会生产力发展的要求，试行了一系列新的工作时间制度。从国际劳工组织（International Labour Organization，简称 ILO）历年的统计报告资料可以看出，当今世界各国工作时间模式日趋多样化，并且越来越灵活。归纳起来，主要有三种制度。

1. 弹性工作时间制度

这种制度规定：在干满工作时间的前提下，工作日内可以有一部分时间由员工自行安排并选定上下班时间，以代替统一固定的上下班时间的制度。这个制度是 20 世纪 60 年代末期，从德国一些企业中兴起的，当时主要为了解决员工上下班交通拥挤的困难。从 20 世纪 70 年代开始，在西欧和拉美一些国家中，弹性工作时间制度的实施范围不断扩大。例如，1975 年英国约 70 万名员工实行弹性工作制，1977 年瑞士约有 40 万员工也实行了这一制度。

弹性工作制的工作时间由两部分组成：一部分是“核心时间”，即规定在某几个小时内，所有的员工必须上班；另一部分是“弹性时间”，员工可以在这部分时间内自由选定上下班的时间，但两部分时间相加等于制度工作时间。例如，某公司规定工作时间为 8 小时，营业时间从早 6 时 30 分至晚 6 时。公司规定从早 9 时 30 分至下午 3 时为核心时间，其中有半小时为午餐时间，在这个时间内，全体员工都必须上班，其余的时间则作为弹性时间。即早 6 时 30 分至 9 时 30 分和下午 3 时至 6 时，员工可以在这两段时间的 6 个小时内，任意选定 3 个小时作为上班的时间，超过规定的工作时间以加班计算。除上述的形式以外，还有各种不同的形式，如除规定核心时间，员工每两周必须干满 80 小时以外，其余时间可由员工自行安排；还有的不规定核心时间，只要求每周干满规定的工作时间，其上下班时间由员工自行选择。

实行弹性工作时间制度，可以减少员工的事假、病假、迟到和早退等情况的出现，有利于解决上下班交通拥挤以及个人和家庭的生活困难，有利于提高工作效率。但实行这种制度后，要相应改变管理方式，并建立相关的工作规范和考勤制度。

2. 非全时工作制

非全时工作制，亦称分职制，就是让两个人共同担任一个全时工作岗位，或者说把一个工作岗位工作分成两部分，由两个人分担，员工薪酬和待遇按实际的工作时间长短计算，每个员工在一周可以连续工作若干天，但必须少于 5 天，在一个工作日内必须少于 8 小时。

这种工作制度是 20 世纪 70 年代以来，在欧美一些资本主义国家发展和推广起来的。当时主要由于失业问题日益严重，社会要求就业的人员增多，人数超过可能提供的工作岗位。在经济衰退、通货膨胀的情况下，为了增加家庭经济来源，许多家庭妇女也要求参加工作，而他们又希望自己有一定的可支配的时间照顾家务。有些老年员工也愿意在退休前，有一个适应体力衰退而工时较短的工作岗位。实行非全时工作制，有利于安排就业，减少缺勤，增加员工的闲暇时间；或在一些劳动资源比较缺乏的国家，可以吸收和鼓励妇女就业，缓和劳动力紧张的矛盾。也便于一些未到退休年龄的老年员工，保持较为充沛的精力进行工作，如果老年员工与青年员工共同在一个岗位上工作，还有利于以师带徒，培养技术人才等。因此，在一些西方国家实行非全时工作制的岗位日益增多。

3. 其他灵活的工作时间制度

近些年来，西方国家为了使员工充分利用工时提高劳动效率，广泛采用了各种灵活的时间制度。

（1）可变工作制。它没有固定的工作时间，只要完成当月工作量，便可以自行决定上下班时间。这种工作制度曾在德国几家大公司试行。公司有专门的电子设备记录和计算员工每月实际完成的工作任务量。如未完成的工作量超过 16 小时，就要按比例扣减薪水。

（2）班组工作制。对一个生产班组规定一定要完成的工时总数，班组每个成员工作多少时间由班组主管自行安排。荷兰有不少医院就采用这种形式安排全昼夜值班。这种工作制度不仅使医务人员满意，也使病人受益。

（3）“双人”工作制。如果一个工作地点有两人轮流工作，那么他们在一个工作日内应该完成的工时数共为 16 小时，个人在这个工作日具体工作多少时间，由他们自己协商安排。今天一名员工多做几小时，明天另一名员工多做几小时，但一周（5 天）内每人的工作时数一定要达到 40 小时。这种工作制度在法国某些缝纫工厂中广为采用。

（4）一周两天工作制。美国通用橡胶和轮胎公司，曾对一部分员工实行这种工作制。所谓一周两天工作制，就是只让员工在星期六和星期天工作，每天 12 小时。这 24 小时相当于非假日时间里工作的 26 小时。采用这种工作制度，旨在保证生产不间断地进行。

（5）休假或赚钱的工作制。德国尼克斯道夫公司对那些传统上没有工时定额的管理人员实行一种称为“是休假还是赚钱”的工作制度。管理人员一年内除了规定休假6周之外，另外还有1周，可以让他自己决定是休假还是用来工作。如果他选择工作，便可获得高达120马克的日薪。规定的6周休假时间，同样可以听任他自己的安排，要是他愿意用来赚钱，那么他可以利用休假时间赚钱。

（6）周工时选择制。员工可以在每个工作周中，自行选择时间或延长或缩短2～4小时，只要半年内的工时总额不少于规定的定额就行。员工的劳动报酬则按其每周的实际工时数支付。

（7）有效的工作时间制度。过去瑞士实行44小时周标准工时制度，这在西欧各国中是最长的。但瑞士表公司一下子把周工作时间缩短到30小时。该公司规定员工可以在周末的3天里工作30小时，完成一周的工作量，并能够得到原来工作44小时的工资。员工也可以在几个月的时间里，一鼓作气完成一年的工作量。该公司认为优质产品出自心情愉快的员工之手，让员工最大限度地选择工作时间，能避免许多管理手段无法控制的质量差错。

从以上实例可以看出：当今世界各国工时制度改革的总趋势是：①采取多种形式和措施缩短周工作天数和工作总时数；②固定的8小时工作制，逐步被有弹性的、灵活多样的制度所代替。

弹性工时制对员工个人来讲好处有：一是员工在工作时间有了一定的自由选择权，他们可以自由按照自己的需要作息，上下班可以避免交通拥挤，免除了担心迟到或缺勤所造成的紧张感，并能安排时间参与私人重要的社交活动，便于安排家庭生活和业余爱好；二是由于员工感到个人的权益得到了尊重，满足了社交和尊重等高层次的需要因而产生责任感，提高了工作满意度和士气。

当然，弹性工时制也具有一定的缺陷。首先，它会给管理者对核心的共同工作时间以外的下属人员工作进行指导造成困难，并导致工作轮班发生混乱。其次，当某些具有特殊技能或知识的人不在现场时，它还可能造成问题更难以解决，同时使管理人员的计划和控制工作更为麻烦，花费也更大。另外，许多工作并不宜转为弹性工时制，例如，百货商店的营业员、办公室接待员、装配线上的操作工，这些人的工作都与组织内外的其他人有关联，只要这种相互依赖的关系存在，弹性工时制通常就不是一个可行的方案。

二、工作岗位设计的模式

无论是工作轮换、工作扩大化还是工作丰富化都不应看作是解决员工不满的灵丹妙药，必须在职务设计、人员安排、劳动报酬及其他管理策略方面进行系统考虑，以便使组织需求与员工个人需求获得最佳组合，从而最大限度地激发员工的积极性，有效地达到企业目标。

岗位设计的综合模式如图 6-3 所示。综合模式的特点是着重要求企业管理人员必须分析和评价在岗位设计、规划发展和贯彻过程中许多环境变量可能产生的影响。管理者必须意识到并且承认工作的重新设计是在整个环境中,即在一个企业内进行的,而不是孤立生产的。在主要设计工作开始前,对来自其他组织系统的影响和对其他组织系统产生的影响,都要仔细地判断和衡量。我们知道,有效的岗位设计对员工的满意度、积极性、责任感、出勤率和工作业绩影响很大。但是不切实际的滥用职务的设计方法或者修改工作计划,一般来说,必然会导致失败和各方的不满。最重要的是对问题最有针对性的方法才能最有效地解决问题。不要随波逐流,换句话说,不要仅仅因为其他人都使用这种方法,自己也去使用。

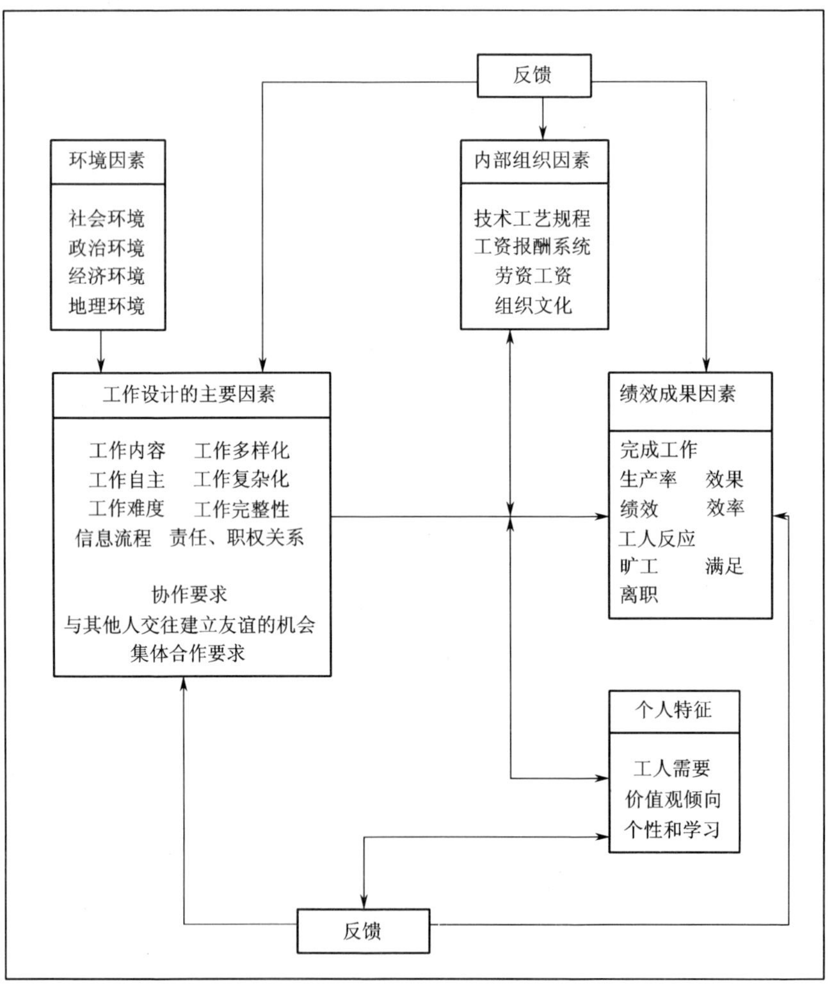

图 6-3 岗位设计的综合模式

三、工作岗位设计的步骤

为了提高岗位设计的效果，在进行岗位设计时应按以下几个步骤来进行。

1. 需求分析

岗位设计的第一步就是对原有工作状况进行调查诊断，以决定是否应进行岗位设计，应着重在哪些方面进行改进。一般来说，员工工作满意度下降和积极性较低、工作情绪消沉等情况，都是需要进行岗位设计的现象。

2. 可行性分析

在确认岗位设计之后，还应进行可行性分析。首先应考虑该项工作是否能够通过岗位设计改善工作特征，从经济效益、社会效益上看，是否值得投资；其次应该考虑员工是否具备从事新工作的心理与技能准备，如有必要，可先进行相应的培训学习。

3. 评估工作特征

在可行性分析的基础上，正式成立岗位设计小组负责岗位设计，小组成员应包括岗位设计专家、管理人员和一线员工，由岗位设计小组负责调查、诊断和评估原有工作的基本特征，分析比较，提出需要改进的方面。

4. 制定岗位设计方案

根据工作调查和评估的结果，由岗位设计小组提出可供选择的岗位设计方案。岗位设计方案中包括工作特征的改进对策以及新工作体系的工作职责、工作规程与工作方式等方面的内容。在方案确定后，可选择适当的部门与人员进行试点，检验效果。

5. 评价与推广

根据试点情况及进行研究岗位设计的效果进行评价。评价主要集中于三个方面：员工的态度和反应、员工的工作绩效、企业的投资成本和效益。如果岗位设计效果良好，应及时在同类型工作中进行推广应用，在更大范围内进行岗位设计。

当美国人计划飞往国外时，很多人仍旧发现自己对恐怖主义非常担心。美国政府已经试图对危险的恐怖分子所造成的威胁作出反应，然而，事实证明在老练的恐怖分子面前没有什么有效的防护措施。更糟糕的是，现有的措施也会因人为原因而失效，特别是机场人员在面对大量不耐烦的旅客和堆积如山的行李进行超负荷工作时，他们经常会不知所措。比如，现有的一个主要问题是X光屏幕监视员的岗位设计方式。这个工作是重复性的，毫无疑问员工会变得厌烦、劳累，屏幕监视员注意力不集中。考虑到X光屏幕监视员注意力不集中所带来的灾难性的后果，航空公司应该考虑评价现有的岗位设计的合理性。重新设计这份工作，使它变得更加有趣，而且使工作人员更加具有工作积极性，这可以拯救很多人的生命。

糟糕的岗位设计并不会总是危及身体甚至生命安全，但是在一个利润不断下降且全球竞争越来越激烈的情况下，公司如果不能不断地对产品和工作过程进行改进，后果将不堪设想。岗位设计和再设计可以使公司的资源（人力、资本和技术资源）得到充分利用，从而使公司保持竞争优势。

【本章小节】

本章主要讲述了岗位设计的主要内容。岗位设计的方法以及岗位设计的程序，学会如何对新组织进行岗位设计和对既定组织的工作再设计。通过本章的学习，掌握如何运用正确的岗位设计方法完成岗位设计。岗位设计作为工作分析的重要环节，在工作分析中发挥着不可替代的作用，恰当的岗位设计使得员工的工作事半功倍。

【本章习题】

1. 简述工作岗位设计的基本内容和基本原则。
2. 不断改进工作岗位设计具有何种重要的意义？
3. 进行工作岗位设计时，可采用哪些基本方法？
4. 简述工作轮换的优缺点。
5. 简述实现工作丰富化的条件和方法。
6. 简述工作岗位设计的步骤。

【案例与讨论】

案例一

新世纪摄影公司的主要业务是摄影、冲印底片和制作艺术照片。公司由 50 名雇员组成，有 8 位管理人员。艺术部（8 名雇员和 1 名管理人员）的基本工作是挑选相片，进行艺术处理，并装订成册。如果组织得当，这些工作其实是很有趣的。在岗位设计之前，主管人员将所有的任务归类整理，然后按工人的技术水平分派任务，指定完成期限。当工作负担过重时，主管者本人也要完成一部分工作，完成工作后，他必须检查所有的产品，并修补有问题的部分。对主管人员而言，修补有问题的相片是个令人头痛的问题，它需要大量细致且烦琐的工作，而主管者花费了大量的时间和精力在上面，仍有积压，以致顾客和其他部门经常抱怨，结果他忙得几乎没有时间培训和管理员工，而雇员的出错率也越来越高，积压也越来越多，工作的效率也越来越低。同时，不合理的计酬方式使情况更加恶化。报酬的高低以完成任务的数量来定而不考虑工作难易程度。这使那些有经验的工作人员从事耗时多的复杂工作而报酬偏低，而那些做着简单工作的新雇员却得到高收入。职工的不满情绪日益增加，2 个月内，有 3 个职工离开了该部门。于是对艺术部的工作进行了重新设计，共分成两个组：普通艺术照组和婚礼肖像组，每个组由一名熟练工任组长，负责分工和训练新工作，除了刚来的新人，每个工人负责自己的工作质量，一旦出现错误直接返回给本人，主管不再负责修复，加工过程出现问题时员工直接与顾客协商，工资支付方式在原有数量基础上乘工作难度系数，工作难度越高，系数也越大，工资也越高。这些改变使艺术部的月产量增加了 30%，质量也人人提高，工人也安心工作了。

请结合案例回答下列问题。

1. 该摄影公司是如何进行岗位设计的？

2. 岗位设计后，会有什么样的结果？

3. 是否有其他更好的岗位设计的方法？

案例二

某市电视台广告部审核科的主要职责是：广告内容审核、广告合同审核、广告播出审核。最初，部门领导依据本部门的工作职责，将员工的工作职责在有关会议上进行口头分工。一段时间里，这种模糊的“工作分工”，使员工对自己的具体工作目标不清楚，也不知道哪些工作是自己职责范围内的，哪些是自己必须完成的，哪些是要与相关岗位的员工沟通、协作才能做好的。

因为岗位责任不清，电视台曾出现广告漏播、错播的问题，因监测数据录入不及时，还出现过广告播出证明无法出具的现象。更严重的是，出现问题后，员工间相互推诿与埋怨，有时员工心里清楚是谁的责任，但又无据可查，最后只好不了了之。

面对上述问题，该部门的主管与员工认为，有必要对工作岗位进行科学设计。于是，将部门工作分解到 5 个岗位：广告内容审核；广告合同审核；广告播出审核；广告监测；资料管理。这一方案经过一段时间的运作后，员工发现岗位间难易程度、责任大小、工作量差异较大。该部门又根据员工的提议，对上述岗位重新设计：将广告播出审核岗位分为监测一岗、监测二岗；增设出播证岗位，专职出具广告播出证明并负责广告播出情况核实；增设了磁带管理岗位，负责录制节目磁带的归类、摆放、查询及办理借阅手续。

在岗位设计好以后，该部门用文字的形式对“岗位职责”进行了规范和明确。实践过程中，该部门又碰到这样一个问题：有的员工因病或者因事不能上班时，其他岗位的员工很难顶替他的工作。于是，在岗位设计中该部门又引进岗位轮换制，轮岗周期为两周。其间，很多员工觉得对岗位的工作流程熟悉时间长而遗忘率高，每次换岗的第一周工作效率最低，而且面对新工作岗位，员工普遍不知从何着手，两周轮岗周期太短。为此又将轮岗周期延长为一个月。

一年后，该部门发生了如下变化：员工对岗位责任、难易程度、工作量和工作的风险性心中有数从而减少了岗位目标的盲目性；由于职责明确，员工失误率、差错率明显减少，员工的工作积极性得到了较大提高；轮岗之后，员工的综合操作能力、熟练程度及工作效率均有不同程度的提高；大家对全局工作有了更强的适应力，能将各岗位间的技能灵活运用。

请问为何本案例所涉及的部门在岗位分析与设计之后，工作面貌发生了很大变化？

案例三

沃尔沃的工作再设计

汽车制造业是瑞典工业中的一个重要领域，而沃尔沃（Volvo）汽车公司又是其中的佼佼者。按全世界标准，它算不上大公司。从 20 世纪 60 年代中期起，它的汽车出口翻了一番，占它全部销售额的 70%，虽仅占世界汽车市场的 2.5%，却已占瑞典全年出口总额的 8% 以上，可称举足轻重了。该公司的管理本来也是一直沿用传统方法，重技术、重效率、重监控。直到 1969 年，工人的劳动态度问题已变得十分棘手，使该公司不得不考虑改革管理方法了。

沃尔沃公司领导分析了传统汽车制造岗位设计，认为它最大的问题是将人变成机器的附庸。所谓装配线不过是一条传送带穿过一座充满零部件和材料的大仓库罢了。这套生产系统的着眼点是那些零部件，而不是人。人分别站在各自的装配点上，被动地跟在工作件后面，疲于奔命地去“照葫芦画瓢”而已。这套制度的另一个问题是形成了一种反社交接触的气氛。工人们被分别隔置在分离的岗位上，每个岗位的作业周期又那样短（一般为 30 至 60 秒），根本没有偷闲片刻。因此，沃尔沃试图通过用自动机器来取代较繁重艰苦的工作，来向工人表明，公司是尊重人的。但随即发现此方法治标不治本。这时，公司才觉醒，认为在工作方面要治本，必须进行彻底的再设计。所以，他们在设计卡尔玛轿车厂时，希望能体现以人而不是以物为主的精神，决定取消传统的装配传送带。以人为中心来布置工作，就是要使人能在行动中互相合作、讨论，自己确定如何来组织。管理要从激励着眼，而不是从限制入手。所以，该厂工人都自愿组成 15 至 25 人的作业组，每组分管一定的工作，如车门安装、电器接线、车内装潢等。组内可以彼此换工，也允许自行跳组。小组可自行决定工作节奏，只要跟得上总的生产进程即可，何时暂歇、何时加快可以自定。每组各设有进、出车体缓冲存放区。

这个厂的建筑也颇独特，由三栋两层及一栋单层的六边形厂房拼凑成十字形。建筑的窗户特别大，分隔成明亮、安静而又有相对独立性的小车间。没有了传送带，底盘和车身是由专门的电动车传送来的。这种车沿地面敷设的导电铜带运动，由计算机按既定程序控制。不过当发现问题时，工人可以手工操作，使他离开主传送流程。例如见汽车油漆上有一道划痕，工人便可把它转回喷漆作业组，修复后再重返主流程，仍归计算机制导。车身在电动车上可作 90 度滚动，以消除传统作业中因姿势长期固定而引起的疲劳。同时，各作业组自己检验质量并承担责任。当发现某质量问题一再出现时，这个情况立即在相应作业组终端屏幕上显示出来，并附有以前对同类问题如何排除的资料。这屏幕不仅报忧，也同时报喜，质量优秀稳定的信息也及时得到反馈。产量、生产率、进度数据则定期显示。

据 1976 年的调查，几乎该厂全体职工都表示喜欢新方法。沃尔沃公司便又陆续按这种非传统方式，建造了另外四家新厂，每厂规模都是不到 600 名职工。当时这一改革相当冒险，因为一旦失败，不仅经济上代价高昂，公司内外信誉也会遭受巨大损失。而卡尔玛工厂的成功鼓励他们再进一步。卡尔玛改革的核心是群体协作，工人以作业组为单元活动。但这是一个另起炉灶的新建小厂，它是否也能用于按传统观点设计并运转多年的大型老厂呢？这是一种颇为不同而风险更大的改革尝试。沃尔沃在西海岸哥德堡市建有一家 8 000 人的托斯兰达汽车厂，是 1964 年完全按传统装配线设计建造的。它生产的汽车构成该公司产品的主体，改造略有不慎必将影响到生产，损失将是极为巨大的。所以，总部一直没有对它采用任何措施。但是，这个厂却由该厂管理人员在工会和全体职工配合下自己搞起了工作再设计的试验。这个厂设有吸收工人参加并有较大发言权的各级工作委员会及咨询小组 55 个，没有工人同意，改革寸步难行。因为任何改革总要引起短期的不习惯与不方便，工资制度上也要适应由个人奖到小组集体奖的转变。这个厂改革的第一步是放权，尽量使它的冲压、车身、喷漆和装配四大车间成为自主的实体，因为每个车间各有其独特问题，不能一刀切。例如 1973 年，车身车间组成一个专题工作组来解决降低噪声与粉尘问题。车间主动请来应用美术学院的专家，经几处摸索，把这车间变成了全公司最明亮整洁的场所之一。改革自己的工作条件，变成了一种有吸引力的挑战。各级工作委员会和咨询组都有一定经费解决自己的问题，于是形成了浓郁的改革气氛。又如车内装潢车间，流水线上设有 15 个装配点。早在这厂刚投产的 1964 年，工人中就有人主张经常换换岗位，因为老在同一岗位上干，不但乏味，而且身体某些部位易疲劳。可是另一些工人不愿意，直到 1966 年这些工人才自己定了一套轮换制度，每人都学会这 15 个岗位上的操作技术而成为多面手，每天至少轮换一次，并自己负责检验自己干的活计和负责纠正缺陷。这时，他们不但体验到换岗能减轻劳累，而且培育出一种群体意识。后来他们把全组工作的计划与检查都接收过来，使工作更加丰富化了，全组缺勤与离职率大幅度下降，工作质量也提高了。工作从轮换到扩大化直至丰富化，人们对工作的满意感逐步增加。托斯兰达厂在 1970 年，仅 3% 的装配工人搞工作轮换，1971 年达到 10%，1972 年达到 18%，然后开始加速，1973 年达到 30%，1977 年已达 60%。改革自己的工作内容成了多数工人的自然要求。但总有少数人，特别是年纪偏大的，是始终不喜欢任何改变的。到 1976 年年末，这厂的装配车间才开始有人跟传统的装配线告别，组成了两个各有 9 人参加的作业组，每组承包一定辆数的汽车装配，作业改到装配工作台上去进行。9 名组员什么都干，从底盘装配到车身与车门安装，直至最后内部装修与检验。每组每周至少要开一次生产组务会，研究生产情况及解决问题的办法。渐渐地，装配工作台完全取代了装配线。

诚然，这种工厂的基建与设备投资要比常规厂高一至三成，占地面积也要大些。但沃尔沃公司声称他的得远大于失，赔钱的买卖他是不会干的。装配台平均约每小时装配成一辆车，生产率至少不低于装配线，而工人满意感大增，离职率从 40% 至 50% 降到 25%，质量有所上升。尽管瑞典的劳动力成本一直是全世界最高的，但沃尔沃却能保持一直赚钱，利润占销售额中的百分比仍属汽车业中最高者之一。

请结合案例回答下列问题。

1. 沃尔沃公司的工作再设计过程说明了什么？

2. 从沃尔沃公司工作再设计中我们能得到什么启发？

资料来源：董临萍 . 工作分析与设计 [M]. 上海：华东理工大学出版社，2008.

第七章　工作岗位评价

【学习目标】

通过本章的学习，了解岗位评价的内涵、目的和特点；理解岗位评价的原则、信息内容与来源；掌握岗位评价的指标、标准与构成，岗位评价的步骤，岗位评价的主要方法。

【引导案例】

H公司是沿海地区一家规模较大的民营房地产企业，初创期共有十几个人，四个部门：财务部门、项目前期、工程管理、行政部门，员工的薪酬都是由赵总经理决定。随着公司规模的迅速扩大，过去原有的四个部门增加到十个部门，人员也由过去的十几个人发展到现在的五百多人。人员的增加使诸多的人力资源管理问题频频出现，员工抱怨说："我们工作任务多、责任重，但是和其他岗位员工工资差不多。"面对这种情况，赵总经理让人力资源部李经理着手进行岗位评价，以确定不同岗位的薪酬水平。

你认为李经理该如何开展岗位评价工作呢？

第一节　工作岗位评价的内涵、原则与作用

一、岗位评价的内涵与特点

（一）岗位评价的内涵

岗位评价是在岗位分析的基础上，按照一定的客观标准，从工作任务多少、繁简难易程度，岗位责任大小，岗位劳动环境以及所需人员的资格条件、劳动技能等方面出发，对岗位所进行的系统衡量、评比和估价的过程。

岗位评价的实质是将工作岗位的劳动价值、岗位承担者的贡献与工资报酬有机结合起来，通过对岗位劳动价值的量化比较，得出各个岗位在组织中的相对价值顺序，以确定企业中各个岗位的地位及薪酬等级结构的过程。

岗位评价起源于美国，最初的目的是试图建立一种评价政府职员工作岗位价值

的合理方法,以确定其报酬水平。1838 年,美国国会通过一项政府职员岗位评价法案,通过岗位职责和任职资格来确定其报酬,实现同工同酬。

(二)岗位评价的目的

首先,科学的岗位评价可以用来建立完整的组织工作结构。

其次,有效的岗位评价可使工作间的联系更加公平、有序,可提升岗位工作效率。

再次,岗位评价能够开发一个组织的工作价值等级制度,据此可用来建立工资支付结构。如目前最常见的薪酬形式仍然是结构工资制,它包括基本工资、岗位工资、工龄工资、学历工资和绩效工资等。

最后,关于企业内部的岗位工作和工资方面,提供岗位评价可取得经理与员工间的一致。

(三)岗位评价的特点

(1)岗位评价的对象是岗位本身的价值,即客观存在的与岗位相关的“事”和“物”而不是岗位现有的人员的价值。在岗位评价过程中,不能以现有岗位人员的各项标准以及岗位工作表现为出发点进行岗位评价,应该脱离岗位人员的相关特征去独立、科学地评价岗位本身的价值。

(2)岗位评价是依照一定的标准对组织中各类岗位的相对价值进行测量、评估的过程。岗位的评价指标与标准是相对的,从严格意义上讲,不同的岗位评价指标和标准是无法完全统一或一致的,即使同一评价指标和标准评价出来的岗位价值也是相对而言的,不存在绝对的评价标准和评价价值。

(3)岗位评价主要是对岗位按评定结果划分出不同的等级,即对同类不同层级岗位的相对价值进行评价。岗位评价的结果更多的是同一部门或系统内部不同级别岗位价值的比较,即建立部门或系统内部的岗位价值体系,体现不同级别岗位的工作繁简难易程度、劳动环境、工作压力、劳动强度、劳动技能等特征。

(4)岗位评价需要运用多种学科的理论和方法。岗位评价涉及劳动经济学、组织行为学、人力资源管理学等多门学科的理论知识和不同方法而进行。

二、岗位评价的原则

(一)系统原则

从系统论的角度出发,组织是一个系统,各部门是其子系统,每个部门内部又分成不同的层级,即次级子系统,因此,对组织中的各个部门以及每个部门内部各个岗位进行评价时应遵循系统的原则进行,了解组织、部门内部岗位之间的相互关系,包括纵向隶属关系和横向平行关系,最终建立一个完整的组织内部岗位价值体系。

(二)实用性原则

岗位评价的目的是科学评价岗位的相对价值,进而构建一个完整的、有效的岗位价值系统，岗位相对价值体现了该岗位的繁简难易程度、工作任务程度、岗位责任大小、劳动环境以及所需的资格条件、劳动技能等特征。组织可以依照各个岗位的相对价值及其各方面的特征开展岗位绩效考核和薪酬管理活动。

（三）标准原则

在岗位评价过程中，岗位评价要素、评价指标都应该是标准的、客观的和科学的，不能是随意的、主观的和模糊的，如一般岗位的评价指标主要包括劳动责任、劳动强度、劳动技能、劳动环境以及社会心理方面。可以说，只有科学的、全面的岗位评价要素和指标才能确保岗位评价的有效性，使得岗位评价更有意义，进而为其他人力资源管理工作打下良好基础。

（四）能级原则

通过岗位评价，组织可以建立一个不同能级的岗位相对价值系统，每个层次岗位的职责、任务及其能力要求都是不一样的，相应地其薪酬待遇也是有所不同。一般来说，评价价值高的岗位，其工作难度更大，工作技能要求更高，工作责任也更重；相对来说，评价价值低的岗位，工作压力小，技能要求不高，工作责任也较轻。

（五）独立原则

参加对岗位进行评价的专家及小组其他成员必须独立、客观地对各个岗位进行科学评价，不允许成员互相讨论、互相协商来完成打分过程，以确保评价的科学性和合理性。

三、岗位评价的作用

岗位评价在人力资源管理体系中起到了较为重要的承上启下的作用，主要表现在以下几个方面。

（1）确定岗位相对价值。对岗位进行科学定量测评，评估岗位的相对价值，以量值表现岗位特征，如量化工作岗位的繁简难易程度、责任权限大小、劳动环境以及所需要的资格条件等综合特征。

（2）建立岗位价值评判标准。在客观地衡量岗位自身价值量的基础上进行横向、纵向比较，使性质相同或相近的岗位有统一的评价标准，便于比较岗位间相对价值的高低。

（3）系统全面的岗位评价制度为各个岗位归级列等奠定了基础。根据不同的岗位价值，科学建立组织整体的岗位结构及体系，确认正式有效的组织岗位工作结构。

（4）为建立公平合理的薪酬体系提供科学依据。在完成组织各个岗位的归级列等以后，开发一个体现岗位价值的绩效考核和薪酬管理系统，据此可用来建立工资支付结构，如目前最常见的薪酬形式仍然是结构工资制，包括基本工资、岗位工资、工龄工资、学历工资和绩效工资等。

（5）有利于加强组织内部良好的、和谐的劳动关系建设。

但是，岗位评价过程中也存在一些缺点，主要如下。

（1）岗位评价结果的客观性较差。岗位评价是否客观受到评价指标和评价人员的客观性影响。如果岗位描述的主观因素很强，则岗位评价的客观性就会大打折扣。评价人员的客观性有时是值得怀疑的。

（2）岗位评价指标体系的建立与维持费用较大。建立和维持有效的评价体系需要相当高的费用，而且在维持这一体系的过程中要指出的是，评价过后的等级提升将意味着需要额外的支出。

（3）岗位评价结果的准确性受到诸多因素影响。如果岗位评价的设计不科学，流程不合理，操作过程不规范，有可能会出现一些不理想的、甚至是负面的评价效果。

四、岗位评价的信息内容与来源

（一）岗位评价的信息内容

开展岗位评价所需的信息主要包括：岗位名称与编码、岗位工作位置、岗位人员职务与数量、岗位职责与任务、该岗位与其他岗位之间的关系、岗位工作条件、岗位工作时间、岗位定额定员、岗位工作环境、岗位工作危险性、岗位负荷程度、专业技能培训要求、对其他岗位的监督以及对员工的学历要求、知识要求及身体要求等。

（二）岗位信息来源

岗位评价信息来源渠道主要包括直接信息来源和间接信息来源两大类。

1. 直接信息来源

岗位评价直接信息来源是指直接在现场获取的工作岗位信息。获取信息的方式包括问卷调查法、访谈法、观测法、工作日写实和测时等，收集有关岗位信息的第一手资料，这种方法所获得的信息真实、准确、全面，但是需要开展岗位调研活动。

2. 间接信息来源

岗位评价间接信息来源是指通过对组织现有的人事文件进行分析以获取有关岗位的相关信息。获取间接信息的具体方式包括通过对工作说明书、岗位管理制度、员工手册、劳动规范等的分析来对岗位进行评价。这种方式获取的间接信息虽然具备节省人力、物力和时间的优点，但所获得的信息过于宏观、抽象和片面，一定程度上将会影响评价的质量，需要对其进行客观的、科学的辩证分析才可有效利用。

五、岗位评价的步骤

岗位评价可以依照下列流程进行：制订详细的工作岗位评价计划—建立评价委员会，培训评价人员—按组织内工作岗位的性质将岗位进行分类—收集岗位信息，确定影响岗位的主要因素与指标—规定统一的岗位评价标准—设计岗位评价问卷和评价表格，对标杆岗位或工作进行评价—全面落实岗位评价计划—撰写岗位的评价报告书—岗位评价工作总结。从上述评价流程内容与性质来看，上述流程或环节可划分成以下几个主要步骤。

（一）制订详细的工作岗位评价计划

制订科学的、全面的岗位评价计划对于有效实现评价目标来说至关重要。完整的评价计划应该包括明确岗位评价的目的。确定岗位的时间安排，评价小组的建立方式，外部评价专家和内部评价人员的科学选择，岗位评价结果的汇总与分析，以及评价报告的撰写等。岗位评价计划的制订需要用系统的、联系的、发展的观点进行，需要对岗位评价工作进行全面、细致和严谨的分析。

（二）建立评价委员会，培训评价人员

在组建评价委员会的过程中，首先，要科学确定参加评价的外部专家和内部相关人员。其次，确定评价小组的具体人数，一般情况下以 5~12 人为宜，由各部门派员参与，通常都为主管级以上人员，各部门所派成员人数必须相当。再次，对评价人员进行相关培训，使其具备一定的评价技能，明了各工作之间的相互关系，熟悉有关薪资管理的理论及技术等。最后，评价人员要有认真负责的敬业精神，如能够客观、公正地进行岗位评价，能够顾全组织整体利益，组织内部的各个部门与人员以及聘请的外部专家之间要团结合作，相互理解与支持。

此外，应该注意发挥评价委员会的积极作用，减少或抑制其消极作用及负面影响。如评价委员会的积极作用体现为能够科学确定标杆岗位或工作，合理确定评价因素以及参与实际评价等；消极或不利影响如管理不到位则可能会出现，如同事间合作不力，标杆岗位或工作选择不正确，评价方法选择不当，以及脑力劳动与体力劳动评价方法混同使用等等。

（三）确定影响岗位的主要指标与标准

评价小组应该科学确定岗位评价的主要指标和选择标准。评价指标的选择要注意其效度和信度问题。评价的信度是指不同的评价者使用同一套岗位评价指标或评价体系在不同的时间对同岗位进行评价时所得结果的稳定性或一致性问题；工作评价的效度是指一套评价体系或评价指标在评价某一岗位的价值时的准确性问题。因此，岗位评价指标应该结合本组织岗位实际情况，运用较为科学的，能够对岗位各方面相关信息进行有效测量的关键指标，如研究人员普遍认可的工作强度、工作环境、工作技能等主要指标及其相应体系。在确定重要的评价指标后，要对指标的标准进行确认，可以依照国家或部颁的岗位分级标准，或在没有国家及部颁标准情况下，组织可以自己科学、合理地制定评价岗位的具体标准和评价规则等。

（四）设计相应的评价表格

在明确岗位评价指标和评价标准后，要结合组织岗位的实际情况，依据科学的岗位评价原则，制定相应的评价表格。如评价表格包括单个岗位的评价表格（表 7-1）和汇总的组织岗位评价表格（表 7-2）等，作为记录评价信息的有效工具。

表 7-1 单个岗位评价表格

岗位名称		评价等级	评价分数	合计
评价项目	评价要素			
劳动技能（30%）	文化知识			
	操作技能			
	复杂程度			
	预防、处理事故的复杂程度			
劳动责任（25%）	质量责任			
	原材料消耗责任			
	经济效益责任			
	安全责任			
劳动强度（35%）	体力劳动强度			
	脑力消耗程度			
	岗位作业姿势			
	岗位工时利用率			
劳动环境（10%）	作业条件危险性			
	有害气体危害			
	噪声危害			
	辐射危害			
合 计				

表 7-2 组织岗位评价汇总表

排序	岗位部门	岗位名称	评价分数				
			工作责任	工作技能	劳动强度	劳动环境	合计
1							
2							
3							
4							
5							
6							
7							
8							

续表

排序	岗位部门	岗位名称	评价分数				
			工作责任	工作技能	劳动强度	劳动环境	合计
9							
10							

（五）开展组织内部的岗位评价，落实评价计划

先在几个重要岗位进行试点，以便总结经验、发现问题、采取对策、及时纠正。然后按照评价计划的具体时间、具体要求等相关规定全面落实岗位评价活动；岗位评价活动应该是以公开的、透明的方式进行，同时体现出其动态的、发展的基本特征。

（六）撰写岗位评价报告与评价工作总结

当岗位评价工作结束之后，要进行全面总结，撰写岗位评价报告和评价工作总结，以便汲取岗位评价工作的经验和教训，为以后岗位分类分级等工作的顺利开展奠定基础。

六、岗位评价中应该注意的问题

岗位评价中应注意以下问题。

（1）岗位评价不是人力资源部门一个部门的事情，人力资源部门通常是岗位评价工作的组织者和管理者，实际的岗位评价工作是由专门的评价委员会进行的，而评价委员会的构成通常取决于被评价岗位的类型和水平。

（2）中小型组织通常缺乏岗位评价的专业知识和相关经验，这时可聘用外部专家作为岗位评价顾问。在专家的指导下开发适合该组织的岗位评价体系是必要的，同时培训该组织相关人员，以便对岗位评价体系进行维护、管理工作。

第二节　工作岗位评价的指标、标准与构成

一、岗位评价指标选择与确定的原则

岗位评价指标的确定是评价体系建立的前提和基础。评价指标从影响岗位工作的诸多要素中提取，而影响岗位劳动状况和劳动量的指标或因素是众多的、复杂的和多样化的，不能也没必要把所有的指标都作为岗位评价的因素。只有正确选择重要的、合适的、有代表性的评价指标或因素，才能达到对组织岗位进行全面、科学、客观的评价。因此，岗位评价的指标的选择与确定应遵循以下几个原则。

（一）少而精的原则

岗位评价的指标较多。在确定岗位评价有效指标时，应该从组织的实际出发，能

够有效体现该岗位劳动的特点和性质,如岗位的劳动责任、劳动强度、劳动技能和劳动环境等方面提取尽量简化的指标。结构精简的评价指标体系,便于评价人员掌握和运用,可以缩短评价、汇总、整理等项工作的周期,节省人力、物力和时间,提高岗位评价的效率。

(二)普适性原则

岗位评价指标应该是对同一系统不同层级岗位劳动具有普遍的适用性和代表性,而不是仅仅适用或反映个别的特殊劳动。因此,要结合组织的实际情况,确定与生产劳动密切相关的具有普适性或共性的指标。

(三)评价性原则

岗位评价指标具有可评价性,实现量化分析与比较,评价结果才具有科学性,才能体现岗位劳动的相对价值及其差异。这就要求不同岗位的评价指标可以在数量或质量上进行对比,能按统一的评价标准做出独立的评价,并且能进行定量对比分析。

(四)综合性原则

确定评价指标时,要充分考虑评价指标能够综合反映岗位劳动者的劳动状况和劳动量,可以从多方面选择多个评价因素,通过多因素的评价来实现全面的、科学的、综合的评价,体现不同岗位的劳动差别及其对组织的贡献。

二、岗位评价指标体系及其构成

组织的岗位繁杂,但也构成了一个庞大的内部系统。因此,岗位评价也是一项系统工程。从整个岗位评价体系来看,组织岗位评价的指标较多,但经过国内学者多年的研究和探索,一般认为,影响岗位员工工作数量和质量的评价指标体系包括五个方面,即劳动技能、劳动责任、劳动强度、劳动环境以及社会心理因素,见图 7-1。

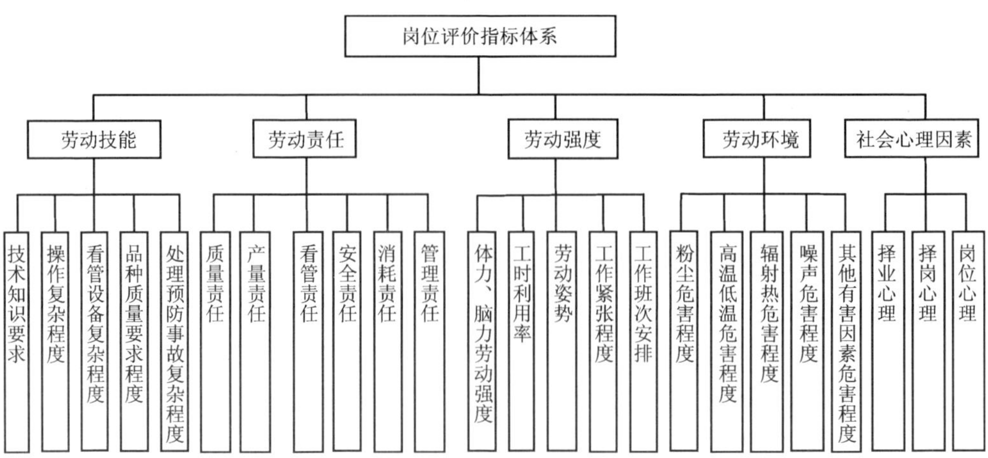

图 7-1　岗位评价指标体系图

1. 劳动技能

劳动技能是指岗位在生产过程中对劳动者技术素质方面的要求，主要反映岗位对劳动者智能要求的程度。劳动技能指标可细分为劳动技术知识要求、岗位操作复杂程度、看管设备复杂程度、品种质量要求程度和处理预防事故复杂程度。

2. 劳动责任

劳动责任是指岗位在生产过程中的责任大小，主要反映岗位劳动者智力的付出和心理状态。劳动责任可细分为质量责任、产量责任、看管责任、安全责任、消耗责任和管理责任。质量责任是指岗位工作对产品或服务质量指标的责任大小；产量责任是指岗位工作对产品或服务生产数量责任的大小；看管责任是指岗位所看管的设备、仪器对组织生产过程的影响大小；安全责任是指岗位工作对组织生产过程中安全因素的影响程度；消耗责任是指岗位物资消耗对成本的影响程度；管理责任是指岗位工作在计划、组织、领导和控制等管理工作上的责任大小。

3. 劳动强度

劳动强度是指岗位在生产过程中对劳动者身体的影响，主要反映岗位劳动者的体力消耗和生理、心理紧张程度。劳动强度指标可细分为体力劳动强度、脑力劳动强度、工时利用率、工作班次安排、劳动姿势和工作紧张程度等。

4. 劳动环境

劳动环境是指岗位的劳动卫生状况，主要反映岗位劳动环境中的舒适程度以及有害因素对劳动者健康的影响程度。劳动环境指标程度可细分为粉尘危害程度、高温（低温）危害程度、高压危害程度、高空危害程度、辐射热危害程度、噪声危害程度及其他有害因素危害程度。

5. 社会心理因素

社会心理因素是指劳动者在社会中所处的地位和人与人之间的关系，对劳动者在心理上的影响程度。社会心理因素包括择业心理，即岗位劳动对劳动者择业心理的影响程度；择岗心理，即岗位劳动对劳动者择岗心理的影响程度；岗位心理，即岗位本身对劳动者心理的影响程度①。

在上述岗位评价的 5 个一级指标 24 个二级指标中，按照指标的性质和评价方法不同，可分为两类：一类为评定指标，即劳动技能、劳动责任及劳动心理 14 个二级指标；另一类为测定指标，即劳动强度和劳动环境 10 个二级指标，这类指标可以用仪器、设备或其他方法进行科学测定。

评价生产岗位的 5 个一级指标、24 个二级指标较全面地体现了各行业生产类组织岗位劳动者的岗位劳动情况，但具体针对每个行业或不同企业而言，由于生产经营及管理情况各不相同，劳动环境和劳动条件各有差异，因此，各类组织在开展本单位

① 安鸿章．工作岗位研究原理与应用 [M]. 北京：中国劳动社会保障出版社，2012.

岗位评价工作时，可以参考上述岗位评价体系，同时也要结合各自的具体实际情况，对岗位评价体系进行修正与完善，进而建立符合自己本身的岗位评价指标体系。

三、岗位评价指标体系的特点

（一）共性和个性相结合

首先，岗位评价的指标体系都是以岗位对象及劳动过程为内容反映岗位劳动量的，与岗位劳动量有着密切的关系，体现出共性。不同组织的评价指标体系的构成又不尽相同，各具特色，体现出个性。其次，构成指标体系的各个指标既有反映岗位劳动普遍性的指标，又有反映岗位劳动特殊性的指标。

（二）软指标与硬指标相结合

软指标是目前尚不能用仪器设备或其他技术方法测定的指标，主要由测评人员主观评价得出，包括劳动责任、劳动技能、劳动心理中的各项指标。硬指标是指可以通过仪器仪表或其他技术方法测定出来结果的指标，包括劳动强度和劳动环境中的各项指标，因此，也称为测定指标。

四、岗位评价标准

岗位评价标准是在岗位调查、岗位分析的基础上，对评价指标体系的构成、各个评价指标的衡量尺度等所作出的统一规定。岗位评价标准一般包括岗位评价指标的分级标准和岗位评价指标的量化标准等。

（一）岗位评价标准分类

岗位评价标准根据指标类型不同划分为国家有关部门制定标准和企业自定标准两大类。

1. 国家标准或部颁标准

凡有国家标准或部颁标准的，均以国家标准或部颁标准作为评价的分级标准。如国家标准《体力劳动强度分级》（GB 3869—1997）规定了岗位体力劳动强度的级别，见表 7-3。

表 7-3　体力劳动强度分级的国家标准

体力劳动强度级别	劳动强度指数
Ⅰ	≤ 15
Ⅱ	15 ～ 20
Ⅲ	20 ～ 25
Ⅳ	>25

表 7-3 为体力劳动强度分级的国家标准，具体规定如下。

（1）Ⅰ级体力劳动：8 小时工作日平均耗能值为 3558.8 千焦耳 / 人，劳动时间率为 61%，即净劳动时间为 293 分钟，相当于轻劳动。

（2）Ⅱ级体力劳动：8 小时工作日平均耗能值为 5560.1 千焦耳 / 人，劳动时间率为 67%，即净劳动时间为 320 分钟，相当于中等强度劳动。

（3）Ⅲ级体力劳动：8 小时工作日平均耗能值为 7310.2 千焦耳 / 人，劳动时间率为 73%，即净劳动时间为 350 分钟，相当于重强度劳动。

（4）Ⅳ级体力劳动：8 小时工作日平均耗能值为 11304.4 千焦耳 / 人，劳动时间率为 77%，即净劳动时间为 370 分钟，相当于"很重"强度劳动。

此外，粉尘危害程度分级可以参考国家标准《粉尘作业场所危害程度分级》（GB 5817—2009）的规定，高温危害程度分级可以参考国家标准《高温作业分级》（GB/T 4200—2008）的规定；部颁标准有冶金工业部的《冶金工业噪声危害程度分级》、原劳动部的《噪声作业分级》（LD 80—1995）等。

2. 企业自定标准

对没有国家或部颁标准的指标的分级，则根据制定国家标准的基本思路、要求及有关规定，企业自行制定相应的岗位评价标准。

企业可以根据岗位评价五要素：岗位责任、劳动强度、劳动技能、劳动环境和社会心理，将每一要素区分为若干影响因素，这些影响因素又可以采用可测量、可比较的数量或质量指标来加以反映。即将每个评价指标细分细化，按照由高到低、由大到小，或者由优到劣、由难到易的顺序确定评价标准。如表 7-4 是某企业专业技能方面的评价标准，评价岗位对任职人员在经营管理、计划、分析判断及专业技术应用等方面应达到的专业技术水平。

表 7-4　专业技能分级标准

分级	分级定义	点数
1	了解本专业工作内容，照章办事，具有完成一般性工作的能力	15
2	了解并初步掌握本专业工作内容及本专业有关的政策规定，具有简单的分析判断能力和能完成一般性技术管理工作	30
3	熟悉本专业工作内容和政策规定，有一定分析判断能力，能够独立解决处理本专业范围内的问题，受过培训，能独立承担本专业中一般项目的设计、技术、经营管理工作	45
4	熟悉本专业工作内容和政策规定，具有一定的综合分析和独立判断及解决本专业较为复杂问题的能力，受过一定的培训，有一定的工作经验和开拓能力，能独立承担本部门或本专业相关的项目	60
5	有较高的管理、技术业务水平和综合、独立判断和解决处理本专业复杂问题的能力，受过系统的培训，有较丰富的工作经验，具有较强的开拓能力，能够独立主持或组织本部门、本专业内的重大项目的研究和设计开发	75

续表

分级	分级定义	点数
6	精通本专业，具有解决重大、疑难问题和全面主持工作的组织能力，受过全面系统的培训，有丰富的工作经验，具有很强的开拓能力，能独立承担管理或技术项目，有较强的综合分析和独创能力	90

（二）制定岗位评价标准的基本要求

如果没有国家或部颁标准的，组织在制定岗位评价标准时应该遵循如下原则进行：

（1）联系岗位实际，规范术语，体现评价的专业性、科学性和实用性；

（2）具有可评性、可操作性和应用性，尽量避开模糊概念和词语；

（3）结合单位特点，参考社会相关组织评价标准进行，注重通用性；

（4）关注组织内部各个指标的结构体系，体现评价的比较特点。

五、岗位评价综合体系范例

目前，国内大多数企业的岗位评价综合体系由评价指标、评价标准和评价分值因素构建而成，从岗位责任、岗位技能、岗位强度和岗位条件四个主要方面对某一岗位进行单项打分、分数汇总和综合评价，进而确定该岗位在企业内部岗位结构体系中的相对价值和地位。国内的岗位评价体系体现了岗位评价体系的整体结构、考察内容和量化标准，为开展岗位系统、科学、全面评价打下良好基础。岗位评价综合体系范例如表 7-5 和表 7-6 所示。

表 7-5　某企业岗位评价指标、评价标准和评价分值表

评价指标		评价标准	评价分值
岗位责任（250）	风险控制	有一些小的风险，基本不会给企业造成影响	5
		有一定的风险，会给企业造成小范围的影响	10
		有较大的风险，会给企业带来较严重的损害	20
		有极大风险，会使企业经营或管理出现危机	35
	成本控制	损失较小，金额在 5 000 元以下	5
		损失一般，金额在 5 000 元以上，20 000 元以下	10
		损失较大，金额在 20 000 元以上，100 000 元以下	20
		损失非常大，金额在 100 000 元以上，500 000 元以下	30
		损失巨大，金额在 500 000 元以上	45

续表

评价指标		评价标准	评价分值
岗位责任（250）	指导监督	无监督职责，只对自己负责	5
		监督、指导下属 5 人以下	10
		监督、指导下属 5~10 人	20
		监督、指导下属 10~20 人	30
		监督、指导下属 20 人以上	40
	内部联系	仅与本部门员工进行工作联系，偶尔与其他部门进行一些员工联系	5
		与本部门和其他部门职工有密切的工作联系	10
		与所有一般职工有密切的工作联系，或与其他部门管理人员有工作协调的必要	20
		与各部门经理及以上人员有密切的工作联系，在工作中需要保持随时联系和沟通	30
	外部协调	偶尔需要与外界沟通、协调	5
		需要与外部单位发生一般的业务联系	15
		需要与外部单位保持密切的、长期的联系	25
	工作影响	仅对自己的工作结果负责	5
		需要对自己所在班组的工作结果负责	10
		需要对本部门工作结果负责	25
		需要对企业整体的工作结果负责	40
	决策范畴	所做的决策只影响自己	0
		所做的决策只影响自己所在班组	10
		所做的决策影响部门所有人员	20
		所做的决策影响企业整体利益	35
岗位技能（200）	学历要求	高中、职高或中专	5
		大学专科	10
		大学本科	20
		研究生	30
	知识结构	只需要掌握单一学科知识	5
		需要了解相近专业的知识	10
		需要掌握两门跨专业学科知识	20
		需要掌握两门以上跨专业学科知识	30
	专业技能	不需要具备专业技能	0
		需要具备初级水平的专业技能（初级）	10
		需要具备较高水平的专业技能（中级）	25
		需要具备特别突出的专业技能（高级）	35

续表

评价指标		评价标准	评价分值
岗位强度（200）	管理能力	需要基本的管理技能	10
		需要一般的管理技能	20
		需要较强的管理技能	30
		需要非常强的管理技能和决断能力	40
	创新能力	程序化、规范化工作，不需要创新	0
		工作基本规范化，偶尔需要开拓创新	10
		工作需要一般的创新	25
		工作本身需要大量创新	35
	灵活性	属于常规性工作，很少或不需要灵活性	5
		经常需要灵活性处理工作中所出现的问题	20
		工作非常规，需要在复杂多变的环境中灵活地处理重大的偶然性问题	30
岗位强度（200）	工作压力	一般事务性工作，几乎没有压力	10
		工作任务多样化，有一定的工作压力	20
		工作比较复杂，有较大的压力	30
		工作极为复杂，有非常大的压力	40
	注意力	基本不需要集中精力，只从事一般事务性工作	5
		需要一定的集中精力，从事较强的管理工作	15
		必须集中精力，从事较复杂的管理工作	25
		必须高度集中精力，从事非常复杂的经营管理工作	40
	体力	基本不需要消耗体力	5
		需要消耗较少的体力	10
		需要消耗较多的体力	20
		需要消耗大量的体力	35
	紧张程度	基本没有紧迫感	5
		有时比较紧张，但时间持续不长	15
		工作的节奏、时限很难控制，明显感到工作紧张	30
		需要较快的工作节奏，持续保持高度紧张	40
	工作规律	一般没有忙闲不均的现象	10
		有时忙闲不均，但有规律性	20
		经常有忙闲不均且没有规律，需要加班	35
		工作经常忙闲不均，且忙的时间持续很长，经常加班	45

续表

评价指标		评价标准	评价分值
岗位环境（100）	工作设备	工作设备简单，较容易操作	5
		工作设备有些复杂，偶尔需要指导和培训	10
		工作设备较为复杂，需要经过专业培训才能上岗	20
		工作设备非常复杂，需要非常高的专业技能	30
	危险性	无粉尘、噪声、辐射等危险因素，没有危险性	5
		有一定粉尘、噪声、辐射等危险因素，存在一定的危险性	10
		粉尘、噪声、辐射等危险因素较多，有较大的危险性	25
		粉尘、噪声、辐射等危险因素非常多，有很大的危险性	40
	舒适性	环境较好，工作舒适	5
		环境一般，较为舒适	10
		环境不好，不太舒适	20
		环境较差，极不舒适	30

表 7-6　中科院某研究所科研岗位评价体系

方面	序号	维度	释义	权重	分值	等级
职责 40%	1	监督管理	该岗位所要监督和管理的下属人员数量	10%	100	5
	2	对组织的影响	该岗位对组织战略的贡献大小和影响力度	30%	300	5
能力 60%	3	学历和经验	该任职人员的学历水平	10%	100	2
			该任职人员的工作年限			4
	4	职称	该任职人员的职称等级	20%	200	7
	5	资源获取能力	该岗位所需要的获取经费数量的能力	20%	200	5
			该岗位所需要的获取资源影响力的能力			5
	6	领导能力	该岗位需要的领导能力	10%	100	4

在对组织内部某一岗位进行单项打分和分数汇总后，可以按照各项岗位分值进行组织内部所有岗位分值排序（表 7-7），进而科学确定组织内部所有岗位的相对价值体系（表 7-8），为后续岗位员工的绩效考核和薪酬管理打下坚实基础。

表 7-7　某企业部分岗位分值汇总排序表

排序	岗位名称	岗位分值
1	经理	730
2	生产副经理	715
3	人力副经理	700

续表

排序	岗位名称	岗位分值
4	行政副经理	680
5	综合办公室主任	610
6	技术工程师	580
7	质量助理	470
8	安全助理	425
9	人事助理	360
10	综合会计	345
11	纪检干事	320
12	党群干事	275

表 7-8　某企业 2004 年岗位评价结果排序表

序号	岗位名称	序号	岗位名称
1	总经理	22	财务部主办会计
2	党委书记	23	生产管理部生产班长
3	副总经理	24	生产管理部电气技术员
4	总经理助理	25	市场部业务员
5	财务部主任	26	生产管理部锅炉班长
6	设备工程部主任	27	生产管理部维修班长
7	市场部主任	28	质检工艺部工艺员
8	综合部主任	29	综合部综合文秘
9	生产管理部主任	30	物资供应部纯化工段班长
10	物资供应部主任	31	财务部总账会计员
11	安全环保部主任	32	设备工程部机电技术员
12	质检工艺部主任	33	财务部核算会计员
13	设备工程部副主任	34	综合部后勤管理员
14	生产管理部设备副主任	35	设备部固定资产管理员
15	生产管理部生产副主任	36	综合部绩效薪酬管理员
16	市场部副主任	37	质检工艺部化验员
17	综合部副主任	38	安保部综合体系管理员
18	财务部副主任	39	生产部复烤操作工
19	质检工艺部副主任	40	生产部打叶操作工
20	物资供应部副主任	41	生产部润叶操作工
21	安全环保部副主任	42	财务部出纳员

续表

序号	岗位名称	序号	岗位名称
43	生产部电气维修工	59	纯化工段质量员
44	生产部机械维修工	60	综合部驾驶员
45	市场部统计员	61	物资供应部夹包工
46	质检工艺部水检质检员	62	生产部值班电工
47	质检工艺部物检质检员	63	生产部润滑工
48	综合部办事员	64	物资供应部保管员
49	物资供应部采购员	65	设备部设备配件保管员
50	生产部司炉工	66	综合部打字收发员
51	生产部打包操作工	67	纯化工段核算员
52	生产部水处理工	68	生产部空压工
53	安保部安技员	69	物资供应部电梯工
54	生产部真空回潮操作工	70	安保部护卫员
55	市场部发货员	71	安保部监控系统操作员
56	生产部统计员	72	综合部服务员
57	物资供应部统计员	73	综合部保洁员
58	质检工艺部统计员		

资料来源：陈庆．岗位分析与评价 [M]. 北京：机械工业出版社，2011.

第三节　工作岗位评价方法

岗位评价方法主要有五种：排列法、分类法、因素比较法、评分法和海氏三要素评价法，按照评价结果可以分为定性评价方法和定量评价方法两大类，其中排列法、分类法属于定性评价方法，评分法、因素比较法、海氏三要素评价法属于定量评价法。

一、排列法

岗位排列法是一种定性的评价方法，是对岗位整体的相对价值进行比较，主要包括简单排列法、选择排列法和成对比较法三种方法。

（一）简单排列法

简单排列法是一种最简单的岗位评定方法，它是由评定人员凭着自己的工作经验主观地进行判断，根据岗位的相对价值按高低次序进行排列，具体步骤如下。

（1）成立评价小组。评价小组人员的确定对评价结果的影响很大，因此，应该选择一组管理部门和员工都能认可的人员组成评定小组，成员既有管理部门推荐的人员，也有员工代表。

(2)做好各项准备工作。岗位评价之前，首先要了解岗位情况，收集有关岗位方面的资料、数据。岗位评价要以工作描述、任职资格和工作说明书为基础，如果缺乏这些资料，则需要先做好工作分析工作。这样，评价人员根据工作说明书等资料就可以熟悉评价岗位的工作职责，以利于岗位评价顺利进行。

(3)确定评价要素。评定人员在进行岗位评价之前可以选择一组能够客观把握的评价要素，如工作责任、复杂难易程度等，以便于评价人员根据每个评价要素进行评价。

(4)岗位评价。评价人员根据选定的评价要素分别对本单位同类岗位的重要性逐一评判，最重要的排在第一位，逐级往下排列。

(5)汇总排列。将评定人员对每个岗位的评价结果汇总，得到序号和。然后将序号和除以参加评定的人数，得到每一岗位的平均排序数。最后，根据平均序数的大小，按照评定出的岗位相对价值，以由大到小或者由小到大的顺序进行排列。

例如，某企业有 A、B、C、D、E、F、G 等 7 个岗位，由甲、乙、丙三人组成的评定小组采用排列法进行评定，评价结果如表 7-9 所示。

表 7-9 简单排列法示例

岗位	A	B	C	D	E	F	G
甲评定结果	1	3	4	2	5	6	7
乙评定结果	2	1	4	3	—	5	—
丙评定结果	1	—	2	3	6	4	5
评定序数和(Σ)	4	4	10	8	11	15	12
参加评定人数	3	2	3	3	2	3	2
平均序数	1.3	2	3.3	2.67	5.5	5	6
岗位相对价值的次序	1	2	4	3	6	5	7

根据上表的结果可知，被评定的 7 个岗位的相对价值按重要性由大到小排列其次序应为 A、B、D、C、F、E、G。

简单排列法最大的优点就是简便易行。另一个优点是每个岗位是作为一个整体来进行评定的，从而避免了对工作要素的分解而引起的矛盾和争论。

总之，排列法采用这种直观的方法，对数量不太多的互相联系的工作岗位进行测评往往能得出正确和满意的结果。

简单排列法的局限性有两个方面。①评价结果主观性强。由于简单排列法完全是凭借评定人员的经验和认识主观地进行评价，缺乏严格、详细的评判标准，评价结果取决于评定人员的判断能力，评价结果难以保证公平公正。②适用范围较窄。对于那些岗位较多的组织，岗位分布一般呈宝塔形，即高级岗位较少，中级岗位较多，基层岗位数量很大。这种情况下，对基层岗位进行排序，很难区分岗位的重要性。因此，这种方法只适用于生产单一、岗位较少的中小型组织。

(二)选择排列法

选择排列法也称交替排列法，是简单排列法的推广。选择排列法利用的是人们容易发现极端、不容易发现中间的心理，在所有岗位中挑出价值最高的作为标杆，然后挑出价值最低的，把他们作为第一名和最后一名，接着在剩下的岗位中再挑选出价值最高和最差的，分别排列在第二名和倒数第二名，依次类推，最终将所有岗位按照价值高低顺序全部排列。

例如某公司综合办公室有 10 个管理岗位，即：A，B，C，D，E，F，G，H，I，J。评价者首先判断 10 个岗位中相对价值最高的一个 B，放在排序第一的位置，同时选出岗位相对价值最低的一个 H，放在排序最后的位置。然后从剩余的 8 个岗位中选出相对价值最高的一个 C，放在第二个位置，同时选出相对价值最低的一个 I 放在倒数第二的位置，如表 7-10 所示；最后，评价者在剩余的 6 个岗位中选出相对价值最高和最低者，并将其代码分别填写在表 7-10 中的相应位置。

表 7-10　选择排列法示例

排序	岗位代码	岗位价值	排序	岗位代码	岗位价值
1	B	相对价值最高的岗位	6	F	
2	C	相对价值仅次于最高的岗位	7	J	
3	G		8	E	
4	A		9	I	相对价值略高于最低的岗位
5	D		10	H	相对价值最低的岗位

(三)成对比较法

成对比较法亦称配对比较法、平行比较法、两两比较法。该方法要比上述的岗位评价法更加准确有效。其基本程序是：首先将每个岗位按照所有的评价要素（如岗位责任、劳动强度、环境条件、技能要求等）与其他所有岗位一一进行对比；然后再将各个评价要素的考评结果整理汇总，求得最后的综合考评结果，步骤如下。

（1）根据岗位某一评价要素将每个岗位与前提所有岗位逐一比较，按照从最好到最差的顺序对岗位进行排序。

（2）再根据下一个评价要素进行两两比较，得出本要素岗位的排列次序。

（3）依次类推，经过汇总整理，最后求出岗位所有评价要素的平均排序数值，得到最终考评的排序结果。

如某企业财务处有 A，B，C，D，E，F 六个岗位，按照岗位责任、知识水平、劳动强度、劳动环境两两比较，并进行排序，知识水平成对比较结果如表 7-11 所示。同理，对其他要素进行成对比较，最后，将评价结果汇总，就可以得到最后综合评价结果，如表 7-12 所示。

表 7-11 知识水平成对比较表

	A	B	C	D	E	F	排序
A	0	+	+	+	+	+	6
B	—	0	+	+	—	+	4
C	—	—	0	-	—	+	2
D	—	—	+	0	—	+	3
E	—	+	+	+	0	+	5
F	—	—	—	—	—	0	1
汇总	-5	-1	+3	+1	-3	+5	

注：用表上纵列的岗位与横行的岗位进行比较，以横行的岗位为对比基础，如果比本岗位（如 A 岗位）知识水平要求高，划上正号“+”，如果比本岗位知识水平要求低，则划上负号“-”。本表是以横行岗位作为对比的基础。

表 7-12 成对比较法汇总表

岗位评价要素	A	B	C	D	E	F
岗位责任	6	5	4	2	3	1
知识水平	6	4	2	3	5	1
劳动强度	5	6	1	2	4	3
劳动环境	5	6	1	4	3	2
排序号汇总	22	21	8	11	15	7
岗位价值由高到低排序	6	5	2	3	4	1

成对比较法是在同一时间内仅在两对岗位之间进行比较，克服了其他排列法需要同时在许多岗位之间进行比较的缺点。在岗位数量不多的情况下，成对比较法简便易行，但是当岗位数量增加的时候，成对比较的次数明显增加，因此，成对比较法同样适用于岗位数量较少的评价。

二、分类法

分类法又称归级法，是排列法的改进，是一种定性的岗位评价方法。

分类法是在岗位分析的基础上，采用一定的科学方法，按岗位的工作性质、特征、繁简难易程度、工作责任大小和人员必须具备的资格条件，对组织全部（或规范范围内）岗位所进行的多层次的划分，即先确定等级结构，然后再根据工作内容对工作岗位进行归类。

应用分类法进行岗位划分的例子如表 7-13 所示。

表 7-13　分类法举例：某工程公司的职位等级

<table>
<tr><th>工作等级</th><th>各工作等级中的工作类型</th><th>等级分类定义举例</th></tr>
<tr><td>10 级</td><td>CEO</td><td rowspan="15">1 级：办公室的一般支持性职位
一般情况下，办公室的一般支持性职位向一线主管人员或者部门管理人员汇报工作。这些职位通过完成以下任务为其他职位提供综合性支持服务：操作办公室中的常规设备（如传真机、复印机、装订机等）；文件存档以及邮件的归类和传递。这些职位通常要遵守标准的办事程序，同时处理日常的事务。一些非常规的事件及问题往往交给主管人员或者相关人员来处理。要求从事这些工作的人具备基本的办公设备知识，并且了解一般性的办事程序。这些工作人员包括邮件处理职员以及传真操作员</td></tr>
<tr><td>9 级</td><td>副总裁</td></tr>
<tr><td>8 级</td><td>高级经理</td></tr>
<tr><td>7 级</td><td>中层经理</td></tr>
<tr><td>6 级</td><td>专业 3 级</td></tr>
<tr><td rowspan="2">5 级</td><td>专业 2 级</td></tr>
<tr><td>主管级职位</td></tr>
<tr><td rowspan="3">4 级</td><td>专业 1 级</td></tr>
<tr><td>技术 3 级</td></tr>
<tr><td>职员 / 行政事务 3 级</td></tr>
<tr><td rowspan="2">3 级</td><td>技术 2 级</td></tr>
<tr><td>职员 2 级</td></tr>
<tr><td rowspan="2">2 级</td><td>技术 1 级</td></tr>
<tr><td>职员 1 级</td></tr>
<tr><td>1 级</td><td>办公室的一般支持性职位</td></tr>
</table>

资料来源：刘昕．人力资源管理 [M].2 版．北京：中国人民大学出版社，2015.

（一）分类法的操作步骤

分类法的操作步骤如下。

（1）岗位分析。由企业内专门人员组成评定小组，收集各种有关的资料。

（2）岗位分类。按照生产经营过程中各类岗位的作用和特征，将组织全部岗位划分为若干大类（系统），然后，按照每个大类中各个岗位的性质和特点划分为若干中类（子系统），最后，根据每个中类岗位性质的显著特征，将岗位划分为若干小类（子子系统）。

（3）将各个小类中的岗位分成若干层次，最少分为 5 ～ 7 档，最多的可分为 15 ～ 20 档。如某公司管理岗位分为 7 档，专业技术岗位分为 13 档。

（4）明确规定各档次岗位的工作内容、责任和权限。

（5）明确各系统各档次（等级）岗位的资格要求。

(6)评定出不同类别不同岗位之间的相对价值和关系,如技术系列中的一级相当于管理层的2级。

(二)分类法的优缺点

分类法的优点有四个方面。

(1)比较简单,所需经费、人员和时间也相对少一些。这种方法在工作内容不太复杂的部门,能在较短的时间内得到满意的结果。

(2)由于每个等级标准均参考工作内容、责任和资格要求等制定,其结果比排列法更准确、客观。当出现新的岗位或岗位变动时,按照等级标准很容易确定其等级。

(3)由于等级的数量以及等级与组织结构之间的相应关系在各个岗位列等之前已经确定下来,因此采用分类法分出的等级结构能如实反映组织结构的情况。

(4)分类法应用起来比较灵活,适应性强。

分类法的局限性有三个方面。

(1)由于确定等级标准上的困难,对不同系统的岗位评比存在着相当大的主观性,从而导致许多难以定论的争议。

(2)由于等级标准常常直到分类结果之后才能确定,从而影响了评定结果,使其准确度较差。

(3)分类法适用于小型的、结构简单的企业。

三、评分法

评分法亦称点数法、要素计点法。评分法是一种量化的岗位评价方法,是目前应用最广泛、最复杂的岗位评价方法。

评分法是在岗位分析的基础上选定岗位的主要影响因素,并将这些因素分级,进行详细定义和配分,然后,对现有岗位按照各个因素的衡量标准逐一评比、估价,求得点数,经过加权求和,最后得到各个岗位的总点数。

(一)评分法的操作步骤

评分法的操作步骤如下。

(1)首先确定岗位评价的主要影响因素。岗位评价所选定的因素是与执行岗位工作任务直接相关的重要因素,归纳起来大致有四个方面[①]。

①岗位的复杂难易程度。包括执行本岗位任务所需的知识、技能、受教育的程度,必要的训练,必要的实际工作经验等。

②岗位的责任。包括对所使用的设备、器具、原材料、产品等的责任;对下属监督的责任,对主管上级应负的责任;对保管的文件资料、档案的责任等,即对涉及岗位的人、财、物等方面的责任。

---

① 安鸿章.工作岗位研究原理与应用[M].3版.中国劳动社会保障出版社,2012.

③劳动强度与环境条件。包括执行岗位任务的体力消耗、劳动姿势、环境、温度、湿度、照明、空气污染、噪声等因素。

④岗位作业紧张、困难程度。如操作时精神上的紧张程度、视觉，听觉器官的集中注意程度及持续时间的长短，工作的单调性等。

（2）根据岗位的性质和特征，确定各类岗位评价的具体项目，即确定各个评价因素的子因素。明确各个评价因素的定义，让评价者清楚地了解每一个评价因素的内容。

（3）确定各个评价因素的等级。为了提高评价的准确性，需要把各个评价因素细分成不同等级，明确每一个等级的定义。

例如，美国管理技术协会在 20 世纪 40 年代制定的《国民职位评价方案》对生产、维修、仓库、销售、服务人员采用 4 类、11 个要素进行岗位评价，其评价因素和分级定义见表 7-14 所示。

表 7-14　美国《国民职位评价方案》评价要素及分级定义

因素	子因素	子因素定义	等级	各等级定义
智能	1. 知识	指为了令人满意地完成该项工作，所需要具备的知识水平及相应的训练程度	1	能进行整数的读、写、加减运算；会使用固定的度量衡仪器仪表；能阅读说明书。这一级工作不需要讲解能力
			2	能进行整数、小数和分数的加减乘除运算；会运用简单的公式、图表；会使用可调的度量衡器具；会写检查报告，进行记录，会使用可比性资料。这一级工作需要讲解
			3	会进行数学运算，并使用复杂的图表、说明；能使用各种类型的精密度量衡器具，受过相当于 1~3 年的专业训练
			4	能运用高等数学知识进行数量运算及分析；能使用各类精密度的测量仪表，受过某种行业或社会公认的技巧训练，或受过相当于 2 年制的技术学科学校的专业教育
			5	会运用高等数学、应用数学知识；具有机械、电力、化工、土木工程等有关应用工程理论及实践的综合知识，相当于受过 4 年制技术专科或者大学本科的教育训练
	2. 经验	指在正常条件下，要达到工作规定的工作质量和数量标准所需具备的最短的实际工作时间，既包括在本工作已工作过的时间，也包括以往从事与本工作有关的工作的时间，两方面经验要结合在一起考虑	1	3 个月以内（包括 3 个月）
			2	2~12 个月
			3	1~3 年
			4	3~5 年
			5	5 年以上

续表

因素	子因素	子因素定义	等级	各等级定义
智能	3. 才智，创造力	这一要素表明为完成该工作所需具备的判断、决定、计划和活动能力，以及所需要的智能程度	1	按说明进行工作，几乎不需要进行判断和决定；按程序使用简单的设备，几乎不需要调整或选择程序
			2	按说明和程序进行工作，对程序和方法需要做一些小的调整和选择
			3	需要在规定的工作程序与方法范围内，对设备、装置、程序和操作方法进行判断分析和计划
			4	要求有相当的判断能力和计划能力，要相当主动而机智地进行决策，以完成该工作内非常规的困难工作
			5	能对涉及面广、很复杂的计划项目和目标进行主动机智的工作，具有广泛的概括、判断能力
责任	1. 对各种仪器设备所负责任	指对防止因错误或粗心而造成的仪器设备损坏所负责任；按损坏可能造成的损失金额大小分为 5 级	5	
	2. 对材料或产品所负责任	指对防止材料和产品损失所负责任；要考虑到补救的可能性，用制造费用表示；按照可能损失的金额分为 5 级	5	
	3. 对他人安全所负责任	指在使用安全装置、遵守安全规则的情况下防止对其他工作人员的健康和安全产生危害所负的责任；按可能产生危害的严重程度分为 5 级	5	
	4. 对他人工作所负责任	是指指导和维持他人工作的责任，分 5 级，所负责任人数越多，责任越大，级别越高	5	
体力	1. 体力	指从事该工作所需使用的体力程度	1	微不足道（如不断地举起或移动很轻的物体，很少需要搬动普通质量的物体）
			2	很轻
			3	轻
			4	一般
			5	重

续表

因素	子因素	子因素定义	等级	各等级定义
体力	2. 注意力集中程度	本要素反映运用脑力和视力的紧张程度；注意力集中及持续程度越高，级别越高	1	由于生产自动化等原因，只需要间或地加以注意，精神和视力长时间地保持松弛状态
			2	经常要保持对工作的注意力
			3	持续地保持对工作的注意力
			4	需要精力与视力的高度集中
			5	需要精力与视力的高度集中，进行高度紧张而准确的活动
工作环境	1. 工作条件优劣程度	指工作环境中灰尘、污垢、烟雾、潮湿、高温、噪声、振动等对工作环境的影响程度；分 5 级，影响越严重，级别越高	5	
	2. 危险性	指在考虑了劳动保护设施和规则的情况下，一旦发生事故，可能发生的工伤事故及其对健康的危害程度；分为 5 级，危害可能越大，后果越严重，级别越高	5	

资料来源：康士勇．薪酬设计与薪酬管理 [M]. 北京：中国劳动社会保障出版社，2005.

（4）确定各个评价因素的权重与配分。首先，确定总点数，即各个评价因素点数之和。总点数的确定与划分的等级数量有关。然后，根据各个项目在总体中的地位和重要性确定权重。权重反映了评价因素的重要程度，应依据组织实际情况，以及各类岗位的性质和特征来加以确定。

例如，美国《国民职位评价方案》中的评价因素权重及配分如表 7-15 所示。

表 7-15 《国民职位评价方案》评价因素配分与权重

因素	子因素	子因素等级	最高点数	合计数	权重
智能	1. 知识	5	70	250	50%
	2. 经验	5	110		
	3. 才智、创造力	5	70		
责任	1. 对各种仪器设备所负责任	5	25	100	20%
	2. 对材料或产品所负责任	5	25		
	3. 对他人安全所负责任	5	25		
	4. 对他人工作所负责任	5	25		

续表

因素	子因素	子因素等级	最高点数	合计数	权重
体力	1. 体力	5	50	75	15%
	2. 注意力集中程度	5	25		
工作环境	1. 工作条件优劣程度	5	25	75	15%
	2. 危险性	5	50		
合计			500	500	100%

资料来源：康士勇 . 薪酬设计与薪酬管理 [M]. 北京：中国劳动社会保障出版社，2005.

（5）确定各评价子因素的配分。各个评价子因素的配分可以采用等差法和等比法两种方法确定。

①等差法。等差法是用每一个子因素的总点数除以子因素级数，得出的数值作为最低一级的点数，同时这个数值也作为各级点数的等级级差。

等差法的计算公式为：

$$y_i=\frac{x}{n}\times i$$

式中，y_i——第 i 级的点数；x——各子因素的总点数；n——分级数；i——第 i 级。

根据等差法确定的美国《国民职位评价方案》各子因素配分如表 7-16 所示。

表 7-16 美国《国民职位评价方案》各子因素等差配分表

因素	子因素	级别 1	级别 2	级别 3	级别 4	级别 5
智能	1. 知识	14	28	42	56	70
	2. 经验	22	44	66	88	110
	3. 才智、创造力	14	28	42	56	70
责任	1. 对各种仪器设备所负责任	5	10	15	20	25
	2. 对材料或产品所负责任	5	10	15	20	25
	3. 对他人安全所负责任	5	10	15	20	25
	4. 对他人工作所负责任	5	10	15	20	25
体力	1. 体力	10	20	30	40	50
	2. 注意力集中程度	5	10	15	20	25
工作环境	1. 工作条件优劣程度	5	10	15	20	25
	2. 危险性	10	20	30	40	50

资料来源：康士勇 . 薪酬设计与薪酬管理 [M]. 北京：中国劳动社会保障出版社，2005.

②等比法。等比法首先确定各级之间的等比级差。级差的确定需要根据企业的

需要确定，级差越大，依此设计出来的薪酬激励性越大。

等比法的计算公式为：

$$y_i=\frac{x}{(1+r)^{n-i}}$$

式中，y_i——第 i 级的点数；x——各子因素的总点数；n——分级数；i——第 i 级；r——等比级差。

上述美国《国民职位评价方案》中，假设等比级差为 30%，则根据等比法确定各子因素配分如表 7-17 所示。

表 7-17　美国《国民职位评价方案》各子因素等比配分表

因素	子因素	级别 1	级别 2	级别 3	级别 4	级别 5
智能	1. 知识	25	32	42	54	70
	2. 经验	39	50	65	85	110
	3. 才智、创造力	25	32	42	54	70
责任	1. 对各种仪器设备所负责任	9	11	15	19	25
	2. 对材料或产品所负责任	9	11	15	19	25
	3. 对他人安全所负责任	9	11	15	19	25
	4. 对他人工作所负责任	9	11	15	19	25
体力	1. 体力	18	23	30	38	50
	2. 注意力集中程度	9	11	15	19	25
工作环境	1. 工作条件优劣程度	9	11	15	19	25
	2. 危险性	18	23	30	38	50

资料来源：康士勇 . 薪酬设计与薪酬管理 [M]. 北京：中国劳动社会保障出版社，2005.

（6）进行岗位评价。评价小组根据各岗位实际情况，对照各个评价因素逐一评价，确定各个岗位在每一个评价因素上所得的点数，最后将点数汇总即得到该岗位的总点数。表 7-18 是通过评分法得到的评价结果示例。

表 7-18　某公司秘书岗位评价结果

因素	子因素	级别	得分
智能	1. 知识	3	42
	2. 经验	3	66
	3. 才智、创造力	2	28

续表

因素	子因素	级别	得分
责任	1. 对各种仪器设备所负责任	2	10
	2. 对材料或产品所负责任	1	5
	3. 对他人安全所负责任	1	5
	4. 对他人工作所负责任	2	10
体力	1. 体力	1	10
	2. 注意力集中程度	4	20
工作环境	1. 工作条件优劣程度	2	10
	2. 危险性	1	10
合计			216

(7)岗位归级。为了将企业相同性质的岗位归为一定等级,可将岗位评价的总点数分为若干级别,如表 7-19 所示,并根据具体岗位总点数大小进行归类。

表 7-19 岗位评价结果分级表

等级	点数(分)	等级	点数(分)
1	110 以下	8	291~320
2	111~140	9	321~350
3	141~170	10	351~380
4	171~200	11	381~410
5	201~230	12	411~440
6	231~260	13	441~470
7	261~290	14	471~500

上述秘书岗位总点数为 216,故属于第 5 级。

(二)评分法的优缺点

评分法的优点有四个方面。

(1)可靠性强。评分法运用具有准确和清楚定义的因素,对工作岗位进行系统的比较,能够减少评价中的主观随意性。

(2)易于接受。评分法是若干评定要素综合平均的结果,并且有较多的专业人员参与评定,提高了评定的准确性。

(3)适应性强。原因有两个:一是可选择的因素多;二是评定人员无须熟悉每一工作岗位的全部详细情况,只是按照工作说明书中各个因素对每一工作岗位进行分析。

(4)稳定性强。当引进新的工作岗位或现存工作岗位发生变化时，不必在相同职组内再与其他所有工作岗位进行系统比较，而只根据评价体系就很容易确定其等级。

评分法的不足之处有三个方面。

(1)需要相当的时间和人力。评分法需要对每个工作岗位进行深入研究，在评定每个因素时，经常要经过两三个评定人员的个别评定，之后还要进行汇总，这项工作相当烦琐，需要花费大量的时间。

(2)评分法的评价系统建立十分困难。评价因素、权重及其等级标准的确定，要求评定人员具有相当的技能。

(3)具有一定的主观性。评价因素的选择、等级的确定与定义和因素权重不可避免地带有某种程度的主观色彩。

四、因素比较法

因素比较法是一种量化的岗位评价方法，由本奇和他的助手们于 1926 年提出。因素比较法是按照确定的评价因素对选定的标准岗位进行评分定级，制定出标准岗位分级表，把非标准岗位与标准岗位分级表对比并评价相对位置的方法。

要素比较法首先选定岗位的主要影响因素和标杆岗位，然后按影响因素对标杆岗位进行评价和排序，并将工资额合理分解，使之与各个影响因素相匹配，得到岗位分级表，其他岗位和岗位分级表对比，即可得到该岗位相应的工资额，最后按照岗位工资额的大小将岗位归级列等。

(一)因素比较法的实施步骤

(1)确定评价因素。在对岗位进行工作分析的基础上，利用已有的信息资料(如工作说明书)确定评价因素，包括智力条件、技能、责任、身体条件和劳动环境条件等内容。

(2)确定标杆岗位。标杆岗位的选取和企业的规模有关，标杆岗位要选取那些有代表性的、薪酬比较合理的(得到大多数人认可的)、工作内容相对稳定的岗位。标杆岗位一般选取 15 ～ 20 个主要岗位。

(3)标杆岗位排序。将每一个主要岗位的每个影响因素分别加以比较，按程度的高低进行排序。

(4)分解工资总额。评定小组针对标杆岗位的工资总额，经过认真协调，按每一个影响因素分解，找出对应的工资份额。

例如某公司选取的标杆岗位是：A 会计；B 出纳；C 秘书；D 司机；E 勤杂工。分别按照智力条件、技能、责任、身体条件和工作环境五项评价因素进行排序和分配工资额，如表 7-20 所示。

表 7-20 岗位评价排序与工资额对照表

岗位日工资额（元）	智力条件		技能		责任		身体条件		工作环境	
	序号	工资额	序号	工资额	序号	工资额	序号	工资额	序号	工资额
A（125）	1	32	1	26	2	36	4	16	3	15
B（110）	2	21	4	20	1	40	5	15	4	14
C（100）	3	18	3	22	4	26	3	17	2	17
D（105）	4	9	2	23	3	28	2	19	1	26
E（65）	5	5	5	5	5	9	1	20	1	26

（5）对其他岗位评价。将组织中未进行评定的其他岗位与标杆岗位对比，按照相近条件的标杆岗位工资计算该岗位工资，累计后就是本岗位的工资。

如 H 岗位与标杆岗位比较后，得到评价结果如表 7-21 所示。

表 7-21 H 岗位评价结果表

岗位评价指标	与标杆岗位对比	日工资额（元）
智力条件	H 与 B 相似	21
技能	H 与 D 相似	23
责任	H 与 A 相似	36
身体条件	H 与 B 相似	15
工作环境	H 与 B 相似	14
合计		109

（6）归级列等。当各个岗位的工资总额确定以后，按其价值归级列等，编制出岗位系列等级表。

（二）因素比较法的优缺点

因素比较法的优点有三个方面。

（1）评价结果较为公正。因素比较法把各种不同工作中的相同因素相互比较，然后再将各种因素的工资累计，主观性减少了。

（2）耗费时间少。进行评定时，所选定的影响因素较少，从而避免了重复，简化了评价工作的内容，缩短了评价时间。

（3）减少了工作量。由于因素比较法是先确定标准岗位的系列等级，然后以此为基础，分别对其他各类岗位再进行评定，大大减少了工作量。

因素比较法的缺点有两个方面。

（1）各影响因素的相对价值在总价值中所占的百分比，完全是考评人员的直接判断，这就必然会影响评定的精确度。

（2）操作起来相对复杂，而且很难向工人们解释，尤其是给因素注上货币值的时候很难说明其理由。

五、海氏三要素评价法

（一）海氏三要素评价法简介

海氏三要素评价法（Hay Group）是由美国工资设计专家爱德华•海于 1951 年研究出来的，是以评分法为基础，通过不断改进和完善形成的岗位评价方法。它有效地解决了不同职能部门的不同职务之间相对价值难以比较和量化的难题。

海氏三要素评价法将付酬要素提炼为适用于所有岗位的三大要素：知识技能水平、解决问题的能力和承担的岗位责任。三个要素之间是一种投入—产出的关系，如图 7-5 所示。

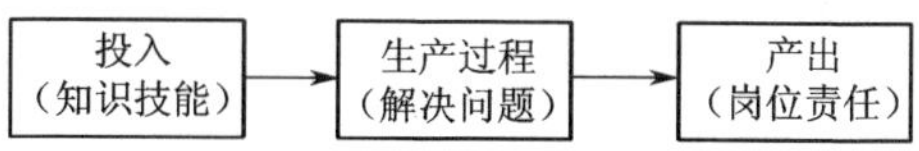

图 7-5 海氏三要素之间的关系

（二）海氏三要素评价体系

海氏三要素中，知识技能、解决问题的能力和承担的岗位责任分别由数量不等的子要素构成，从而形成了海氏三要素的评价体系，如表 7-22 所示。

表 7-22 海氏三要素评价体系

海氏三要素	要素定义	子要素	子要素定义	子要素等级
知识技能	绩效达到可接受程度所必须具备的专门业务知识及其相应的实际操作技能	专业知识技能	对该岗位要求从事的职业领域理论、实际方法与专门知识的理解。该子要素分为 8 个等级，从基本（第 1 级）到权威专门（第 8 级）技能	8
		管理技能	为达到所要求绩效水平而具备的计划、组织、执行、控制、评价的能力和技巧。该子要素分为 5 个等级，从起码的（第 1 级）到全面的（第 5 级）技能	5
		人际关系技能	该职务所需要的沟通、协调、激励、培训、关系处理等主动而活跃的活动技巧。该子要素分为 3 个等级，从基本的（第 1 级）到关键的（第 3 级）技能	
解决问题的能力	在工作中发现问题，分析诊断问题，提出、权衡与评价对策，做出决策等的能力	思维环境	是指环境职务行使者思维的限制程度。该子要素分为 8 个等级，从高度常规性的（第 1 级）到抽象规定的（第 8 级）	8
		思维难度	为了得出结论、作出决策、提供解答或发现新事物而进行的思维努力的特征。该子要素分为 5 个等级，从重复性的（第 1 级）到无先例的（第 5 级）	5

续表

海氏三要素	要素定义	子要素	子要素定义	子要素等级
承担的岗位责任	岗位人员的活动对工作最终结果可能造成的影响及承担责任的大小	行动的自由度	任务能在多大程度上对其工作进行个人指导与控制。该子要素分为9个等级，从自由度最小的第1级（有规定的）到自由度最大的第9级（一般性无指引的）	9
		岗位对后果形成的作用	岗位对后果形成的作用是岗位最终结果的特征。该子要素分为后勤、辅助、分摊、主要4个等级	4
		岗位责任的程度	是指工作失误可能造成多大的经济损失。该子要素分为4个等级：微小、少量、中量和大量	4

资料来源：朱勇国．工作分析与研究 [M]. 北京：中国劳动社会保障出版社，2006.

赋予知识技能、解决问题的能力和承担的岗位责任的子要素不同等级分值，即可形成三个不同的指导图表。

评价岗位时，首先，根据岗位特点和实际情况对照三个指导图表即可确定该岗位在知识技能、解决问题的能力和承担的岗位责任三个要素等分。其次，确定该岗位三个要素的权重，最后将分值加权求和即可得到该岗位的总分，并归级列等。

（三）海氏三要素评价法的优缺点

海氏三要素评价法的优点有三个方面。

（1）易于操作。海氏三要素评价法在知识技能、解决问题的能力和承担责任三个评价要素下又分为多个子要素，而且每一级评价要素均有详细的定义和指导图表，岗位评价容易进行。

（2）可靠性强。海氏三要素指导图表中的每个要素和对应的数据都是经过科学设计、推导和验证而得的，具有很强的逻辑性，经得住考验和反复使用。

（3）评价准确。海氏三要素评价法能根据岗位特点划分岗位类型，并据此确定三要素的权重比例，从而计算岗位相对应的岗位价值得分，结果较为精确。

海氏三要素评价法的缺点有两个方面。

（1）评价要素选择不全面。该方法只是从知识技能、解决问题能力和承担岗位责任三个方面设计评价指标，忽略了工作环境、劳动强度等因素的影响，不能反映岗位的全部影响因素。

（2）适用范围较窄。该方法用三要素对岗位评价，主要适用于管理人员和专业技术人员，适用范围较窄。

六、评分法的应用实例

××银行××分行岗位评价方案

（一）岗位评价原则

（1）评价的是岗位而不是目前在这个岗位上工作的人。

（2）在实际评价前必须对评价委员会的成员进行培训，以求达到对各项因素的一致理解，避免在实际评价中对意思理解的偏差。

（3）评价的是岗位的等级分数，而不是该岗位的最终工资数。

（4）参加岗位评价的委员必须独立地对各个岗位进行评价，绝对不允许互相串联，协商打分。

（5）对于岗位评价的结果及时反馈到评价委员会成员，以便他们了解某岗位的评价情况、产生偏差的原因以及其他成员的观念，以调整自己的思路，加深对评价表中各项要素的理解。

（6）为了保证结果的及时反馈，数据处理应与评价委员会的工作同步运行，使评价工作提高效率。

（7）岗位的评价结果在一定时间内处于保密状态。

（8）在岗位评价时，参与评价工作的人员与原来工作暂时隔离，以提高岗位评价的效果。

（二）岗位评价程序

岗位评价分两个阶段实施。第一阶段是在部门、支行内部进行初步评价（为第二阶段评价提供参照）；第二阶段是由分行岗位评价委员会进行评价（参照第一阶段评价结果，从全局的角度进行平衡和再评价），分行行长室根据第二阶段的评价结果进行审定。各阶段评价程序如下。

（1）部门或支行范围内的评价。

各部门（支行）由员工或员工代表、科长、处长对内部岗位进行评价。要求参与的评价人员在进行评价时站在第三方的立场上公正地进行评价。因为实行全员竞聘上岗制度后，你所评价的岗位可能是别人来做。评价的方法采用排序法，排序结果由处长签字后交分行岗位评价委员会。

（2）分行岗位评价委员会的评价。

采用电子表决方法，将所有岗位排列在一起，将评分表和评分因素定义提交给参加的评价人员，参与评价的人员在评分系统中输入自己的评价结果，评分系统实时统计分析评价结果，并将统计结果投影在会议室的屏幕上（同时反映至参与评价人员的计算机上），然后每个评委将自己的评价结果与总体统计结果的差异进行解释，在进行充分的讨论和交换意见后，再次进行评价。

（3）评价结果在相关范围内公布并征集意见，汇总形成报告。

（4）分行行长室讨论、审核、审定评价结果。

（5）支持需求。

①信息科技部开发评分程序，该程序可完成以下功能。

a. 根据评价层次的不同，按照决策人（员工、科长、处长、评价委员会）的操作显示岗位说明书。

b. 对每一岗位的评价结果进行统计和分析。

c. 自动打印最终的评价结果和汇总表。

②成立分行岗位评价委员会集中封闭评价。

(6)岗位评价流程。

岗位评价的具体流程如图 7-6 所示。

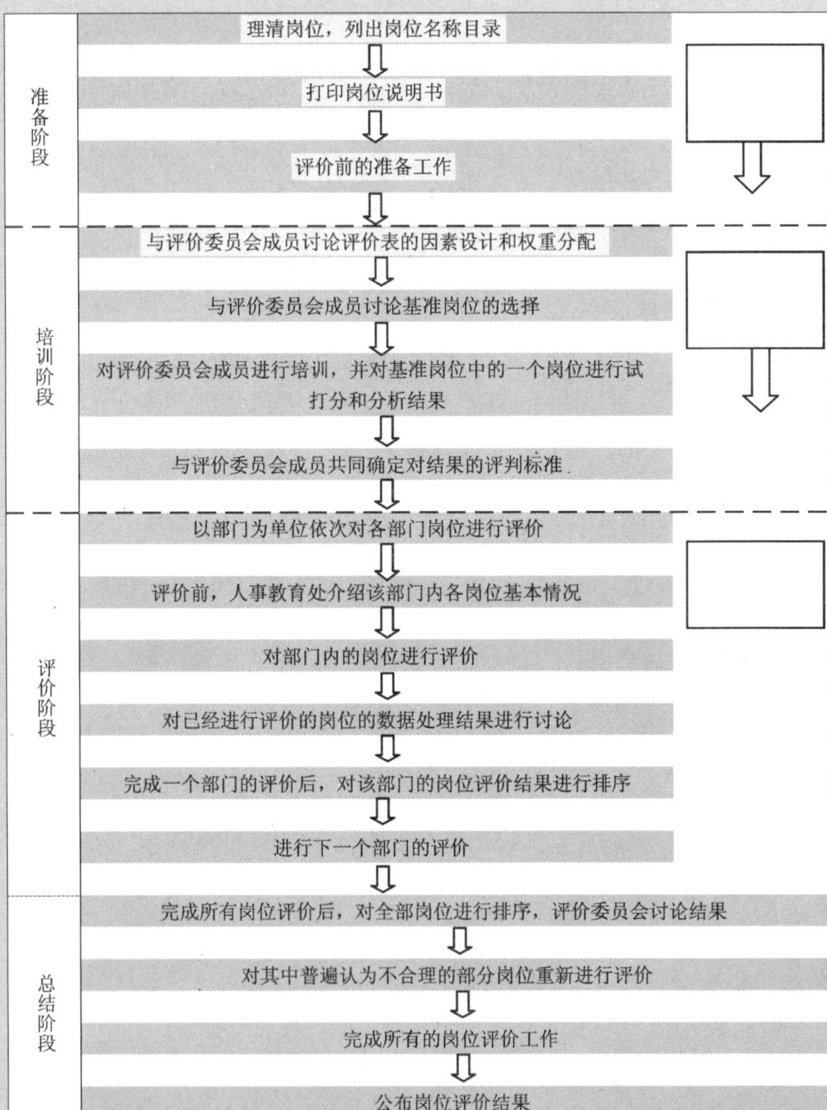

图 7-6 岗位评价流程

(7)应重点做好的环节。

①评价委员会的组建。

评价委员会是岗位评价工作的主体,部门内部的评价是为岗位委员会的评价提供参考点。委员会委员的素质和构成情况直接影响岗位评价工作的质量。岗位评价委员必须能够客观地看问题,这是衡量岗位评价工作好坏的重要指标。岗位评价委员必须对整个公司的岗位有较为全面的了解,在群众中有一定的影响力,只有这样才能使最终的评价结果具有权威性,成员的构成应对工作性质和职能划分明显不同的情况有所反映,同时适当考虑基层工作人员(职工代表)。

②评价因素表的设计及对各项指标的理解。

评价委员会成员对评价表各项指标理解的差异,会直接影响岗位评价的质量,因此必须与委员就具体指标进行充分的讨论,以取得充分共识。

③“游戏规则”的确定。

岗位评价中,委员对各个岗位的各项评价指标的理解是不同的,因此误差的存在是必然的,必须事先确定一个明确的方差值作为标准,评价结果的方差低于这个标准即认为通过,如高于方差,如平均分合理,则不予讨论,否则予以讨论和重新打分。

④基准岗位的选定。

基准岗位的选定是做好岗位评价工作的另一个重点。分行的岗位繁多,工作性质和工作内容很不一样,可通过选定基准岗位为评价提供一个参照系。基准岗位通过岗位评价委员会共同讨论后集体确定。

⑤评价之前的岗位介绍。

在岗位评价前一起阅读岗位说明书,必要时人事教育处作岗位介绍(岗位介绍的时间、内容有规定,岗位评价委员会主席对介绍过程进行控制)。

⑥需要注意的细节。

注意保密和后勤保障工作。

(三)评价工具

要素权重表见表7-23。

表 7-23 要素权重表

评价要素	权重	要素指标	指标权重
知识技能	25%	学历要求	3.75%
		专业理论知识精专程度	3.75%
		所需知识广度	3.75%
		工作经验要求	3.75%
		文字能力要求	3.75%
		语言和表达能力要求	2.5%
		技能要求	3.75%
能力要求	20%	协调能力要求	4%
		组织协调能力要求	5%
		分析思维能力要求	5%
		业务、管理创新能力的要求	6%
责任与贡献	40%	指导监督责任	4%
		人力资源管理的责任	4%
		决策责任	20%
		工作结果的责任	4%
		工作出错的后果	8%
工作强度	10%	工作复杂度和难易程度	4.5%
		工作负荷程度与工时利用程度	3.5%
		工作环境开放程度	2%
特殊因素	5%	市场因素	5%

(四)要素解释与定义

1. 知识技能要求

要素 1:学历要求(表 7-24)。

定义:指顺利履行工作职责所要求的最低学历要求,判断基准按相当于正规教育的水平。

表 7-24 学历要求的等级、说明及点数

等级	说明	点数
1	高中或中专	38
2	大学专科	76
3	大学本科	114
4	研究生以上	152

要素 2:专业理论知识精专程度(表 7-25)。

定义:指在顺利履行工作职责时,对岗位相关的理论专业知识的精专程度要求。

表 7-25　专业理论知识精专程度的等级、说明及点数

等级	说明	点数
1	了解与岗位相关的理论知识	38
2	熟练掌握与岗位相关的理论知识	76
3	熟练掌握、运用与岗位相关的理论知识,解决岗位相关疑难问题	114

要素 3:所需知识广度(表 7-26)。

定义:指在顺利履行工作职责时,需要使用多种学科、多个专业领域的知识。判断的基准在广博,不在精深。

表 7-26　所需知识广度的等级、说明及点数

等级	说明	点数
1	偶尔使用其他学科知识	38
2	较频繁地使用其他学科的一般知识	76
3	频繁综合使用其他学科知识	114
4	岗位要求经常变换知识领域	152

要素 4:工作经验要求(表 7-27)。

定义:指工作达到基本要求后,还必须随经验的不断积累才能掌握的技巧。判断基准是掌握技巧所需花费的时间。

表 7-27　工作经验要求的等级、说明及点数

等级	说明	点数
1	不需要	38
2	3 个月之内	76
3	3~6 个月	114
4	6~12 个月	152
5	1~2 年	190
6	2~5 年	228
7	5~8 年	266
8	8 年以上	304

要素5：文字能力要求（表7-28）。

定义：指工作中所需要的实际文字能力要求。

表7-28 文字能力要求的等级、说明及点数

等级	说明	点数
1	不需处理文字材料	38
2	常需撰写便条、一般通知、备忘录、简报	76
3	常需撰写报告、汇报文件、总结（非个人）	114
4	需撰写全行性文件或研究报告	152
5	需拟合同或法律文件	190

要素6：语言和表达能力要求（表7-29）。

定义：指中文进行口头交流和外语能力的要求。

表7-29 语言和表达能力要求的等级、说明及点数

等级	说明	点数
1	工作中口头交流不够频繁，对口头交流能力要求不高，无外语能力要求	25
2	工作中口头交流频繁，需较好的口头表达能力，需掌握柜面英语，工作中偶用英语等外语	50
3	较好的语言表达能力，英语水平较高，工作中使用外语的机会较多	75

要素7：银行相关技能要求（表7-30）。

定义：指工作中所需的操作技能要求。

表7-30 银行相关技能要求的等级、说明及点数

等级	说明	点数
1	银行相关技能与工作基本无关联	38
2	银行相关技能与工作的关联性一般	76
3	银行相关技能与工作高度关联	114

2. 能力要求

要素1：人际沟通能力（表7-31）。

定义：指在正常工作中，与各方面的人打交道，保持适当的关系，以保证承担工作顺利进行的能力。

表 7-31　人际沟通能力要求的等级、说明及点数

等级	说明	点数
1	工作中仅与本部门同事协调	40
2	工作中与本部门、其他部门员工协调、与柜面客户或与银行供应商打交道，协调属于常规性的	80
3	工作中与其他部门负责人发生联系、与目标客户或与政府部门发生联系，协调是较为广泛的，协调不利会在一定范围产生不利影响	120
4	工作中与各部门负责人的联系密切、协调频繁或与目标客户、政府部门的联系广泛密切，联系或协调的问题涉及重大问题、重要决策，协调不利会对本行产生重要影响	160

要素 2：组织协调能力要求（表 7-32）。

定义：指工作中依据目标制订计划，并以适当的方式利用和调用各种资源达成目标的能力要求。

表 7-32　组织协调能力要求的等级、说明及点数

等级	说明	点数
1	工作中无须组织协调	50
2	工作中承担一定的组织协调职责，范围仅限于分理处（储蓄所）或科内或专业条线	100
3	组织协调的范围为分行部门和专业条线	150
4	组织协调的范围为管辖支行全行	200
5	组织协调的范围为分行全辖	250

要素 3：分析思维能力要求（表 7-33）。

定义：指以系统的逻辑思维理解、分析和解决问题的能力要求。

表 7-33　分析思维能力要求的等级、说明及点数

等级	说明	点数
1	工作中涉及的问题较为简单，仅需一般的分析思维能力	50
2	工作中涉及的问题较复杂，需要较好的分析思维能力	100
3	工作中涉及的问题复杂，需要优秀的分析思维能力	150
4	工作中涉及的问题很复杂，需要高层次的分析思维能力	200

要素 4：业务、管理创新能力的要求（表 7-34）。

定义：指工作中发现新事物、提出新见解、解决新问题的能力要求。

表 7-34 业务、管理创新能力要求的等级、说明及点数

等级	说明	点数
1	全部工作为程序化、规范化的，无须创新	60
2	工作基本规范化，偶尔需要创新	120
3	工作中时常需要创新	180
4	工作性质本身即为创新性的	240

3. 责任与影响程度

要素 1：指导监督责任（表 7-35）。

定义：指在正常权力范围内所执行的正式指导、监督责任。责任大小根据所监督、指导人员的数量和层次进行判断。

表 7-35 指导监督责任的等级、说明及点数

等级	说明	点数
1	不指导、监督任何人	40
2	担任基层团队副职，协助监督、指导基层员工	80
3	担任基层团队主要负责人，监督、指导本团队全体员工；或者在分行机关管理部门任职，对辖内支行条线人员承担指导、监督责任	120
4	担任支行、部门副职（含助理），对分管工作负有指导、监督责任	160
5	担任支行、部门正职（含主持工作副职），对承担工作负有全面指导、监督责任	200

要素 2：人力资源管理责任（表 7-36）。

定义：指在工作中对人员选拔、使用、考核、工作分配和激励等具有的权力与责任。

表 7-36 人力资源管理责任的等级、说明及点数

等级	说明	点数
1	对他人不负有人力资源管理的责任	40
2	仅对一般员工有工作分配、考核、激励的责任	80
3	对一般员工具有选拔、聘用、管理的责任	120
4	对科长以下人员有任免决策权	160
5	对中层干部有任免建议的权限	200

要素 3：决策责任（表 7-37）。

定义：指在正常工作中需要参与的决策，其责任大小根据参与决策的层次作为判

断基准。

表 7-37　决策责任的等级、说明及点数

等级	说明	点数
1	工作中作出的决定不会影响他人	40
2	工作中作出的决定影响范围限于本科	80
3	工作中作出的决定影响支行、部门或本专业条线	120
4	工作中需与多个部门负责人共同协商制定大的决策，决策影响的范围涉及全行	160
5	参与最高层决策	200

要素 4：工作结果的责任（表 7-38）。

定义：指在工作不发生差错的情况下，工作结果对整体经营管理目标的影响程度。

表 7-38　工作结果责任的等级、说明及点数

等级	说明	点数
1	只对个人的工作结果负责	40
2	须对自己所监督、指导的工作结果负责	80
3	对分理处（储蓄所）或科的工作结果负责	120
4	对整个部门（或支行）的工作结果负责或对条线的整体工作结果负责	160
5	对整个公司的工作结果负责	200

要素 5：工作中出错的后果（表 7-39）。

定义：指工作出错的后果大小和对整体的影响大小。

表 7-39　工作出错后果的等级、说明及点数

等级	说明	点数
1	工作出错极易发现和纠正	80
2	工作出错能被发现和纠正，及时处理后造成的不良影响较小	160
3	工作出错虽被发现和纠正，但不良后果会明显感觉到	240
4	工作出错的后果较严重，损失较大	320
5	工作出错会影响企业的生存，且无法挽回	400

4. 工作强度

要素 1：工作复杂程度（表 7-40）。

定义：指工作的复杂程度和履行职责的难易程度。判断基准根据所需要的判断、分析、计划水平而定。

表 7-40 工作复杂程度的等级、说明及点数

等级	说明	点数
1	简单、独立的工作，对他人影响很小	45
2	仅需简单的指示即可完成工作，不需计划和独立判断	90
3	需进行专门的训练才可胜任，大部分时间只需一种专业技能，需少量计划和独立判断	135
4	工作中需运用多种专业技能，经常做独立判断和计划，需相当高的解决问题的能力	180
5	工作要求高度的判断力和计划性，要求积极的适应不断变化的环境和问题	225

要素 2：工作负荷程度与工时利用程度（表 7-41）。

定义：指工作中的负荷与工时利用程度。

表 7-41 工作负荷程度与工时利用程度的等级、说明及点数

等级	说明	点数
1	工作量较少	35
2	工作有时忙闲不均，但有规律性，但工时利用程度有限，工作总量明显不够	70
3	工作中虽忙闲不均，工时未完全得到利用，但忙的时间较长，工作总量尚可	105
4	工作紧张，工作负荷大，工时充分得到利用	140

要素 3：工作环境（表 7-42）。

定义：指工作中工作环境的舒适程度、开放程度和自由活动程度。

表 7-42 工作环境的等级、说明及点数

等级	说明	点数
1	工作场所为较舒适室内环境，工作环境较为开放，活动无严格的限制	20
2	工作场所为较舒适室内环境，工作环境相对封闭（如分理处），工作时间不能外出	40
3	工作场所虽为室内环境，但封闭，不舒适，不能外出	60
4	大部分时间在室外工作	80

5. 特殊因素

要素 1：市场因素（表 7-43）。

定义：指相关的岗位在市场上的紧缺程度。

表 7-43　市场因素的等级、说明及点数

等级	说明	点数
1	岗位所需人员在市场上有充足的来源	50
2	岗位所需人员在市场上紧缺且该岗位属于本行关键岗位	100

【本章小结】

本章主要讲授了工作岗位评价与分类的基本原理与基本方法、基本步骤等主要内容。第一节主要介绍了岗位评价的内涵、原则与作用；第二节主要介绍了岗位评价的指标、标准与构成；第三节主要介绍了排列法、分类法、因素比较法、评分法和海氏三要素评价法等岗位评价方法，并列举了评分法的应用实例。

【本章习题】

1. 简述岗位评价的内涵和原则。
2. 简述岗位评价的作用。
3. 简述岗位评价的指标与标准。
4. 简述岗位评价的主要方法。
5. 简述评分法的优缺点。
6. 简述因素比较法的优缺点。

【案例与讨论】

案例一

某科技有限公司在开展了岗位调查、岗位分析以后，便着手进行接下来的岗位评价工作，以期确定公司内部所有岗位的相对价值，建立一套完整的岗位价值体系，为后续的绩效考核、薪资管理等工作打下坚实基础。

该公司为科学、合理评估岗位相对价值，制定了岗位评价方案，成立了以人力资源部经理为首的岗位评价委员会，邀请了外部岗位评价专家参与岗位评价过程。在外部专家的建议下，该公司采用了目前国际通行的 IPE 岗位评价体系作为岗位评价工具。为保证岗位评价工具的科学性，岗位评价小组没有对 IPE 岗位评价体系中的评价指标、评价标准与权重等因素进行修正。该公司共有 90 多个岗位，有管理类、技术类、营销类三种岗位类别。岗位评价小组从中选择了约 40 个岗位作为标杆，标杆岗位的选择是按照纵向的岗位等级进行选择，没有考虑横向岗位类别的因素。该公司采取了三方评价的方式：上级评价占 40%、专家评价占 30%、员工个人评价占 30%。该公司按照这个方案对岗位进行了评价以后，出现了一些问题：首先，员工不

理解进行岗位评价的意义和作用，评价时难以保证主观上的配合和认真对待；其次，岗位评价专业强，员工很难对各种描述有清晰的了解和把握；最后，员工个体对方案中的表述理解不一样，每个人对自己岗位的评价都超出了常理。最为可笑的是公司财务人员对自己岗位的评价得分居然超过了人力资源总监。通过这种方式收集的岗位评价数据当然不能使用，只有放弃。之后，该公司采取人力资源部门会同直接上级评价和专家评价的方式评估岗位的价值。按照这种方案评价，又遇到了一个致命的问题：技术类岗位的评价结果平均水平低于管理类岗位。这一结果显然和公司倡导的薪资分配向技术人员倾斜的导向不符，而按照这一结果所得的薪酬显然不利于留住这些核心人员。

经过七拼八凑，终于拿出了岗位评价方案的初稿。岗位评价方案一出台，立刻在员工中引起轩然大波，员工纷纷将自己岗位的结果与其他岗位进行对比，然后通过正式或非正式渠道向公司反映。岗位评价委员会经过仔细审查，发现确实有很多岗位横向对比有很大的出入，在岗位评价的各维度上，各岗位也缺乏可比性，甚至出现在“沟通”维度上，人力资源部员工的得分比营销部主管还要高。这些显失公平的地方，成为本次岗位评价最为薄弱的被攻击环节，直接导致了岗位评价的最终失败。

请根据上述案例讨论以下问题。

1. 该公司岗位评价为什么会失败？其主要原因有哪些？

2. 该公司岗位评价指标、评价标准是否科学？如何引导员工合理参与岗位评价？

3. 岗位评价包括哪些主要步骤？该公司如何制定出科学的岗位评价方案？

案例二

岗位评估缘何失败

M 集团公司是一家从事通信设备及相关产品研制与生产的大型企业，经过几年发展，年销售额突破百亿元人民币。为获得长远发展的原动力，1999 年 M 公司斥巨资在北京中关村成立了研发中心，致力于核心技术的攻关。两年后相继研制出一批具有较大市场价值的产品，投放市场后很快为集团公司创造了丰厚的利润。但与此同时，员工对待遇的抱怨与要求改革的呼声也越来越高。在研发中心成立之初，员工的薪酬主要按照学历、职称、工龄、职务等来确定，执行 2 年多的时间内，虽然有一些批评意见但矛盾还不太突出。研发中心开发出的产品取得市场效益后，那些作出较大贡献的员工认为现行的薪酬制度未能体现出自己的价值，实际作出的贡献没有得到薪酬体系的公平认可，不满情绪逐渐上升，磨洋工现象增多，工作积极性普遍下降，2001 年人才的流失率达到 35%，一些掌握核心技术的骨干人才跳槽到竞争对手那里。研发中心高层管理者受到极大震动。恰好研发中心 A 总经理刚刚看过一篇关于岗位评估的文章，于是找来人力资源部B经理，要求马上进行岗位评估，根据评估结果对各岗位的工资进行调整，限1个月时间完成新的薪酬体系，扭转人才流失的局面。

B经理是人力资源学士，深知岗位评估的难度，急忙向M集团公司人力资源部K主管请求协助。M集团在一家国际咨询公司的指导下刚刚结束岗位评估工作，积累了大量经验，也有现成的操作方案可以借用。但K说M集团与咨询公司签有版权使用协议，其操作方案使用范围仅限于集团总部及事业部，不能扩散到独立核算的子公司。研发中心是独立注册的法人单位，已经超出了使用范围，因此M集团无法提供详细方案。由于个人关系较好，K向B经理私下提供了部分标准，并指出按照研发中心300人的规模，即使在有专业人员指导的前提下，做好岗位评估也需要3个月时间。B经理向A总汇报了操作方案和时间困难，A不以为然，认为没有那么麻烦，坚持一个月内进行完毕，并把工资调整到位。

形势所迫，B经理急忙召集下属制定岗位评估操作办法，一周后召开各部门技术专家和管理人员会议，宣布了该方案。根据业务类别组建研发技术类评估小组、管理支持类评估小组和物流服务类评估小组，着手对各岗位进行量化评分，工作边进行边向K主管电话咨询请教，经过加班熬夜，一个月内终于完成了评估工作，且制定了新的工资标准。B经理心满意足，自认为劳动终于换来了丰硕的果实。但万万没有想到，工资条发到员工手里后却一片哗然，加薪的人员认为加的幅度太小，减薪人员更是愤愤不满，B经理一下病倒了。

请你分析该公司评价失败的原因。

第八章　工作岗位分类

【学习目标】

通过本章的学习，了解岗位分类的定义、专业术语、相关术语、功能与意义，理解岗位分类的原则、标准与注意事项，掌握岗位横向、纵向分类的各自内涵、主要步骤和方法。

【引导案例】

A 企业是中关村地区一家民营高科技企业，在国内数码产品研发及制造领域占有一席之地，并拥有一定的产品市场份额。虽然 A 企业一直以来十分注重人才引进和创新管理，但是该企业管理人员、技术研发人员、生产制造人员及后勤服务人员的工作岗位多年来很少进行调整。目前，外部竞争环境的急剧变化迫使该企业意识到需要对全部工作岗位进行重新分类与设计，以减少管理成本和人力成本的投入，提高工作效率。企业高层领导认为，工作岗位的分类与设计是一件较为简单的人事管理工作，应该在较短时间内即可完成。而人力资源部经过细致的调查研究认为，该项工作要根据企业的组织结构来确定岗位的横向分类和纵向设置，要依据岗位分类的基本原则，确定不同职能部门以及同一职能部门不同层级的岗位评价指标和评价体系，并参照一定的国家职业分类标准进行，这项工作需要一定的时间才能完成，而且需要各部门的积极配合才能确保其顺利开展，这不是一件简单且较快就能够完成的事情。

1. 你认为企业高层领导和人力资源部之间谁的观点更合理呢？为什么？

2. 请结合 A 企业的实际情况，制定一份详细的岗位分类方案。

第一节　工作岗位分类的定义、术语与功能

一、工作岗位分类的定义

工作岗位分类也称岗位分级、岗位归级列等，是在岗位调查和岗位分析的基础上，采用一定的科学方法和手段，根据组织岗位本身的工作性质、繁简难易程度、工作责任大小和人员必须具备的资格条件，从横向和纵向两个维度对组织中所有岗位进

行划分与定位，从而区别出岗位的类别和等级，构建不同系统、不同部门与不同层级岗位相互交叉的内部岗位系统，作为人力资源管理各项工作的基础和依据。

从狭义角度来看，岗位分类是指组织内部不同系统、不同部门之间岗位的横向划分与确定。从广义上理解，工作评价是岗位分类分级的一个部分，是对相同性质的同类岗位相对价值的衡量、比较和评定，而岗位分类是对一定范围内所有岗位的多层次的分类、分级、分等，即岗位分类包括不同系统、不同部门间的岗位横向划分以及同一系统、同一部门内部的岗位纵向分级。

岗位分类是在岗位调查、岗位分析、岗位设计与岗位评价基础上进行的，也是工作岗位研究的重要组成部分。岗位分类明确了组织内部各个岗位的系统或部门归属情况，及其在系统或部门岗位系统中的层级与地位，为组织人力资源管理过程中的绩效考核与薪酬管理打下坚实基础。

二、工作岗位分类专业术语

（1）职系：是指一些工作性质、特征相同，而责任轻重和困难程度不同的岗位所构成的系列或群体。简言之，一个职系就是一种专门职业，如大学教师职系。

（2）职组：工作性质相近的若干职系综合而成为职组，也叫职群。例如，教师就是一个职组，它包括中学教师、小学教师、大学教师等。

（3）职门：指由若干工作性质和特征大致相近的所有职组构建而成的职业门类。

（4）职级（岗级）：职级是唯一的纵向划分，是同一职系不同岗位纵向分类中最重要的概念，指根据岗位工作任务、繁杂程度、责任大小、岗位资格等的不同，而将同一职系内的岗位分成不同的岗位级别，各岗位级别实行不同的岗位管理与薪酬支付。如大学教师可划分为助教、讲师、副教授和教授，其各自薪资待遇不同。

（5）职等（岗等）：职系不同、工作性质不同或主要职务不同，但其工作任务、繁杂程度、责任大小、岗位资格等条件充分相同的职级归纳为职等。同一职等的所有职位，不管它们属于哪个职系的哪个职级，其薪金报酬基本相同。如教学系列中的讲师与行政系列中的科级干部的职务等级和薪酬待遇基本相同。职等与职级的区别在于，它不是同一职系内不同岗位之间的等级划分，而是不同职系之间的相似岗位等级的比较和平衡。

综上所述，职系、职组是按照组织岗位工作性质和特点对岗位所进行的横向分类，岗级和岗等是按照岗位的复杂程度、责任大小、技能要求、劳动强度及劳动环境等要素指标对岗位所进行的纵向分级。岗位分类的最终结果是在微观层面将组织的所有岗位纳入由职系、职组、岗级和岗等构成的岗位结构体系之中，以科学界定各个岗位的相对价值与地位，合理开展各个岗位的薪酬与福利管理。

三、工作岗位分类相关术语

(一)岗位分类与职业分类

职业分类是岗位分类的前提和基础,是与岗位分类密切相关的重要术语。职业分类与岗位分类是特殊与一般的关系,宏观层面的职业分类对微观企事业的岗位分类起着重要的指导和规范作用;同时,企事业的岗位分类也为职业分类体系的完善和丰富起到了促进的作用。

职业分类是指按一定的规则和标准把一般特征和本质特征相同或相似的社会职业,分成并归纳到一定类别系统中去的过程。确定职业分类、制定国家职业标准是构建国家职业资格体系的一项重要基础工作。随着市场就业机制的形成,职业资格证书制度已经成为我国就业制度的重要组成部分,它是加强职业能力建设、提高劳动者素质、促进就业和再就业的重要手段。

1986 年,国家统计局和国家标准局参照国际标准和方法,首次颁布了中华人民共和国国家标准《职业分类与代码》(GB 6565—86),启动了编制国家统一职业分类标准的系统工程。《职业分类与代码》将全国职业分为 8 个大类、63 个中类、303 个小类。

1992 年,原国家劳动部会同国务院各行业部委组织编制了《中华人民共和国工种分类目录》,该目录根据管理工作的需要,按照生产劳动的性质和工艺技术的特点,将当时我国近万个工种归并为分属 46 个大类的 4 700 多个工种,初步建立起行业齐全、层次分明、内容比较完整、结构比较合理的工种分类体系,为做好职业分类工作打下了良好基础。

20 世纪 90 年代中期,随着社会主义市场经济体制的逐步建立和科学技术的迅猛发展,我国的社会经济领域发生了重大变革,对职业管理提出了新的要求。为此,国家提出要制定各种职业的资格标准和录用标准,实行学历文凭和职业资格两种证书制度。《中华人民共和国劳动法》规定:"国家确定职业分类,对规定的职业制定职业技能标准,实行职业资格证书制度。"

1995 年 2 月,原劳动和社会保障部、国家统计局和国家质量技术监督局联合中央各部委共同成立了国家职业分类大典和职业资格工作委员会,组织社会各界上千名专家,经过四年的艰苦努力,于 1998 年 12 月编制完成了《中华人民共和国职业分类大典》,并于 1999 年 5 月正式颁布实施。《中华人民共和国职业分类大典》是在广泛借鉴国际先进经验(如《国际标准职业分类》(ISCO—88)和深入分析我国社会职业构成现状基础上,按照工作性质同一性的基本原则,对我国社会职业进行了科学划分和归类,比较全面客观地反映了当时我国社会职业结构状况,体现了职业活动本身固有的社会性、目的性、规范性、稳定性和群体性的特征,是我国第一部对职业进行科学分类的权威性文献,填补了我国职业分类的空白,对加强职业教育和职业培训,推动职业资格证书制度建设，促进人力资源开发具有重要意义。《中华人民共和国职业分类大典》把我国职业划分为由大到小、由粗到细的四个层次：大类（8 个）、中类（66 个）、小类（413 个）和细类（1 838 个）。细类为最小类别，亦即职业。8 个大类分别如下。第一大类：国家机关、党群组织、企业、事业单位负责人，其中包括 5 个中类，16 个小类，25 个细类。第二大类：专业技术人员，其中包括 14 个中类，115 个小类，379 个细类。第三大类：办事人员和有关人员，其中包括 4 个中类，12 个小类，45 个细类。第四大类：商业、服务业人员，其中包括 8 个中类，43 个小类，147 个细类。第五大类：农、林、牧、渔、水利业生产人员，其中包括 6 个中类，30 个小类，121 个细类。第六大类：生产、运输设备操作人员及有关人员，其中包括 27 个中类，195 个小类，1 119 个细类。第七大类：军人，其中包括 1 个中类，1 个小类，1 个细类。第八大类：不便分类的其他从业人员，其中包括 1 个中类，1 个小类，1 个细类。从职业结构看，职业的分布有三个特点。第一，技术型和技能型职业占主导。占实际职业总量的 60.88% 的职业分布在“生产、运输设备操作人员及有关人员”这一大类，它们分属我国工业生产的各个主要领域。从这类职业的工作内容分析，其特点是以技术型和技能型操作为主。第二，第三产业职业比重较小，仅占实际职业总量的 8% 左右。三大产业中的职业分布，以第二产业的职业比重最大。第三，知识型与高新技术型职业较少。现有职业结构中，属于知识型与高新技术型的职业数量不超过总量的 3%。

为保证各地劳动力市场使用的职业分类与代码的科学和规范，有利于劳动力市场信息联网，原劳动和社会保障部在主持编纂《中华人民共和国职业分类大典》的同时，根据重新修订的职业分类国家标准《职业分类与代码》（GB/T 6565—1999）和《中华人民共和国职业分类大典》，制定了《劳动力市场职业分类与代码（LB 501—1999）》，并于 2002 年进行了修改。新标准《劳动力市场职业分类与代码（LB 501—2002）》分为 6 个大类，56 个中类，236 个小类，17 个细类。

《中华人民共和国职业分类大典》颁布以来，社会经济的发展和科技的进步客观反映经济发展和科技进步的职业结构发生了相应的变化，产业结构的调整在职业领域也引起了相应反响。大量新的职业不断涌现，既包括随着社会经济发展和技术进步而形成的全新职业，也包括原有职业内涵、从业方式因技术、技能发展产生较大变化的更新职业。为及时反映这些新职业的发展变革，2004 年 8 月起，原劳动和社会保障部建立了新职业信息发布制度，对职业分类与职业标准开发实行动态管理，并通过信息发布制度，系统介绍新职业名称、定义、主要工作内容以及从业人员状况等情况。同时，原劳动和社会保障部定期组织专家对《中华人民共和国职业分类大典》进行了增补修订，并及时颁布大典增补本（2005、2006、2007）。《中华人民共和国职业分类大典（2005 增补本）》是在保持大典总体框架不变的原则下，重点对信息产业、现代服务业和制造业领域的新职业进行增补，共 77 个职业。《中华人民共和国职业分类大典(2006 增补本)》结合新职业信息发布重点对信息产业、现代服务业和制造业领域的新职业(工种)以及信息产业新调整的职业进行增补,共 82 个职业(工种)。《中华人民共和国职业分类大典(2007 增补本)》同样在保持大典基本结构和分类原则不变的情况下,收录了 2007 年发布的 31 个新职业,主要是现代服务业、制造业等领域的新职业。实践证明,新职业的开发,对引导职业教育和职业培训改革、规范企业用工和从业人员从业行为、促进就业和再就业、完善劳动力市场建设、加强人力资源能力建设具有重要作用。

为了适应我国经济社会发展和人力资源管理的新需要,在职业分类上更加科学规范,内容上更加准确完整, 2015 年 7 月 30 日,国家职业分类大典修订工作委员会全体会议在京召开,会议颁布了 2015 版《中华人民共和国职业分类大典》,主要从四个方面进行了修订与调整。第一,职业分类体系的调整。2015 版大典调整后的职业分类结构为 8 个大类、75 个中类、434 个小类、1 481 个职业,与 1999 版相比,2015 版大典维持了 8 个大类不变,增加 9 个中类和 21 个小类,减少了 547 个职业(新增 347 个职业,取消 894 个职业),新增职业包括“网络与信息安全管理员”“快递员”“文化经纪人”等,取消的职业包括“收购员”“平炉炼钢工”“凸版和凹版制版工”等。第二,职业信息描述内容的修订。2015 版大典维持 142 个类别信息描述内容基本不变,修订 220 个、取消 125 个、新增 155 个类别信息描述内容;同时,维持 612 个职业信息描述内容基本不变,修订 522 个、取消 552 个(不含 342 个“其他”余类职业)、新增 347 个职业信息描述内容。第三,职业信息描述项目的调整。2015 版大典将 1999 版“下列工种归入本职业”的表述调整为“本职业包含但不限于下列工种”,其含义有二:一是同时包括与对应职业名称重名的工种;二是对检验、试验、修理、包装、营销等因其工作性质相似、数量众多、无法穷尽的工种未予列举。第四,绿色职业的确认与标识。2015 版大典对具有“环保、低碳、循环”特征的职业活动进行研究分析,将部分社会认知度较高、具有显著绿色特征的职业确定为绿色职业,共计 127 个;首次对绿色职业进行了标识,统一以汉语拼音首字母“L”进行标识,如环境监测员、太阳能利用工、轮胎翻修工等职业。2015 版大典全面客观地反映了现阶段我国社会的职业构成、内涵、特点和发展规律,标志着我国职业分类管理工作进入了一个新的发展阶段。

各类职业分类标准是以企业单位、国家机关岗位分类为基础制定的,一旦这类标准建立之后,企业单位在进行岗位分类时,便可依据、参照或执行这些标准。

(二)岗位分类与职位分类

职位分类是以公务员职位为对象,以职位的工作性质、难易程度、责任大小及所需资格条件为评价因素,把职位划分成不同的类别和等级,作为人事管理基础的一种人事分类方法。职位分类制度是公务员各项管理制度的基础和依据。职位分类制度诞生于美国,至今有 80 多年的历史。起源于“泰勒制”在工商企业中的应用。1912

年，美国的芝加哥市率先推行这一制度，1923年经国会讨论通过后在全国开始实行，以后一直处于不断发展、不断调整中。根据我国《公务员法》第十四条的规定：国家实行公务员职位分类制度；实际上是以职位分类为基础，职位分类与品位分类相结合。

企业岗位分类与国家公务员的职位分类在功能定位、制定程序、适用范围、研究对象、实施难度等方面有许多相似之处，但也有一定的区别。

1. 功能定位和制定程序不同

职位分类作为一种国家公务员人事行政制度，一般是由国家专门的组织机构负责制定，经过国家立法程序，以法律的形式公布、实施，带有很大的强制性。企业岗位分类则根据自己的实际具体制定、实施，上级主管部门提出的分类方法是参考性标准，不具有强制性。

2. 适用范围和研究对象不同

职位分类适用于国家各级政府及其职能部门和机构，研究的对象和规定的范围是国家公务员的各级各类岗位；岗位分类适用于实行职位分类法以外的各种企业、事业单位，考察及研究的对象是企业单位中的各类生产、技术、经营、管理、服务岗位。

3. 实施难度和运行过程不同

一个国家公务员人事行政职位分类制度的形成，往往需要十几年、甚至几十年的时间，在经历不断的摸索、调整和修改后，才能形成一套比较完善的、切合实际的职位分类体系。可以说职位分类在国家整个人事行政管理中，是最重要、最复杂和最难处理的问题，而企业岗位分类无论在其实施难度还是运行过程方面，都相对来说比较容易一些。

（三）岗位分类与品位分类

品位分类是指以人的学历、资历和贡献大小为条件，将人员分成不同的品级，为人员聘用、考核、晋升、培训、奖励和薪酬等各项管理提供依据。英国是最早推行品位分类（Rank Classification）的国家。“Rank”一词的含义是按高低大小排列而成的等级。由于中国古代文官制度用“品”来表示官员的等级，故译为“品位分类”。目前，品位分类仍是英国公务员制度的基础。高等行政官居于领导者的地位，不但有良好的教育背景，而且其门第、家世及出身在社会上也应有较高的声誉。

岗位分级和品位分类的区别如下。

（1）分类标准不同。岗位分类以事为标准，事在人先，以事择人；而品位分类以人为标准，人在事先，以人择事。

（2）分类的依据不同。岗位分类的依据是工作岗位的性质、繁简难易程度、责任轻重和所需资格条件，对事不对人；品位分类根据对人员的资历、学历和贡献程度分析，达到对人员进行分类的目的，对人不对事。

（3）适用范围不同。岗位分类适用于专业性、机械性、事务性强的岗位；品位分类适合于工作经常变化、工作效果不易量化的岗位或工作。

四、工作岗位分类的功能

工作岗位分类对组织发展来说至关重要，是各项人力资源管理科学化的基础，是实现对工作人员有效管理的保障，是组织开展岗位科学管理和持续发展的重要基础和前提，为实现人力资源业务的简化和公平准确创造了条件，其主要功能具体体现在以下几个方面。

（1）通过岗位分类可以科学构建组织内部完整的岗位结构体系，明确了各个岗位的性质及其地位，便于发现组织中存在的机构重叠、层次过多、职能交叉、授权不当、人浮于事、责任不明等问题，有利于组织岗位的科学管理。

（2）岗位横向分类明确了各个岗位的部门归属，有利于加强岗位分工管理与部门岗位之间的相互协作，岗位分类是组织设计科学化、系统化的主要手段，大大提高了岗位人员的工作效率，为各个部门定岗定员工作的开展打下基础，也给组织结构设计的改进明确了方向。

（3）岗位纵向分级划分出组织中岗位的纵横关系，明确了岗位之间的上下级关系，为部门内部岗位员工提供了职业生涯发展路径，能够调动员工的积极性、主动性，提高个体工作效率，促进员工的发展。此外，岗级相同的工作人员在一定条件下可以进行合理流动，实现岗位与人员的科学配置与优化等。

（4）岗位归级列等为组织内部岗位人员的薪酬管理提供了科学依据。“岗薪制”是依据岗位分级制定岗位工资的一种付薪模式。岗位纵向级别的划分是确定合理的工资差别或奖金差别的基础；岗位等级相同的确定是为了实现同工同酬，即完成同等价值的工作，支付等的报酬。岗位分类是实现同工同酬，建立公平、合理的工资制度的基础和依据，有助于调动工作人员的工作积极性。

五、工作岗位分类的意义

岗位分类的意义体现在以下几个方面。

第一，岗位分类是各项人力资源管理科学化的基础。

实行工作岗位分类后，可以避免人力资源管理工作中的“才职不称”“权责不清”“劳逸不均”“待遇不公”等弊端和问题。

第二，岗位分类是实现对工作人员有效管理的保障。

岗位分类明确了各个岗位主要任务和职责，为各岗位工作人员的绩效考核与薪酬管理提供了科学依据和重要保障。

第三，岗位分类为实现人力资源业务的简化和公平准确创造了条件。

组织的岗位横向分类、纵向分级和归级列等活动，不但简化了人力资源管理业务，提升了人力资源管理水平，而且为各岗位开展科学、公正、公平的其他人力资源管理活动提供了坚实的、可行的基础。

第二节　工作岗位分类的原则、标准与步骤

一、工作岗位分类的原则

工作岗位分类的基本原则是：以“事”为中心，从企业实际出发，岗位的划类、归级、列等要力求适用、准确、可靠和精简。

（一）系统规划原则

岗位分类的主要目的就是从系统论的角度出发，科学构建一个横向部门划分与纵向层级定位交叉的岗位整体系统，以明确组织内部岗位的横向合作与纵向管理关系，进而开展科学的岗位管理工作。

（二）结构合理原则

组织内部岗位体系从宏观上可分为管理系列（M 系列）、技术系列（T 系列）和生产系列（W 系列），一般来说管理系列的岗位要相应少些，实现扁平化，提高沟通效率，节省管理成本。而技术系列和生产系列的岗位，可以结合组织的实际情况合理地多一些。

（三）横向归属原则

在岗位横向分类过程中，某一岗位务必实现系统或部门归属归类，不能出现模糊不定的情况。在岗位横向分类过程中，应遵循单一原则、程度原则、时间原则和选择原则。

岗位横向分类还应该注意以下问题：一是岗位分类宜少不宜多，一般组织应控制在两个类别以下，比较复杂的大型企业单位最多也不宜超过三个类别，如管理类、技术类和生产类等；二是直接生产人员岗位的分类应根据企业的劳动分工与协作的性质与特点来确定，管理人员岗位的分类则应以它们具体的职能和责任来确定；三是岗位大类、中类和小类的数目多少与岗位划分的粗细程度有关，在岗位分类粗细选择方面，应以实用为第一原则，不宜将类别划分得过细，可通过控制类别的数目来限制划分的粗细程度。

（四）纵向能级与效率原则

在岗位纵向分类过程中，统一系列或部门内部岗位之间的差别是客观存在的，主要体现在工作职责、工作任务、工作条件、人员资格及能力要求等方面。根据企业的生产类型、岗位的性质和特征，确定评价要素的地位和重要程度。如技术密集型企业，可将岗位技能要求因素排在首位；劳动密集型企业，可将岗位工作责任或劳动强

度排在首位；技术工种岗位，可依据岗位所配置设备的繁简难易、精确程度、价值高低等因素来评价；熟练工种岗位，可根据对产品成本、质量、数量所负的责任进行评价。因此，纵向岗位分级要坚持实事求是的原则，客观地进行岗位评价，明确各个岗位的重要性及其对组织的影响程度，科学地进行层级划分与合理定位。此外，岗位纵向分级的目的是确定组织的层级，组织中层级的多少决定了命令链的长短，从而决定着信息传递的速度与管理效率。因此，从效率角度讲，岗位的纵向分级“宜少不宜多”。

二、工作岗位分类的标准

岗位分类除遵循上述基本原则之外，还要达到下列相关标准和具体要求，以使岗位分类更加科学、严谨和可行。

岗位分类的标准包括以下几个方面。

（1）岗位分类要结合企业特点与管理实际进行，岗位结构应该科学、合理，体现其逻辑性、层次性与系统性。

（2）岗位分类的依据，是客观存在的“事”，而不是现有岗位上的“人”，即岗位分类的依据和基础要科学、准确。

（3）岗位分类反映了岗位工作诸因素上的差别是客观存在的，但岗位分类在体现这些差别时要适度，既不应过大，也不应过小。

（4）岗位分类主要以静态分类为主，动态分类为辅。因此，为了保证组织岗位分类具有良好的适用性和有效性，在岗位分类的过程中，要留有一定的余地和空间。

三、工作岗位分类的主要步骤

岗位分类是岗位科学管理的前提和基础，是一项复杂的系统性工程。

进行岗位分类前，首先应开展好岗位调查工作，收集有关岗位的各种资料，包括组织结构图、工作岗位说明书、工作日志和员工手册等重要文件资料，科学、客观、全面了解组织各个岗位的名称、特点与任务等信息，作为分类的依据。岗位分类可以采取下列主要步骤。

（一）岗位横向分类

1. 岗位横向分类定义

岗位横向分类是根据各种岗位工作的不同性质和特点，以及按岗位在企业中的作用，将组织中看似繁杂的各种岗位划分为职门（大类）、职组（中类）和职系（小类）的过程。

2. 岗位横向分类原则

在微观组织中，岗位横向分类在遵循单一原则、程度原则、时间原则和选择原则的前提下，可以基于组织结构的框架与体系，深入分析组织中所有岗位的工作性质、特征及其影响范围，将其划分、归属为不同的系统或部门。

3. 岗位横向分类步骤

岗位横向分类的主要步骤包括下列几个方面。

（1）将企事业单位内全部岗位按照工作性质划分为若干大的职业门类，即职门划分。

（2）将各职门内的岗位根据工作性质的异同继续进行细分，将大类细分为中类，把性质相同的工作岗位归入相同的职组，即职组划分。

（3）将同一职组内的岗位再一次按照工作的性质进行划分，即将大类下的中类再细分为若干个小类，把性质相同的岗位组成一个职系，即职系划分。这也是岗位横向分类的最后一步，每一个职系就是一种专门的职业。

岗位横向分类步骤见图 8-1。

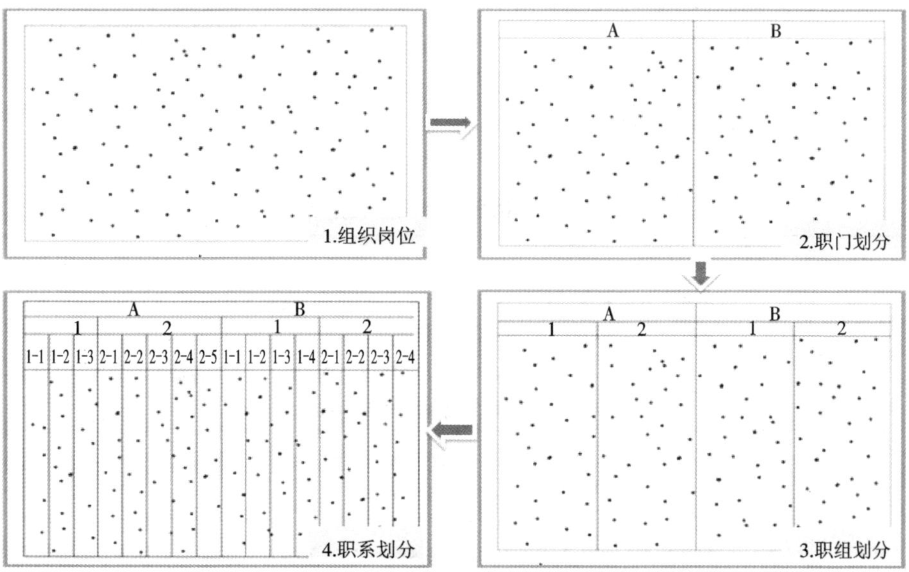

图 8-1　岗位横向分类示意图

4. 岗位横向分类方法

工作岗位横向分类的方法包括：①按照岗位承担者的性质和特点，对岗位进行横向的区分；②按照岗位在企业生产过程中的地位和作用划分。

5. 岗位横向分类注意事项

在对岗位进行横向分类时，还应注意以下几点。

（1）大型企事业单位的岗位分类范畴最多不宜超过三个层次。

（2）生产人员岗位的分类应根据企业劳动分工与协作的性质与特点来进行，管理人员岗位的分类则应以其具体职能来划分。

（3）大类、小类的数目多少与划分的粗细程度有关，而企事业单位在分类粗细方面，应以实用为第一原则，不宜将类别划分得过细。

（二）岗位纵向分级

1. 岗位纵向分级定义

岗位纵向分级是在岗位横向分类基础上，根据某一系统或部门内部岗位的工作职责、工作任务、难易程度以及人员资格、能力要求及经验水平等因素，对同一职系中的岗位划分出不同的级别，即划分岗级。

2. 岗位纵向分级步骤

（1）按照预定的标准进行岗位排序，并划分出岗级。例如高校教学岗可以划分为助教、讲师、副教授、教授四个岗位层级，不同级别岗位的职责、任务、难易程度及对岗位人员的学历、学位及经验等的要求有所不同。

（2）统一岗等。岗位纵向分级还需要对组织内部不同职系中的岗位级别相近的岗位划分成同一岗等，即统一岗等。例如高校教学系列中的讲师、副教授岗位分别与行政管理系列中的科级、副处级干部岗位等级相近。

范例：某企业销售类岗位分级标准如表 8-1 所示。

表 8-1 销售类岗位分级标准

岗位等级	岗位等级描述
实习行销员	不独立开展业务，协助资深经理处理订单、交货、回款等业务；根据资深经理的安排与客户进行联系；在资深经理的指导下洽谈业务、签订销售合同
行销员	在行销员岗位上实习满一年；独立开展销售业务，但业务范围仅限于公司划定的某市或县范围内进行；定期向资深行销员汇报业务开展情况
资深行销员	担任行销员职务满 3 年以上；负责某省范围内的业务工作，指导、监督行销员开展业务；负责策划所在省范围内的营销活动并组织实施
片区经理	担任资深行销员 3 年以上；负责某区（辖数省）范围内的业务工作；负责在本辖区内落实公司的营销策略
销售中心经理	担任片区经理 3 年以上；主持公司的产品销售和市场开拓工作；在营销副总的指导下制定公司的营销策略，确保完成公司的营销计划

资料来源：陈庆 . 岗位分析与岗位评价 [M]. 北京：机械工业出版社，2011.

3. 岗位纵向分级方法

1）生产性岗位纵向分级方法

①选择岗位评价要素。

②建立岗位要素指标评价标准表。

③按照要素评价标准对各岗位打分，并根据结果划分岗级。

④根据各个岗位的岗级统一归入相应的岗等。

2) 管理性岗位纵向分级方法

①精简企业组织结构，加强定编定岗定员管理。

②对管理岗位进行科学的横向分类。

③评价要素项目分档要多，岗级数目也应多于直接生产岗位的岗级数目。

④在对管理岗位划岗归级后，应对管理岗位岗级统一列等。

4. 岗位纵向分级注意事项

（1）坚持岗位纵向划分科学性与灵活性相结合的原则。

（2）开展专家岗位评审辅助工作，保证岗位评价及分类的工作质量。

（3）科学、客观、合理确定评价因素的等级，以提高岗位评价的精确程度。

（三）岗位归级列等

岗位归级指同一系列或部门岗位的纵向分级（职级），岗位列等是不同系列或部门之间岗级相同或相近的列为一等（职等）。

岗位归级列等是岗位纵向岗位分级与横向列等的交叉融合，最终构建：①组织内部职级与职等相互交叉的岗位体系，见图 8-2；②不同体系、不同组织的岗位之间的职组、职系、职级和职等交叉对应结构表，见表 8-2。

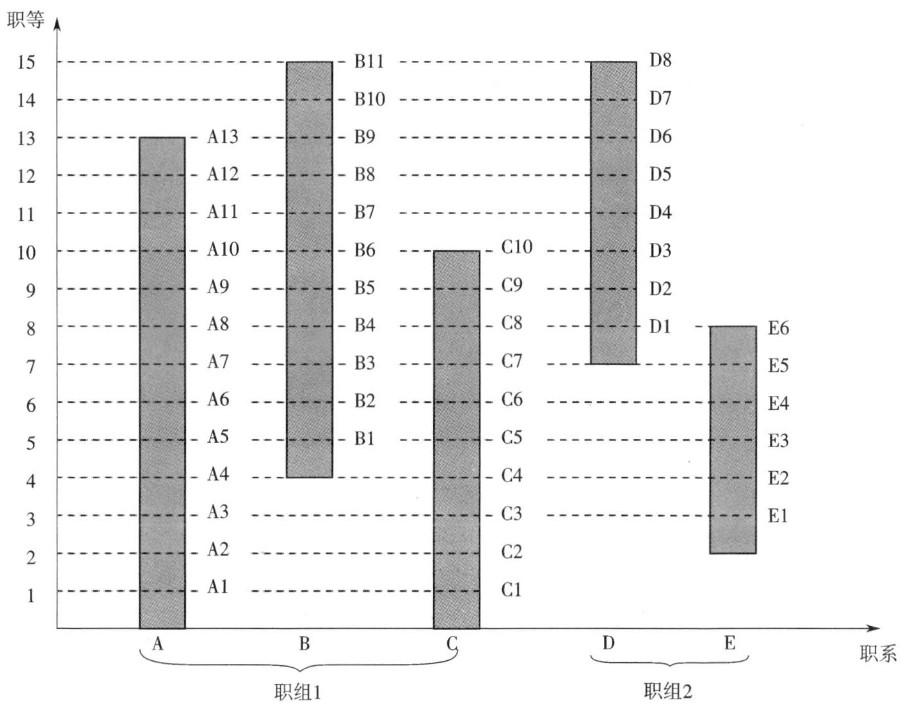

图 8-2　岗位归级列等示意图

岗位分类应建立在科学化和系统化的理论基础之上，它以职位为基本元素，是职系、职组与职级、职等交叉构造而成。

表 8-2 不同体系、不同组织岗位之间职组、职系、职级和职等交叉对应结构表

职系	职组 ＼ 职级 ＼ 职等	5 员级	4 助级	3 中级	2 副高职	1 正高职
高等教育	大学教师		助教	讲师	副教授	教授
	科研人员		助理工程师	工程师	高级工程师	
	实验人员	实验员	助理实验师	实验师	高级实验师	
	图书、资料、档案	管理员	助理馆员	馆员	副研究馆员	研究馆员
科学研究	研究人员		研究实习员	助理研究员	副研究员	研究员
医疗卫生	医疗、保健、预防	医士	医师	主治医师	副主任医师	主任医师
	护理	护士	护师	主管护师	副主任护师	主任护师
	药剂	药士	药师	主管药师	副主任药师	主任药师
	其他	技士	技师	主管技师	副主任技师	主任技师
企业	工程技术	技术员	助理工程师	工程师	高级工程师	正高工
	会计	会计员	助理会计师	会计师	高级会计师	
	统计	统计员	助理统计师	统计师	高级统计师	
	管理	经济员	助理经济师	经济师	高级经济师	
农业	农技人员	农技员	助理农艺师	农艺师	高级农艺师	
新闻	记者		助理记者	记者	主任记者	高级记者
	广播电视播音	三级播音员	二级播音员	一级播音员	主任播音指导	播音指导
出版	编辑		助理编辑	编辑	副编审	编审
	技术编辑	技术设计员	助理技术编辑	技术编辑		
	校对	三级校对	二级校对	一级校对		

在企业岗位分类过程中，对生产性岗位和管理性岗位分别进行了内部分级（岗级）列等（岗等）之后，需要将两者有机地衔接起来，根据生产性和管理性岗位的岗级，完成岗位的统一列等。

（四）构建岗位结构图，编写岗位规范

根据岗位分类的结果，鉴于组织各类岗位的分布状况，构建组织岗位分类结构图；编写、完善组织内部各类岗位规范及岗位说明书，在岗位横向分类和纵向分类基础上对每一岗位作标准化和尽可能定量化说明的书面文件，确保岗位分类制度的贯彻执行，为组织岗位的科学管理提供依据。

【本章小结】

本章主要讲授了工作岗位分类的定义，岗位分类专业术语与相关术语，岗位分类的功能与意义，岗位分类的原则与标准，岗位横向分类的定义、原则、步骤、方法与注意事项，岗位纵向分级的定义、步骤、方法与注意事项。

【本章习题】

1. 简述岗位分类的定义、功能与意义。
2. 简述岗位分类的原则与标准。
3. 试述岗位横向分类的主要步骤。
4. 试述岗位纵向分类的步骤与方法。
5. 试述岗位横向、纵向分类的注意事项。

【案例与讨论】

某摄影公司的主要业务是摄影、冲印底片和制作艺术照片。公司由 50 名雇员组成，其中包括 8 位管理人员。艺术部（8 名雇员和 1 名管理人员）的基本工作是挑选相片，进行艺术处理，并装订成册。在工作设计之前，主管人员接收所有的任务，将它们归类整理，然后按工人的技术水平分派任务，指定完成期限。工作负担过重时，主管者本人也要完成一部分工作，完成工作后，他必须检查所有的产品，并修补有问题的部分。对主管人员而言，修补有问题的相片是个令人头痛的问题，它需要做大量细致且繁琐的工作，而主管者花费了大量的时间和精力在上面，仍有积压，以致顾客和其他部门经常抱怨拖延，结果他忙得几乎没有时间培训和管理员工，而雇员的出错率也越来越高，积压也越来越多，工作的效率也越来越低下。同时，不合理的计酬方式使情况更加恶化。报酬的高低以完成任务的数量来定而不考虑工作难易程度，这使那些有经验的雇员从事耗时多的复杂工作而报酬偏低，而那些做着简单工作的新雇员却得到高收入。雇员的不满情绪日益增加，2 个月内，有 3 个雇员离开了该部门。于是该摄影公司对艺术部的工作进行了重新设计，共分成两个组：普通艺术照组和婚礼肖像组，每个组由一名熟练雇员任组长，负责分工和训练新雇员，除了刚来的新人，每个雇员负责自己的工作质量，一旦出现错误直接返回给本人，主管不再负责修复，加工过程出现问题时员工直接与顾客协商；报酬支付方式在原有数量基础上乘工作难度系数，工作难度越高，系数也越大，报酬也越高。这些改变使艺术部的月产量增加了 30%，质量也大大提高，雇员也安心工作。

1. 该摄影公司如何结合业务实际进行工作岗位分类的？其效果如何？
2. 为更好地开展岗位薪酬管理，该摄影公司如何进一步完善岗位分级工作？

【阅读资料】

国外高校教师岗位分类

国外高校尤其是发达国家的一流大学很早就对教师岗位进行了合理的界定和分类，并在此基础上进行有效的管理。

1. 国外一流大学教师岗位分类管理现状

美国的高校一般仅将从事教学工作的岗位界定为教师岗位，将教师岗位上的从业人员称为“faculty”，而包括教师在内的所有教职员工则称为“staff”。美国高校对教师岗位的分类主要有两种，一是按照教师岗位的层次划分，一般分为教授、副教授、助理教授、讲师、教员五个层次；另外一种则是按照聘用时间的长短划分，将教师岗位分为终身职岗位、终身职轨道岗位和非终身职岗位三类。从对应关系上来看，一般将教授和副教授定为终身职岗位，将助理教授（也有高校包括副教授和讲师）定为终身职轨道岗位；将讲师和教员定为非终身职岗位，非终身职岗位又可分为固定聘期岗位和临时聘用岗位。这样，就将教师岗位的分类有机地结合了起来（表 1）。

表 1　美国高校教师岗位分类设置情况一览表

分类 I	教授	副教授	助理教授	讲师	教员
分类 II	终身职教师		终身职轨道教师	非终身职教师	

从表 1 可以看出，美国高校将教师岗位在分层的基础上设置了终身职和非终身职，终身职的教师岗位没有晋升或考核的压力（或压力很小），而非终身职的教师岗位实施“非升即走”的政策，在晋升为终身教职之前压力非常大。美国高校的终身教职一般包括教授和副教授，有些高校如哈佛大学只将教授定为终身职岗位，副教授也属于终身职轨道岗位，也面临着“非升即走”的压力。

英国的高校教师岗位分类主要有三种。一是按照职责划分，分为教学科研岗（岗位主要包含科研和教学）、科研岗（岗位全部或主要集中于科研）、教学岗（岗位全部或主要集中于教学）三类。这三类岗位的人员在满足一定的条件时可以相互转岗。如诺丁汉大学规定，只关注科研或只关注教学的人员在科研和教学同时开展工作时，可申请升职至讲师。二是按照级别（层次）划分，教学科研岗主要分为教授、准教授、高级讲师、讲师四类；教学岗主要分为讲师、教学助理、助教三类；科研岗即教育研究工作者主要分为高级研究员、研究员、助理研究员三类。三是按照聘期长短划分，上述岗位中，教授、准教授和高级讲师没有规定任期，类似于终身职；讲师及其他类别一般实行聘任制（非终身职），即在英国的高校教师队伍中既有终身职的教授，也有非终身职的临时讲师和短期契约的雇佣教师（表 2）。

表 2 英国高校教师岗位分类设置情况一览表

<table>
<tr><td rowspan="2">分类I</td><td colspan="4">教学科研岗</td><td colspan="2"></td><td colspan="3" rowspan="2">科研岗</td></tr>
<tr><td colspan="3"></td><td colspan="3">教学岗</td></tr>
<tr><td rowspan="2">分类II</td><td rowspan="2">教授</td><td rowspan="2">准教授</td><td rowspan="2">高级讲师</td><td>讲师</td><td>教学助理</td><td>助教</td><td>高级研究员</td><td>研究员</td><td>助理研究员</td></tr>
<tr><td>5 级</td><td>4 级</td><td>4a 级</td><td>5 级</td><td>4 级</td><td>4a 级</td></tr>
<tr><td>分类III</td><td colspan="3">无聘任期限</td><td colspan="6">固定聘期或短期聘任</td></tr>
</table>

德国高校的教师岗位主要分为教授和教授辅助人员两大类。教授是有政府任命的具有终身教职的国家公务员，通常是讲座持有者和一个研究所的领导者，是大学教师职业生涯的最高阶段。教授又分为讲座教授、C4 级教授（相当于教授）、C3 级教授（相当于副教授）、C2 级教授（相当于讲师）。教授辅助人员分为助手和学术雇员两类。助手是有限期聘用职位，最多 6 年他们必须离开现在的位置，因此他们必须要在 6 年内获得教授备选资格，然后在另一所大学谋求教授职位（表 3）。

表 3 德国高校教师岗位分类设置情况一览表

<table>
<tr><td rowspan="2">分类I</td><td rowspan="2">教授</td><td colspan="8">教授辅助人员</td></tr>
<tr><td></td><td colspan="4">助手</td><td colspan="3">学术雇员</td></tr>
<tr><td>分类II</td><td>讲座教授</td><td>C4 级教授</td><td>C3 级教授</td><td>C2 级教授</td><td>大学讲师</td><td>高级助教</td><td>高级技师</td><td>艺术助教</td><td>学术助教</td></tr>
<tr><td>分类III</td><td>长期聘任</td><td colspan="5">固定期限聘任</td><td colspan="2">无固定期限聘任</td><td>固定期限聘任</td></tr>
</table>

2. 国外一流大学教师岗位分类管理的特点

一是教师岗位边界清晰，分类明确。在美国的高校中，教师岗位就是从事本科生和研究生教育教学的岗位。虽然也会要求教师从事学术研究，并且要求很高，但是，为本科生和研究生上课是教师岗位最根本的特征。其他包括研究人员、教学辅助和行政管理人员都不属于教师岗位序列。除了边界清晰之外，美国大学教师岗位的分类也很清晰，主要是依级别和聘任方式的不同进行划分。从聘任方式看，主要是终身聘用、固定期限聘用和临时聘用三种方式，其中终身聘用的教授、副教授一般占到教师岗位数的 20% 左右。

二是终身职岗位的设置和“非升即走”、竞争择优的机制确保了教师队伍稳定性和流动性的有机结合。公开招聘、竞争择优的聘用方式和“非升即走”的机制使优秀的人才留在了教师队伍中，淘汰了不合格的申请者。终身职岗位的设置则使优秀的人才安心教学与科研，并按照自己的兴趣自由地开展学术研究，有利于产出原创性、基础性的优秀科研成果，与人才培养形成良性的互动。这种稳定性和流动性有机结合的岗位管理方式使他们可以长期拥有一支高素质的教师队伍，产出最优秀的成果并培养富有创造力的学生。

三是多元化的用人导向和“远缘杂交”的用人原则确保了教师队伍在教学、科研方面的开放性和创造力。多元化、国际化的教师队伍和学术渊源的多源性避免了学术上的近亲繁殖，使教师队伍保持一种思想上的多元化和开放性，以确保新思想、新观点不断产生。

四是全面的评价方式和重视质量的导向使教师队伍更加重视平衡发展和原创性成果。欧美一流大学对教师进行全面的评价，包括学术评价、教学评价和公共服务评价。其中学术评价以同行评议为主，更重视研究质量和学术同行的认可；教学评价以学生评价为主，这就要求教师不仅要做好学术研究，更要做好教学工作；公共服务评价则采取多种方式，包括担任学院（系）的行政职务、为社会或社区服务等，以此来提高教师奉献社会的意识。

五是基于人力资源开发的支持与培训体系有利于发挥教师队伍的潜能。人力资源开发的出发点和落脚点都是激发人的潜能和正能量。欧美大学中有很多针对教师在职业发展中需要进一步提高或改进的培训与支持项目，帮助教师挖掘潜能、发挥特长。

资料来源：王全友，蒲诗璐，王慧敏，等．高校教师岗位分类管理刍议——国外一流大学的经验和我国高校的实践 [J] 四川大学学报（社会科学版），2014（2）：127-136.

参考文献

[1] 安鸿章 . 工作岗位研究 [M]. 北京：中国传媒大学出版社，2005.

[2] 安鸿章 . 工作岗位研究原理与应用 [M].3 版 . 北京：中国劳动社会保障出版社，2012.

[3] 安鸿章 . 工作岗位的分析技术与应用 [M]. 天津：南开大学出版社，2001.

[4] 安鸿章 . 现代企业人力资源管理 [M].2 版 . 北京：中国劳动社会保障出版社，2003.

[5] 边文霞 . 岗位分析与岗位评价：实务•案例•游戏 [M]. 北京：首都经济贸易大学出版社，2011.

[6] 陈庆 . 岗位分析与岗位评价 [M]. 北京：机械工业出版社，2011.

[7] 陈晓萍 . 组织与管理研究的实证方法 [M]. 2 版 . 北京：北京大学出版社，2008.

[8] 谌新民，张帆 . 工作岗位设计 [M]. 广州：广东经济出版社，2002.

[9] 理查德• L. 达夫特 . 组织理论与设计 [M]. 王凤彬，译 . 11 版 . 北京 . 清华大学出版社，2014.

[10] 彼得•德鲁克 . 卓有成效的组织管理 [M]. 齐思贤，译 . 北京：东方出版社，2009.

[11] 董临萍 . 工作分析与设计 [M]. 上海：华东理工大学出版社，2008.

[12] 冯虹 . 现代企业人力资源管理 [M]. 北京：经济管理出版社，1997.

[13] 付亚和 . 工作分析 [M].2 版 . 上海：复旦大学出版社，2010.

[14] 高艳 . 工作分析与职位评价 [M].2 版 . 西安：西安交通大学出版社，2012.

[15] 葛玉辉 . 工作分析与工作设计实务 [M]. 北京：清华大学出版社，2011.

[16] 葛玉辉 . 人力资源管理 [M]. 北京：清华大学出版社，2006.

[17] 黄津孚 . 现代企业管理原理 [M].4 版 . 北京：首都经济贸易大学出版社，2002.

[18] 贾长松 . 企业组织系统 [M]. 北京：北京大学出版社，2014.

[19] 金东日 . 现代组织理论与管理 [M].2 版 . 天津：天津大学出版社，2010.

[20] 雷蒙德• A. 诺伊，约翰•霍伦拜克，拜雷•格哈特，等 . 人力资源管理：赢得竞争优势 [M].3 版 . 刘昕，译 . 北京：中国人民大学出版社，2001.

[21] 李春波 . 组织设计与发展 [M]. 北京：北京大学出版社，2014.

[22] 李文辉 . 工作分析与岗位设计 [M]. 北京：中国电力出版社，2014.

[23] 李中斌 . 工作分析理论与实务 [M]. 大连：东北财经大学出版社，2011.

[24] 刘凤霞，房宏君 . 组织与工作设计 [M]. 天津：天津大学出版社，2015.

[25] 刘巨钦，等 . 现代企业组织设计 [M]. 上海：上海三联书店，2007.

[26] 刘松博，龙静 . 组织理论与设计 [M].2 版 . 北京：中国人民大学出版社，2009.

[27] 刘昕 . 薪酬福利管理 [M]. 北京：对外经济贸易大学出版社，2003.

[28] 詹姆斯•G. 马奇，赫伯特•A. 西蒙 . 组织 [M]. 邵冲，译 .2 版 . 北京：机械工业出版社，2013.

[29] 亨利•明茨伯格 . 卓有成效的组织 [M]. 魏青江，译 . 北京：中国人民大学出版社，2012.

[30] 潘泰萍 . 工作分析：基本原理、方法与实践 [M]. 上海：复旦大学出版社，2011.

[31] 秦志华 . 人力资源管理 [M].3 版 . 北京：中国人民大学出版社，2000.

[32] 邱国栋 . 当代企业组织研究：管理变革与创新 [M]. 北京：经济科学出版社，2003.

[33] 任浩 . 现代企业组织设计 [M]. 北京：清华大学出版社，2005.

[34] 彼得•圣吉 . 第五项修炼：学习型组织的艺术与实践 [M]. 张成林，译 . 北京：中信出版社，2009.

[35] 孙宗虎，郭蓉 . 岗位分析评价与职务说明书编写实务手册 [M].2 版 . 北京：人民邮电出版社，2009.

[36] 孙宗虎 . 组织结构设计实务与范例 [M]. 北京：人民邮电出版社，2014.

[37] 唐•荷尔瑞格，小约翰• W. 斯劳卡姆，理查德• W. 渥德曼 . 组织行为学 [M]. 8 版 . 胡英坤，车丽娟，贾秀海，译 . 大连：东北财经大学出版社，2006.

[38] 托马斯• W. 李 . 组织与管理研究的定性方法 [M]. 吕力，译 . 北京：北京大学出版社，2014.

[39] 王学力 . 企业薪酬设计与管理 [M]. 广州：广东经济出版社，2001.

[40] 武立东，等 . 组织理论与设计 [M]. 北京：机械工业出版社，2015.

[41] 西蒙•多伦，兰多•舒尔乐 . 人力资源管理：加拿大发展的动力源 [M]. 董克用，等，译 . 北京：中国劳动社会保障出版社，2000.

[42] 萧鸣政 . 工作分析与评价 [M]. 北京：北京大学出版社，2011.

[43] 萧鸣政，等 . 工作分析的方法与技术 [M]. 北京：中国人民大学出版社，2002.

[44] 邢以群，张大亮 . 组织结构设计：规范分工协作体系 [M]. 北京：机械工业出版社，2007.

[45] 许玉林 . 组织设计与管理 [M].2 版 . 上海：复旦大学出版社，2010.

[46] 杨岗松 . 岗位分析和评价：从入门到精通 [M]. 北京：清华大学出版社，2015.

[47] 杨河清 . 现代劳动经济学 [M]. 北京：中国人民大学出版社，2002.

[48] 杨明海，薛靖，孙亚男 . 工作分析与岗位评价 [M]. 北京：电子工业出版社，2010.

[49] 姚若松，苗群鹰 . 工作岗位分析 [M]. 北京：中国纺织出版社，2003.

[50] 姚月娟 . 工作分析与应用 [M]. 大连：东北财经大学出版社，2011.
[51] 余凯成 . 组织行为学 [M].2 版 . 大连：大连理工大学出版社，2002.
[52] 袁家海 . 工作分析与劳动定额 [M]. 北京：机械工业出版社，2011.
[53] 张德 . 人力资源开发与管理 [M]. 北京：清华大学出版社，2001.
[54] 张如帆 . 工作分析方法种类分析研究 [D]. 北京：中国人民大学，2004.
[55] 国家职业分类大典修订工作委员会 . 中华人民共和国职业分类大典（2005 增补本）[M]. 北京：中国劳动社会保障出版社，2005.
[56] 国家职业分类大典修订工作委员会 . 中华人民共和国职业分类大典（2006 增补本）[M]. 北京：中国劳动社会保障出版社，2007.
[57] 国家职业分类大典修订工作委员会 . 中华人民共和国职业分类大典（2007 增补本）[M]. 北京：中国劳动社会保障出版社，2008.
[58] 国家职业分类大典修订工作委员会 . 中华人民共和国职业分类大典（2015 年版）[M]. 北京：中国劳动社会保障出版社，2008.
[59] 周三多 . 管理学 [M]. 北京：高等教育出版社，2000.
[60] 朱勇国 . 组织设计与岗位管理 [M]. 北京：首都经济贸易大学出版社，2015.
[61] 朱勇国 . 工作分析 [M]. 北京：高等教育出版社，2007.
[62] 朱勇国 . 工作分析与研究 [M]. 北京：中国劳动社会保障出版社，2008.
[63] 祝士苓 . 工作分析与组织设计 [M]. 北京：中国劳动社会保障出版社，2007.